权威·前沿·原创

皮书系列为
"十二五""十三五"国家重点图书出版规划项目

BLUE BOOK

智库成果出版与传播平台

数据新闻蓝皮书

BLUE BOOK OF
DATA JOURNALISM

中国数据新闻发展报告
（2018~2019）

REPORT ON THE DEVELOPMENT OF CHINESE DATA
JOURNALISM (2018-2019)

武汉大学数据新闻研究中心
国家新闻出版署出版融合发展（浙报集团）重点实验室 编

主　编／王　琼　徐　园

社会科学文献出版社
SOCIAL SCIENCES ACADEMIC PRESS（CHINA）

图书在版编目（CIP）数据

中国数据新闻发展报告. 2018~2019 / 王琼，徐园
主编. -- 北京：社会科学文献出版社，2020. 11
（数据新闻蓝皮书）
ISBN 978 - 7 - 5201 - 7576 - 0

Ⅰ. ①中… Ⅱ. ①王… ②徐… Ⅲ. ①数据处理 - 应
用 - 新闻报道 - 研究报告 - 中国 - 2018 - 2019 Ⅳ.
①G219. 2

中国版本图书馆 CIP 数据核字（2020）第 214899 号

数据新闻蓝皮书
中国数据新闻发展报告（2018~2019）

主　　编 / 王　琼　徐　园

出 版 人 / 王利民
责任编辑 / 周　琼
文稿编辑 / 张春玲

出　　版 / 社会科学文献出版社·政法传媒分社（010）59367156
　　　　　 地址：北京市北三环中路甲 29 号院华龙大厦　邮编：100029
　　　　　 网址：www. ssap. com. cn
发　　行 / 市场营销中心（010）59367081　59367083
印　　装 / 天津千鹤文化传播有限公司

规　　格 / 开　本：787mm × 1092mm　1/16
　　　　　 印　张：19. 75　字　数：294 千字
版　　次 / 2020 年 11 月第 1 版　2020 年 11 月第 1 次印刷
书　　号 / ISBN 978 - 7 - 5201 - 7576 - 0
定　　价 / 138. 00 元

主要编撰者简介

王　琼　博士，武汉大学新闻与传播学院副教授、武汉大学镝次元数据新闻研究中心主任、武汉大学大数据研究院媒体大数据研究中心副主任、武汉大学媒体发展研究中心研究员、天普大学访问学者、珞珈青年学者、光谷3551创新人才，主要研究领域为数据新闻、视听传播、媒介融合。主持教育部规划基金项目"共建与共享：中国政务数据传播研究"等7项科研项目，发表相关论文20余篇，出版专著两部；自2015年起持续调研数据新闻在中国的发展情况，发表多篇行业研究报告，创立"中国数据与媒介发展联盟"，主导研发中国首个数据查找与可视化表达服务平台"Dydata. io"。

徐　园　浙江日报报业集团战略规划部研究员、国家新闻出版署出版融合发展（浙报集团）重点实验室负责人。先后在浙江日报报业集团的采编、新媒体研究、新媒体投资、战略规划等岗位任职。多次参与浙报集团新媒体战略研究、规划制定和重点项目策划，牵头浙报集团新媒体创新机制建设和孵化培育工作。曾担任《梦工场/观察》杂志执行主编，发表《传统媒体新媒体应用研究报告》《POP，媒体未来式》等报告，与中国期刊协会合作出版《2014中国杂志媒体创新报告》，发表了《数据驱动新闻 智能重构媒体——浙报集团"媒立方"技术平台建设的实践与思考》《用户深度运营与融合路径的选择——以英国媒体的实践为例》《新闻＋服务：浙报集团的媒体融合之道》等论文。

申　琦　博士，华东师范大学传播学院副教授，美国斯坦福大学社交媒体实验室客座研究员、斯坦福大学访问学者，香港中文大学"中国研究中心"访问学者，香港城市大学"中国大陆新闻传播青年访问学者"。主要研究领域为计算传播、受众与媒介效果，主讲的"数据新闻"课程为上海市示范性全英文课程；主持国家社科基金一般项目、教育部青年基金项目、上海社科基金一般项目等国家级、省部级课题8项；出版专著2种，著有《高能政务：政务新媒体高效运营指南》一书，在IEEE、CSSCI期刊等发表论文30余篇。

李　璐　浙江日报报业集团战略规划部行业分析师、国家新闻出版署出版融合发展（浙报集团）重点实验室研究员、实验室孵化项目经理。主要研究领域为战略管理、新媒体运营、数据营销、内容产业创新等；参与编写《2014中国杂志媒体创新报告》，参与网络内容行业、人工智能、5G在媒体行业的应用等项目调研。

摘　要

在大量实证调研和理论分析的基础上，本书总结了 2018～2019 年中国数据新闻发展现状。全书共分为五篇。

第一篇为总报告，总报告从新闻生产社会学的角度对中国数据新闻发展状况进行了分析和总结。报告认为数据新闻从业者日趋多元化，但数据新闻专业人才依然缺乏，数据来源仍然比较杂糅，来自政府开放数据的质量不够友好；数据新闻的经营模式尚不清晰，但已有咨询、产品、定制等方面的尝试。总体而言，中国数据新闻行业分化与整合并存。

第二篇为行业发展篇，从数据新闻的行业未来到数据新闻的教育现状，学者从多方面对中国数据新闻行业的发展状况进行了研究。如，苏涛、彭兰两位学者认为大数据对于新闻业的发展产生了变革性的作用，这主要体现在新闻业的生产方式、生产主体和叙事方式三方面。申琦、邱艺等人对数据新闻报道过程中面临的发展困境及伦理困境进行了研究，发现数据源的不干净、数据分析与算法的"偏误"、可视化手段的不客观可能让数据新闻中的"真实性"与"客观性"大打折扣。刘建坤和方洁通过对多家数据新闻从业者的深度访谈发现，除去与传统新闻工作者类似的职业焦虑之外，数据新闻行业还存在员工培养体系和新闻生产模式混乱的情况。余根芳和吴小坤研究发现，目前我国的数据新闻人才教育存在课程安排紧张、难以实现专业人才的培养、学生专业知识欠缺、跨学科教育出现断层、教师资源和教育经费短缺的情况。

第三篇为案例研究篇，新华网、浙江日报报业集团、财新网、第一财经分享了各自在数据新闻领域的发展历程、运转模式和生产经验。新华网以"用数据传递独特新闻价值"为理念，在互联网虚拟世界中探索融媒体产品

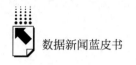

形态创新，着力打造高品质的数据新闻产品。浙江日报报业集团开发了集舆情研判、统一采集、中央厨房、多元分发、传播效果评估于一体的"媒立方"平台和"富春云"互联网数据中心等数据产业。财新网在数据新闻领域始终保持着新闻生产领域的"供给侧改革"，从图表新闻到大数据新闻，团队赋予新闻数据越来越多的产品功能，为专业读者提供决策服务。第一财经的新一线城市研究所从通过数据新闻探查市场兴趣到发展数据咨询业务，从分析师的人海战术到更高效的产品服务模式，探索出一种更为有效的商业模式。

第四篇为环球视野篇，通过对美国数据新闻行业和数据新闻教育业发展现状的探寻，为中国提供借鉴。王琼、金晶发现，美国数据新闻从业者对数据新闻的理解和界定较为一致。各团队生产数据新闻的业务流程大体相似，略有差异，但报道形式和呈现方式多元。对于数据新闻的未来发展，从业者普遍认为其宏观上具有潜力，但不能盲目乐观，要警惕对数据病态依赖的风险。芦何秋、谭心以"Fivethirtyeight"网站为案例，对150篇突发议题数据新闻内容进行分析，发现该网站的突发事件报道聚焦于社会安全类议题，可视化简洁而单一，谨慎追求事件时效，强调权威数据来源。《美国数据新闻教育概览》为译稿，报告用翔实的数据速览了美国数据新闻教育的现状，提出了五种具体的数据新闻教学模式。此外，该报告也提出了关于将数据与计算科学引入新闻学院的方法建议。

第五篇为附录，收录了《中国数据新闻发展报告（2018～2019）》的访谈提纲。

关键词：数据新闻　媒体融合　大数据　可视化

目 录

Ⅰ 总报告

B.1 分化、整合与责任：中国数据新闻发展年度报告

（2018～2019）…………………………… 王　琼　朱天泽 / 001

Ⅱ 行业研究篇

B.2 大数据时代新闻业的发展现状及趋势研究报告

…………………………………………… 苏　涛　彭　兰 / 019

B.3 中国新闻传播学科可视化研究趋势报告……… 王朝阳　赵　洁 / 038

B.4 中国数据新闻从业者职业认同研究报告……… 刘建坤　方　洁 / 056

B.5 数据里的"真实"与"客观"：数据新闻报道的伦理

困境与出路………………… 申　琦　张　珊　邱　艺 / 081

B.6 中国数据新闻议题分布与变化趋势研究：以4个平台的

1495篇数据新闻为研究对象………… 芦何秋　龚珮雯 / 091

B.7 财经数据新闻传播力的实证分析

…………………………… 王妤彬　罗书俊　周文彪 / 112

B.8 数据新闻教育研究报告……………… 余根芳　吴小坤 / 141

Ⅲ 案例研究篇

B.9 用数据传递独特新闻价值

　　——新华网数据新闻可持续发展报告……… 马轶群　杨艾艾 / 164

B.10 大数据融合创新的实践路径探析

　　——浙江日报报业集团数据发展案例报告

　　…………………………………………… 李　璐　徐　园 / 178

B.11 数据新闻生产的"供给侧改革"

　　——财新传媒数据新闻案例报告

　　……………………… 黄　晨　刘佳昕　王　喆　孙　茜 / 190

B.12 从新一线城市研究所的发展历程看中国数据新闻团队的

生存挑战

　　——第一财经数据新闻案例报告 ……………… 沈从乐 / 211

Ⅳ 环球视野篇

B.13 美国数据新闻研究报告 ……………………… 王　琼　金　晶 / 219

B.14 西方数据新闻在突发事件中的内容偏向与生产特征

　　——基于"Fivethirtyeight"网站150篇报道的内容分析

　　………………………………………… 芦何秋　谭　心 / 241

B.15 美国数据新闻教育概览

　　……………………………… 查尔斯·贝雷特（Charles Berret）

　　谢丽尔·菲利普斯（Cheryl Phillips）著

　　李泽华　朱天泽 编译 / 256

Ⅴ　附　录

B.16 《中国数据新闻发展报告（2018～2019）》访谈提纲 ············ / 281

Abstract ··· / 284

Contents ··· / 287

皮书数据库阅读**使用指南**

总 报 告

General Report

B.1

分化、整合与责任：中国数据新闻
发展年度报告（2018~2019）*

王琼　朱天泽**

摘　要：　本报告从新闻生产社会学的角度分析中国数据新闻发展现状，
　　　　　研究发现，数据新闻从业者虽然日趋多元化，但数据新闻专
　　　　　业人才依然缺乏；数据新闻采用的数据来源仍然比较杂糅，
　　　　　来自政府开放数据的质量依然不够"友好"；数据新闻的生
　　　　　产场域受到经济、政治、技术和时间等因素的影响；数据新

---

*　项目支持：2019 年度教育部人文社会科学研究规划基金项目"共建与共享：中国政务数据传
　播研究"，项目号 19YJA860023；武汉大学人文社会科学青年学者学术发展计划学术团队建设
　项目"中国数据新闻现状与发展研究"，项目号 Whu2016007。
**　王琼，博士，武汉大学镝次元数据新闻研究中心主任，武汉大学媒体发展研究中心研究员，
　武汉大学新闻与传播学院副教授，研究方向为数据新闻、视听传播；朱天泽，复旦大学新闻
　学院博士生，研究方向为计算传播。刘真、王曼玉、金晶、付诗琦、卢思露参加了本研究的
　访谈，特此致谢。

闻的经营模式尚不清晰，但已有咨询、产品、定制等方面的尝试。总体而言，中国数据新闻行业业态的分化与机构内部的整合并存。随着5G时代的到来，数据新闻将获得更大的发展机遇，也要求媒体承担更大的责任，做好数据时代的新闻把关人，打开传播生态变革的突破口。

关键词： 数据新闻　新闻生产　新闻发展　数据　5G

　　当新闻业进入"后工业时代"[①] 时，新闻机构不再完全掌控新闻的生产与分发，高质量新闻在衰落，而大数据时代又加剧了信息超载[②]，因此，数据驱动的新闻业或许是记者们对当代新闻业面临的经济危机和身份危机所做出的一种反应。[③]

　　数据新闻起源于新闻与技术的整合，它融合了精确新闻、计算机辅助报道和计算新闻[④]，涉及的知识领域则包括新闻学、计算机科学、统计学和图形设计学。[⑤] 近年来，随着数据开放运动和计算机技术的发展，专门解释数据的记者正变得越来越普遍，很多记者开始将一些数据新闻技术纳入日常实践。[⑥]

① Burns, L. S., Matthews, B. J., "First Things First: Teaching Data Journalism as a Core Skill", *Asia Pacific Media Educator* 1 (2018): 91 – 105.

② Utami, P., "Data Journalist, A Hope for Indonesia's Quality Journalism in the Digital Era?", *Proceedings of the 3rd World Conference on Media and Mass Communication* (2017): 44 – 51.

③ Träsel, M., "Hacks and Hackers: the Ethos and Beliefs of a Group of Data – Driven Journalism Professionals in Brazil", *Revista FAMECOS: Mídia, Cultura E Tecnologia* 1 (2018): 1 – 14.

④ Gehrke, M. & Mielniczuk, L. P., "Philip Meyer, the Outsider Who Created Precision Journalism", *Intexto* 39 (2017): 4 – 13.

⑤ Zhu, L., & Du, Y. R., "Interdisciplinary Learning in Journalism: A Hong Kong Study of Data Journalism Education", *Asia Pacific Media Educator* 1 (2018): 16 – 37.

⑥ Burns, L. S., Matthews, B. J., "First Things First: Teaching Data Journalism as a Core Skill", *Asia Pacific Media Educator* 1 (2018): 91 – 105.

数据新闻源自英美①，中国在 2011 年前后开始了数据新闻的实践和研究，根据不完全统计，在 2015 年，中国大陆地区就有 20 余家从事数据新闻生产的机构②，而目前随着数据新闻的日常化，数据新闻制作机构的数量更难以完全统计。数据新闻栏目的内容定位也更加精细，例如，浙报传媒集团内部并存两个栏目，《浙江日报》的数据新闻偏政经时事，《钱江晚报》的数据新闻偏生活风尚。

中国的数据新闻研究虽然同样晚于国外，却出现了"浅尝辄止"的情况，国内数据新闻研究论文在 2017 年后开始下降，但国外的英文研究论文数量仍然在上升；此外，国内的数据新闻研究大多基于"大数据"，研究领域较窄，国外则基于"新闻业"的宏观框架进行分析。③ 国内数据新闻研究中关于数据新闻在中国发展情况的分析，目前虽已有对从业者的研究④，但是，更大规模对全行业进行"深描"的研究较为缺乏。国际上对数据新闻行业发展的研究多采用访谈的方法，例如美国的数据新闻发展⑤、英国的数据新闻发展⑥、瑞典的数据新闻发展⑦，因此，本报告也将基于对国内数据新闻媒体从业者的访谈，尝试从新闻生产的角度探究中国数据新闻的发展现状。

由于生产者是数据新闻实践的具体行动者，他们会形塑数据新闻生产的实践，⑧

---

① 王琼：《数据新闻与数据素养》，《中国传媒科技》2016 年第 1 期，第 56～61 页。

② 王琼、刘真真、田青、王文超：《2015 中国数据新闻发展报告》，载单波主编《中国媒体发展研究报告（媒体与社会专辑）》，社会科学文献出版社，2015，第 101～147 页。

③ 傅居正、喻国明：《中外数据新闻研究的滥觞与发展：学科谱系的比较——基于 CiteSpace 知识图谱的可视化分析》，《西安交通大学学报》（社会科学版）2019 年第 1 期，第 111～120 页。

④ 方洁、胡杨、范迪：《媒体人眼中的数据新闻实践：价值、路径与前景——一项基于七位媒体人的深度访谈的研究》，《新闻大学》2016 年第 2 期，第 13～19 页。

⑤ Fink, K. & Anderson, C. W., "Data Journalism in the United States: Beyond the 'Usual Suspects'", *Journalism Studies* 4 (2015): 467–481.

⑥ Knight, M., "Data Journalism in the UK: A Preliminary Analysis of Form and Content", *Journal of Media Practice* 1 (2015): 55–72.

⑦ Appelgren, E. & Nygren, G., "Data Journalism in Sweden: Introducing New Methods and Genres of Journalism Into 'Old' Organizations", *Digital Journalism* 3 (2014): 394–405.

⑧ 徐笛、马文娟：《中国内地数据新闻从业者调查——基本构成、所需技能与价值认知》，《新闻记者》2017 年第 9 期，第 22～33 页。

而数据作为数据新闻生产最主要的要素①，其类型与来源都会影响数据新闻的内容。同时，数据新闻如何实现盈利与可持续发展②以及数据新闻的价值③及其对传统新闻价值的重构④，也是业界与学界关注的话题，因此，本报告将从数据新闻的生产者、数据来源、内容生产场域、经营模式和价值取向等部分进行论述。

国内的数据新闻机构众多、类型各异，本报告出于典型性和代表性的考虑，选取了13家机构，包括网络媒体以及纸媒和电视等传统媒体。例如，本报告所选取的澎湃，其有多个数据新闻可视化作品入围凯度信息之美奖（The Kantar Information is Beautiful Awards），而财新数据可视化实验室在全球数据新闻奖中获得"2018年度全球最佳数据新闻团队奖"。除了大型数据新闻机构外，本报告也考虑小型机构。在地理分布方面，本报告则以北京、上海的机构为主，同时兼顾少量中西部地区的数据新闻机构，具体的样本情况如表1所示。

表1 访谈机构

机构	地域
财新网	北京
新华网	北京
腾讯谷雨	北京
中央电视台	北京
搜狐四象工作室（原搜狐数字之道）	北京
网易数读	北京
新浪图解天下	北京

---

① Veglis, A. & Maniou, T., "The Mediated Data Model of Communication Flow: Big Data and Data Journalism", *KOME – An International Journal of Pure Communication Inquiry* 2 (2018): 32 – 43.

② 毛良斌、汤子帅、周昊曦：《数据新闻的盈利模式》，《新闻与写作》2015年第11期，第29～33页。

③ 方洁、胡杨、范迪：《媒体人眼中的数据新闻实践：价值、路径与前景——一项基于七位媒体人的深度访谈的研究》，《新闻大学》2016年第2期，第13～19页。

④ 吴小坤、童峥：《数据新闻对传统新闻价值的突破与重构》，《当代传播》2017年第4期，第15～19页。

续表

机构	地域
《新京报》	北京
界面	上海
澎湃	上海
上观	上海
第一财经·新一线城市研究所	上海
《钱江晚报》	杭州
川报全媒体集群 MORE 大数据工作室	成都

一 生产者背景多元，专业人才依然匮乏

数据新闻生产者的专业背景多元，包括新闻、金融、历史、设计、出版、信息工程、广播电视编导、视觉传达等，多样化的从业者能够带来跨界的讨论内容，这与国际数据新闻实践基本相同。[1] 与其他受访团队相比，财新的数据新闻团队人员较有特点，其成员在本科阶段的专业差异很大，而且大多在硕士阶段接受了新闻学教育，形成了复合的学科背景。

由于资源限制，数据新闻职位常常不满员[2]，在未来的人员需求方面，川报提出希望招具有统计学、社会学、自然科学、哲学、文学等学科背景的从业人员，"因为数据新闻是一个技术活，三个月就能上手，但是上手之后考验的是背后的积淀"。因为 ICT 技术在新闻业中的广泛应用，行业对新闻工作者技能需求的变化很快[3]，不过数据新闻团队对从业人员的新闻素养（包括新闻敏感性）、数据素养、专业基本素质仍然给予极高的重视（上观；

[1] Heravi, B. , "Data Journalism in 2017: A Summary of Results from the Global Data Journalism Survey", in Chowdhury, G. , McLeod, J. , Gillet, V. & Willett, P. eds. , *Transforming Digital Worlds* (Springer, 2018): 107 – 113.

[2] 李煜：《数据新闻：现实逻辑与"场域"本质》，《现代传播》（中国传媒大学学报）2015年第 11 期，第 47～52 页。

[3] Wenger, D. H. & Owens, L. C. , "Help Wanted 2010: An Examination of New Media Skills Required by Top U. S. News Companies", *Journalism & Mass Communication Educator* 1 (2012): 9 – 25.

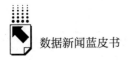
新华网；澎湃），一些团队也提出若干特别的素质要求，例如《钱江晚报》关注创新能力，搜狐则对实习生的英语水平有要求。

数据新闻生产机构的团队结构基本由内容和设计师两大职能群体组成。尽管有观点认为数据新闻可以改变新闻传播过程①，但是访谈结果显示，数据新闻的中国实践对于新闻生产的工作流程和新闻业的组织结构等方面没有明显的影响（川报；界面），这可能是因为媒体产业内部具有传统的惯性，但是，数据新闻已经让新闻传播从业者更有数据意识（川报）。不过，根据从业者的理解，由于中国大数据分析类的数据很缺乏、数据不透明、数据分析人才缺乏，国内的数据新闻与国外标准意义的数据新闻还有差距（新华网），国内的数据新闻大部分看到的是简单的图解新闻，包括一些央媒所谓的"数据新闻"也只是数据罗列，没有做出相应分析，提炼出新闻点（中央电视台）。

此外，相对于专业素质，界面和川报分别对"踏实能干""吃苦耐劳""有责任心""勤奋好学"等个人修养方面的素质更为看重，这不同于之前数据新闻生产机构对于专业技术人才的极度渴求。②此转变一方面与媒体对数据新闻作品价值判断的转向有关，多数媒体从之前更关注数据可视化的酷炫和网页交互形式的创新转向更多地关注对于数据的分析和挖掘。另一方面，数据新闻专业人才持续缺乏、技术人才费用持续上涨也是媒体在用人策略上发生变化的原因。

二 数据来源杂糅、自建数据库尚未普及

以往研究曾发现获取数据困难是最大的障碍，③ 本次调研也发现数据新

---

① Veglis, A. & Maniou, T., "The Mediated Data Model of Communication Flow: Big Data and Data Journalism", *KOME – An International Journal of Pure Communication Inquiry* 2 (2018): 32 – 43.

② 王琼、王文超：《2016 中国数据新闻前沿访谈研究》，载单波主编《中国媒体发展研究报告》（总第 16 辑），社会科学文献出版社，2007，第 191 ~ 204 页。

③ 张淑玲：《数据新闻的创新采纳与扩散影响因素分析》，《现代传播》（中国传媒大学学报）2018 年第 8 期，第 149 ~ 153 页。

闻机构没有固定的数据源，其会根据不同的选题去整理相应的数据（界面），它们的数据来源虽然包括媒体报道、公开数据、国家政府部门、知名智库、第三方合作机构等渠道（新华网；《钱江晚报》），但还未达到从业者所需要的丰富程度（澎湃）。因此，数据新闻团队也会与一些外部机构进行合作，提出相应的数据需求（澎湃）；但是，数据团队不太会向官方机构发出数据请求，因为官方机构的数据比较难以获得，对于一些非公开数据，其主要还是通过合作方数据公司来获取（新一线）。同时，数据团队也会通过数据爬虫来获得互联网上的数据（澎湃；新浪），尤其是娱乐主题的数据，因为该类别的统计数据较少（网易）。整体来说，大多数团队是确定选题后，依据选题去查找、收集数据，少数机构则主要是"完成命题作文"（川报）。

数据质量对于数据新闻至关重要[1]，调研发现，中国数据新闻从业者认为政府数据、财经数据、公司财报、脱贫攻坚、气象气候等领域的数据质量较高。

大数据和人工智能驱动媒体机构自建数据库[2]，美国记者在2002年时已有自建数据库的尝试[3]，但是，中国数据新闻媒体自建数据库的开发尚未普及，谷雨虽然制作了常用数据的书签和文件夹，但是复用程度很低；川报虽然有意识地将其用过、看到的数据进行积累，但其自身也认为还未达到数据库的程度。少量机构的自建数据库较为成熟，例如，新一线城市研究所不仅有自建数据库，而且质量也在逐步提升中；上观的自建数据库已经包含采访收集的数据、爬虫获取的数据以及从公共机构获得的依申请公开的数据等内容。澎湃也已经在Git-hub托管平台上进行了数据归档的尝试，这种行动

---

① Green, S., "When the Numbers Don't Add Up: Accommodating Data Journalism in a Compact Journalism Programme", *Asia Pacific Media Educator* 1 (2018): 78 - 90.

② 张超、闪雪萌、刘娟：《从去专业化到再专业化：数据新闻对数据科学的应用与趋势》，《中国出版》2019年第9期，第25～28页。

③ Brooks, B. S., Kennedy, G., Moen, D. R. & Ranly, D., *News Reporting and Writing* (New York: Bedford/St. Martin's, 2014): 122 - 124.

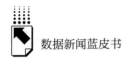

不仅有利于媒体组织提高对数据的利用率，而且有利于提高新闻业的透明度①以及推动数据开放。然而，就目前中国的数据新闻发展情况来看，大部分从业者在使用已经存在的数据库，而不是自己去建数据库，这并不是Philip Meyer 所期望的。②

政府数据开放是数据开放的重要组成部分，因为政府机构是最大的数据生产者和收集者，其掌握着全部社会信息资源的 80%。③ 国务院办公厅在2002 年发布的《国家信息化领导小组关于我国电子政务建设指导意见》就提出构建人口、自然资源、宏观经济数据库，之后相继推出的《国家信息化发展战略纲要》《促进大数据发展行动纲要》《关于全面推进政务公开工作的意见》《政务信息资源共享管理暂行办法》《政务信息系统整合共享实施方案》《公共信息资源开放试点工作方案》等一系列资源共享、政务公开政策驱动了中国的政府数据开放，但是，中国目前仍然缺乏高质量的政府数据体系。④ 调研结果也发现，中国数据开放程度不高，即开放的数据门类和数量较少，而且开放质量也不高。同时，除政府数据之外，公共领域的数据很少，NGO 的数据也很有限，很少有民间机构或媒体自发组织建立的开放数据库（新浪）。值得注意的是，许多真正的大数据存在于互联网公司，属于商业机密，没有进行公开发布（中央电视台）。整体来说，在数据源方面，数据开放程度的差异依然影响着中国的数据新闻发展，而且中国数据的细致程度、新旧程度以及获取数据的难易度与美国相比，还有较大差距。

---

① Figl, B. , "Bigger is not Always Better: What We Can Learn About Data Journalism from Small Newsrooms（2018）", http://reutersinstitute. politics. ox. ac. uk/sites/default/files/2018 - 01/Research Paper Figl Bettina_ 1. pdf, 最后访问日期：2019 年 12 月 3 日。

② Dennis, E. E. , "'Precision Journalism' Grows Up in 90s", *American Journalism Review* 7 (1993): 2.

③ 马伍翠、刘文云、苏庆收、刘莉：《我国地方政府数据开放现状分析及发展对策研究》，《数字图书馆论坛》2019 年第 3 期，第 34 ~ 41 页。

④ 陈亮：《政府数据开放的几个待解难题》，《人民论坛》2019 年第 12 期，第 66 ~ 67 页。

三 数据新闻内容生产场域中的多边角力

新闻业的压力来源包括商业压力、政治压力和同行的压力等。[①] 新闻的形式不仅是技术的结果,而且是政治文化的产物,反映了记者、政治家和公众之间的权力关系。[②] 中国数据新闻的形式主要是信息图,也有一些手绘作品、视频作品和交互作品 (包括 H5),而访谈结果显示,经济、政治、技术、时间、伦理等因素都会影响数据新闻的内容与形式。

(一)经济

国内的数据新闻团队一般不需出差外采,其费用主要在人力成本方面。虽然大家普遍关心商业模式的问题,但调研发现,经济压力对于数据新闻生产团队的影响普遍很小,例如川报 MORE 工作室通过集团的孵化资金来解决数据新闻项目的原始资本,界面表示经济方面由上级机构协调解决,上观也没有经济压力,新一线城市研究所的经济成本和广告合作则会由公司的经营策略部门来协调。澎湃甚至尝试 PGC 的内容聚合,投入额外资金奖励愿意将内容上传澎湃的生产者。

但没有生死存亡的经济压力,并不代表媒体对内容传播的效果和数据新闻的商业模式不关注。在中国数据新闻发展历程中一直走在前列的财新数据新闻团队,在过去的 7 年间逐步走过了从内容形态迭代到数据产品商业化的探索过程,目前已经被并入经营部门。腾讯谷雨通过用户评论来了解和评价选题的传播效果。川报 MORE 工作室专门进行了读者画像的调研,政企单位读者居多,其选题及内容也会考虑受众的属性。澎湃评价湃客有数项目的成果时特别提到 PGC 数据新闻内容带来的流量超过一般内容30%。这些信

---

① 〔美〕赫伯特·甘斯:《什么在决定新闻》,石琳、李红涛译,北京大学出版社,第319~356页。

② Lim, J., "Representation of Data Journalism Practices in the South Korean and US Television News", *International Communication Gazette* 1 (2019): 89-113.

息表明，数据新闻团队虽然在媒体内部有相对小的经济考核压力，但作为所在媒体的独特内容输出团队，其依然需要考虑来自市场的反馈。

（二）技术

技术是目前制约中国数据新闻发展的重要因素，除了拥有大型制作团队的财新网、新华网、澎湃等少数几家以外，大部分数据新闻团队提出技术不成熟会限制可视化的表现形式。搜狐四象工作室提出搜狐平台以及传播范围较广的微信平台不支持交互型数据新闻，也不支持数据收集，因此其数据新闻大多是静态的。新浪图解天下由于团队规模的限制，也觉得技术上比较无力，没办法就一些深度的话题内容使用更高级的技术来展现。与此同时，拥有较为充沛人力的大团队，如澎湃美数课团队则表示，他们在反思技术在数据新闻作品中的使用价值，主张不应滥用技术。

中国目前数据新闻的传播介质主要是互联网，电视媒体的数据新闻生产仍然处于探索阶段，存在表现形式单一、缺乏数据背景、复杂数据无法有效表现、主播解说比例较大等问题。[①] 作为本次调研中唯一的电视媒体机构，中央电视台也表示电视数据新闻互动性较差，基本以阐释性数据为主，因此基本采用动画演示的形式，很难有创意和突破，而且受美工技术所限，制作水准不高。关于视频数据新闻，《华尔街日报》在 2015 年尝试了可以裸眼体验的 VR 数据可视化作品《纳斯达克来到另一场股市泡沫?》（ *Is the Nasdaq in another bubble?* ），Simon Rogers 也于 2018 年在谷歌趋势中制作了两个 VR 可视化作品，这些探索可供中国的电视数据新闻参考。国内的数据新闻生产团队普遍认为在可视化设计方面与国外还有差距，国外在图文结合方面优于国内实践（《钱江晚报》），但有时过于强调可视化的效果又可能导致内容和形式本末倒置（《新京报》）。此外，中国数据新闻作品在移动端的实践比较多，而国外过往比较关注 PC 端（上观）。

---

① 张允、王沛：《电视媒体数据新闻可视化发展中的问题及对策》，《安徽大学学报》（哲学社会科学版）2017 年第 3 期，第 136～140 页。

（三）时间

时间成本对于数据新闻的生产影响很大。数据新闻的生产周期长、时效性弱，因此不是热点和十分重大的事件不会考虑数据新闻的形式（新浪）。川报表示希望能有更多的时间去策划，或制作一个作品，并希望能有更多的时间去更新知识，打磨作品。

谷雨、川报、澎湃的数据新闻生产周期差异很大，静态信息图类数据新闻作品多在数日之内可以完成，而交互、动画类作品的耗时可能会达一个月甚至数个月。而界面则有较快的生产周期，可以实现一天产出文稿、一天产出可视化图表。

经济、技术、时效等多方面的因素共同角力，形成了今天中国数据新闻媒体生产的内容景观。在此之外，政治因素的影响也是存在的，但主要集中于对内容选题的影响，将数据新闻与其他类型的新闻比较来看，并无特殊性，并且各家数据新闻团队在受访中提及也非常少，只是提出会"规避红线"，自动过滤掉一些选题，不去做敏感的选题。鉴于此，本报告未予单独论述。

四　数据新闻机构的经营模式的朦胧探索

传统媒体的内容变现模式多集中于广告，因此，随着中国媒体广告市场增速减缓，甚至出现低于 GDP 增速的情况①，媒体迫切需要寻求商业探索变革之路。

在受访的数据新闻机构中，有半数左右表示还没有太成熟的商业模式，依然和传统媒体类似，采用广告经营模式，但有如下几种商业模式已经引起了业内人士的关注。

第一是数据咨询服务。代表机构是新一线城市研究所。其生产的"新

---

① 黄升民：《广告去哪儿了》，《新闻与写作》2014 年第 6 期，第 1 页。

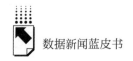

一线城市榜单"凭借专业性和媒体传播力，越来越受到一些地方政府和商业公司的关注。这些组织希望看到报告背后更多的数据，新一线城市研究所就顺其自然地推出了相应的咨询服务，把数据展开或新加工形成一些服务性的项目提供给客户。其客户包括政府的决策者、商业战略决策者。

第二是数据产品。率先在新闻领域建立付费墙的财新网将商业资讯和经济数据、企业数据等内容统筹于"财新数据通"的产品中，为用户提供订阅服务。此外，网易开发了数据可视化分析的 BI 工具"网易有数"。镝次元开发了数据查找与可视化产品"dydata.io"。新浪也考虑建立数据库，然后将数据库作为一个工具实现变现，但同时也认为该设想的实现难度较大。类似的产品不一而足，其服务方式均以订阅为主。过去一年多，国内很多媒体、企业和研究团队在此领域展开了丰富的想象和实践，其最终商业价值还有待市场验证，但国外媒体在此方面已有成功案例可供参考，例如美联社的大选数据库、美国的 ProPublica 的付费数据库服务等。

第三是内容定制。澎湃的数据新闻出现了冠名的经营方式，例如，由于蒙牛是中国航天的战略合作伙伴，当澎湃制作航天系列相关数据新闻时，蒙牛会考虑提供赞助，而澎湃则会在平台上对赞助商进行一定程度的露出。此外，搜狐也进行商业定制内容的制作，但其团队认为这类作品在内核上与真正的数据新闻有一定差异，只是形式上有些像数据新闻，主要成品是长图。川报数据新闻团队认为进行数据新闻培训以及策划、定制数据新闻都可以成为商业模式，但目前主要以为政府定制数据报告和政策解读类的数据新闻为主。

尽管受访媒体未有提及，但已有的海外媒体实践经验表明，数据新闻的版权出售也可以成为一种经营方式，即将"付费墙"的收费对象由普通受众转换为其他媒体。面对一些"新闻搬运工"洗稿行为对新闻版权的侵犯，2017 年 4 月 26 日（世界知识产权日），由 10 家中央主要新闻单位和新媒体网站联合发起的"中国新闻媒体版权保护联盟"宣告成立，同日，全国有 115 家报纸、期刊、电台、电视台发布了《关于加强新闻作品版权

保护的声明》。① 而且，新闻版权交易已有实践，例如，界面新闻即规定
"单篇文章授权按 500～1000 元/千字计费，只许可转载至商定的平台，不得
多平台发布，不得再进行任何形式的转授权"，但是，又规定"图集、图
解、视频类稿件，正午故事等频道不在此计算范畴"，因而尚不知其数据新
闻是否可以被其他媒体有偿使用。

布尔迪厄将资本分为经济资本、文化资本、社会资本②，由此可见，数
据新闻机构的收益不仅仅由经济资本构成。以川报 MORE 工作室为例，其
曾获得四川新闻奖在交互组和媒体融合组两个组别的一等奖，虽然这在经济
资本方面的收入可能微乎其微，但是其文化资本方面的收益是不容忽视的。
同样，曾经在 2018 年获得全球数据新闻奖的财新，其获得的文化资本和社
会资本不仅作用于自身，而且给上级机构带来声望资本。

五　数据新闻价值的多元判断

数据新闻在公共利益和调查性新闻业中的重要作用已经得到广泛的认
可③，数据正在成为调查公共支出、采购和公共服务等问题的重要素材。④
而且表单式数据新闻作品使用户能够参与信息收集阶段，有助于缩小新闻机
构与用户之间的距离⑤，中国的数据新闻也不例外，从新闻价值的选择到伦
理道德的权衡，数据新闻的公共服务导向已经成为共识。

---

① 《新闻作品版权侵权与防范》课题组：《我国新闻作品版权保护的现状、问题及对策》，《传
媒》2016 年第 10 期，第 16～22 页。
② 卜长莉：《布尔迪厄对社会资本理论的先驱性研究》，《学习与探索》2004 年第 6 期，第
35～38 页。
③ Graham, C., "A DIY, Project – based Approach to Teaching Data Journalism", *Asia Pacific Media
Educator* 28. 1（2018）：67 – 77.
④ Treadwell, G., Ross, T., Lee, A. & Lowenstein, J. K., "A Numbers Game: Two Case Studies
in Teaching Data Journalism", *Journalism & Mass Communication Educator* 71. 3（2016）：297 –
308.
⑤ Lim, J., "Representation of Data Journalism Practices in the South Korean and US Television
News", *International Communication Gazette* 1（2019）：89 – 113.

（一）作为新闻的价值判断

数据新闻已经不是几年前的舶来品，其"降温"之后让从业者开始思考怎样将数据新闻作为整个新闻团队有机体中的一部分来发展其功能，回归理性，其不再追求表象、花哨、猎奇的内容。新闻价值是新闻生产者用来选择和衡量新闻的标准，[①] 本书提出11个新闻价值（时新性、重要性、显著性、接近性、趣味性、反常性、冲突性、知识性、公共性、服务性、教育性）供访谈对象选择和排序。结果显示，时新性、重要性、服务性和公共性等新闻价值被选择的次数较多，新浪、《钱江晚报》认为能否引起用户共鸣、共情也很重要，因而对于受众心理上的接近性也较为重视。

（二）作为方法论的价值判断

尽管与传统的调查记者有方法上的不同，数据新闻记者仍与他们有合作[②]，例如采访。采访是对数据分析的一种补充，其对于分析结论理解是有帮助的，因为有时数据分析得出的结论在现实中不一定有意义，而且采访可能会为新闻获得比较好的切入点，以及辅助判断数据分析的逻辑是否成立。此外，新华网认为采访在数据新闻生产中还可以扮演数据采集的角色。不过，也有观点认为访谈只能起到印证数据的作用，而且并不客观，因为其带有一点抽样分析的感觉（中央电视台）。

（三）基于伦理的价值判断

新闻伦理包括新闻从业者的价值取向、道德表现以及行为规范。[③] 数据新闻不仅要遵循新闻伦理，也要遵循数据伦理，例如，使用脱敏数据，过滤

---

① 杨保军：《新闻价值观念与新闻价值创造》，《国际新闻界》2003年第3期。

② Charbonneaux, J. & Gkouskou - Giannakou, P. , " ' Data Journalism' , An Investigation Practice? A Glance at the German and Greek Cases", *Brazilian Journalism Research* 11. 2 (2015)：244 - 267.

③ 刘晓峰：《不能缺失的新闻伦理》，《新闻爱好者》2012年第9期。

个人隐私以及在数据分析和数据可视化时不进行选择性的呈现与表达。川报认为目前对于数据新闻涉及隐私的关切属于多虑，因为包含敏感信息的数据是难以获得的，并不能接触到底层数据。此外，本文认为需要考虑的伦理问题还包括数据新闻的可视化设计和交互设计是否会限制读者、控制信息流、更多地表现为记者的价值观。

（四）基于传播效果的价值判断

数据新闻不仅需要美观，更需要传递信息。数据新闻的质量评价以用户为导向，需要能够诠释故事，易于读者理解（界面）。具体来说，数据新闻的质量受多种因素影响，例如数据的质量，包括数据的来源权威度、数据维度、数据粒度；数据的分析挖掘程度，包括提出结论解决问题；数据的可视化，包括使用规范的图表形式，利于读者理解，完整传递数据的信息量（澎湃）。交互作品的流畅程度、整体美观程度也是评估数据新闻的重要尺度（川报）。

六 结论：中国数据新闻的分化、整合与趋势

分化与整合是两种相反的趋势，这两个词语分别代表中国数据新闻发展的两个方面：在整个行业中，出现分化的情形；而在具体的机构内，则出现整合的趋势。

（一）数据新闻机构的分化

经营模式的差别和价值取向的区别驱动了中国数据新闻行业的分化，由于不同机构运营资本的来源存在差别，盈利模式各有不同，有些机构对于资金较为敏感，而一些机构基本不用担心成本的问题，这对于它们的持续发展产生了深远影响。而各家机构基于受众需求而对新闻价值进行权衡，地方性媒体注重接近性、趣味性、服务性等价值，而党报等主流媒体对于重要性等新闻价值的偏好程度高于其他机构。

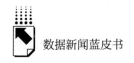

データ新聞蓝皮书

数据新闻行业分化的结果体现在它们的内容生产中，各类机构受到经济、政治、技术和时间等因素的影响存在显著差异，各种因素的角力最终造就了当前中国数据新闻行业的多彩图景。

分化也体现在激烈的商业探索和竞争上。虽然商业模式是各家媒体普遍关心的话题，但在今年的访谈中，这一话题变得非常敏感。"对于未来商业模式的规划"成为较多媒体拒绝回答的问题，原因高度一致："这涉及单位机密"。这一方面表明数据新闻被普遍寄予了创新媒体商业模式的厚望；另一方面，这也逐步挑战着新闻与商业之间应有防火墙的新闻伦理认知。

（二）数据新闻机构的整合

数据新闻机构的整合主要出现在从业人员和数据来源两个方面。

每个机构内部具有多元学科背景的从业者有效实现了知识结构和技术能力的互补，为机构内部的资源共享和协同工作创造了条件，进而形成富有价值和效率的有机体，而大量具有计算机科学、统计学等理工科背景的人员整合到数据新闻行业后，可能会对整个新闻传播行业的思维结构产生积极影响。

值得高兴的是，国内高校对数据新闻专业人才的培养日渐重视，开办相关专业或课程的高校增多，教学方式比过去更加丰富，这将给未来中国数据新闻行业带来源源不断的动力。为了更多地为教育界提供参考资料，了解海外数据新闻教育的发展情况，本皮书团队与 *Teaching Data and Computational Journalism* 一书的作者 Charles Berret 和 Cheryl Phillips 联系，获得授权，将该书中的主要内容编译为中文《美国数据新闻概览》，作为借鉴篇中的一部分。

虽然中国数据新闻机构所使用的数据主要源自政府机构，但是随着各个机构自身数据采集能力的提高以及与外部企业数据合作的增加，其数据资源也呈现逐步整合的态势，而自建数据库有希望成为数据整合的主要产品。武汉大学镝次元数据新闻研究中心与新华网、中央电视台、《人民日报》、财新网、澎湃、人民大学、清华大学、复旦大学等众多媒体和高校合作发起"中国数据与媒介发展联盟"，其宗旨之一就是倡导数据在内容生产和人才培养中的开放和共享。

（三）数据新闻发展的趋势

数据时代的到来使得数据成为不可忽视的信息类型，数据新闻应运而生。虽已经过多年发展，但中国数据新闻的发展尚未达到完全成熟的阶段。从中西比较的差异来看，虽然因为中国移动互联网的发展速度引领全球，中国数据新闻在移动端的呈现和传播不落后于西方媒体，但是在团队组织架构的细分化和商业模式的多元化方面，与西方媒体尚有距离。例如，今日美国在2014年接受本皮书团队第一次访问时，已经形成了分内容条线的数据编辑团队，而中国目前尚未诞生一家这样的团队。又如，今日美国的大学生篮球联赛的数据库、美联社的大选数据库、NICAR的新闻选题数据库都为媒体创造了产生独家报道的内容价值和直接作为数据产品售卖的商业价值。ProPublica基于报道产生的数据甚至提出要建设数据Amazon的构想。相较而言，中国媒体数据新闻的商业化路径依然不够清晰。不过反观美国媒体的发展历程，中国数据新闻媒体现阶段的不成熟也将成为未来发展的巨大空间。

数据新闻团队对于数据新闻的未来比较乐观，期待"在大数据日益被社会接受的今天，随着数据开放和数据积累，数据新闻的未来会越来越好"（新华网）。这一期待，随着5G时代的到来，将获得更大可能的实现。因为5G意味着万物互联，意味着人类社会数据的产生、集纳、处理、传输、分析、呈现的能力空前发达。除了数据新闻记者、编辑的精心处理和发布，数据新闻还可能在多种社会场景中自动生成。因此，西方媒体已提出"增强新闻"的概念，意即应该让机器去做大量的基础性工作，而人在机器的基础上完成更富有独创性内容的生产。这将对人提出更高的要求：一方面要求人具备计算机式的思维（计算机式的思维主要包括结构化问题能力、抽象能力、算法能力和模式识别能力），能够更好地与机器协作；另一方面要求人具备更敏感的质疑和核查能力，包括对数据的核查、对算法的核查、对基于数据的事实的核查。

早在2010年，互联网发明人Tim Berners Lee针对当时英国政府发布的

大量数据就敏锐地提出，数据时代，记者必须对数据有敏锐的洞察力，媒体必须承担起相应的责任（原句为"The Journalists need to be data-savvy, The responsibility needs to be with the press."）。这一倡议背后的社会共识在于，开放数据是全社会共有的资源，社会公众拥有合法使用数据价值的权利，并且政府发布数据的本意也是让数据在国计民生中发挥相应价值。然而，对数据的有效理解具备相当高的专业门槛，数据又有着一副天然可信的模样，殊不知其背后陷阱重重，各样偏误极易发生。因此，专业媒体必须充当好数据新闻传播的把关人，科学、客观、合理地发布数据，解读数据，这是数据时代赋予媒体的不可推卸的责任。与此同时，数据新闻与数据服务、数据产品相结合的多种可能性也为新闻媒体打开了生态变革新的突破口。

行业研究篇

Industry Research

B.2

大数据时代新闻业的发展现状及趋势研究报告

苏涛 彭兰*

摘　要： 随着大数据时代的到来，数据正在驱动着全球经济产业的增长。在新闻领域，数据的驱动力则在推动新闻生产方式与流程变革、提升新闻生产价值、改变用户分析与盈利模式等多方面得以展开。数据，正在成为推动当代新闻业发展与变革的一种新生产力。而大数据时代新闻业的发展，急需新闻业者建立一种与大数据时代相匹配的数据思维，即通过在新闻生产中全面贯彻数据敏感、数据叙事、数据批判和数据增值意识等，释放生产力，推动新闻业的全方位创新与转型升级。

---

　* 苏涛，博士，云南民族大学文学与传媒学院讲师；彭兰，博士，清华大学新闻与传播学院教授、新媒体研究中心主任，湖南师范大学潇湘学者讲座教授。

关键词： 数据 新闻业 生产力 数据驱动思维

一 大数据时代推动新闻业的数据应用

新闻业对数据的应用源于其不断增长的现实需求，更得益于数据技术与信息技术的飞速发展。实际上，新闻业对数据的开发与使用并不陌生，早在精确新闻出现之前，许多新闻报道就已开始使用并处理数据。例如，在1821年5月5日出版的《曼彻斯特卫报》（1959年改名《卫报》）创刊号上，其头版新闻"曼彻斯特和索尔福德地区学校的统计数据"通过刊印一个数字表格，罗列了曼彻斯特和索尔福德地区每所学校的学生人数和年均学费、第一次告诉了人们接受免费教育的学生人数以及本市贫困儿童的数量。[①]

然而，新闻业对数据的大规模处理或者说数据技术在新闻生产中的广泛应用，则始于计算机的应用及普及。正是在电子计算机诞生、人类进入信息时代之后，数据的作用越来越明显，数据驱动方法开始被新闻业所普遍采用。其中，数据新闻作为新闻业开发和使用数据的最典型的代表，不仅承袭了社会科学研究方法的传统，而且通过与各种新技术（如大数据技术、可视化技术、智能化技术等）结合，正在成为一个不断增长的创新领域。

近几十年来，随着计算机与互联网技术的成熟与广泛应用，全球范围内掀起一场新的数字革命，越来越多的数据以惊人的速度被生产并储存起来，不仅人类正在步入大数据时代，数据也成为人类社会一种极其重要的资源。而得益于数据资源的不断增长、数据边界的不断扩张以及数据环境的日益开放，数据在新闻业的应用逐渐进入深层，数据也已演变为大数据时代新闻业的一种重要生产力。

[①] 〔英〕西蒙·罗杰斯：《数据新闻大趋势：释放可视化报道的力量》，岳跃译，中国人民大学出版社，2015，第53页。

1. 数据资源急速增长

社会化媒体兴起之后的互联网，成为一种极其丰富和庞杂的新闻线索与数据来源。

实际上，在互联网出现之前，人们的日常生活、工作和学习中所产生的数据都难以收集、整理并模型化。"甚至在 2000 年的时候，数字存储信息仍只占全球数据量的四分之一；当时，另外四分之三的信息都存储在报纸、胶片、黑胶唱片和盒式磁带这类媒介上。"①

而互联网初期（即 web1.0 时代），得益于互联网技术和计算机技术的发展，人类社会的数据资源就已开始加速增长与积累。但彼时的数据生产者和提供者仍然限于政府、企业、媒体等传统的机构化组织。直到社会化媒体兴起之后（即 web2.0 时代），随着用户数的增长与 UGC 模式的建立，互联网上的数据资源出现爆炸式、指数型增长态势：不仅来自世界各地的政府、企业、个人每天都在生产、制造着海量的信息，而且这些信息大都以数据的形式存储、积累于互联网空间。据统计，"全球新产生的数据年增 40%，全球信息总量每两年就可以翻番"。②

互联网数据资源的增长，同时也意味着新闻业可资利用的数据资源的增长与新闻的生产原材料的日益丰富。例如，来自社交媒体的大量的受众个性化数据，包括受众生产和发布的大量内容及其所属类别、个性标签、社交关系、社交行为、地理信息等，都成为可供新闻生产的个性化的多维数据。

随着数据挖掘、分析与处理技术的发展，特别是对上述来自社交媒体的"非结构化数据"③处理技术的成熟，从互联网庞大的非结构化数据中揭示有意义的新的关系、趋势和模式的新闻生产形式（数据新闻）应运而生。因而，越来越多的媒体与记者投身于互联网，力图从丰富而庞杂的数据中，

---

① 〔英〕维克托·迈尔-舍恩伯格、肯尼思·库克耶：《大数据时代：生活、工作与思维的大变革》，盛杨燕、周涛译，浙江人民出版社，2013，第 12 页。

② 邬贺铨：《大数据思维》，《科学与社会》2014 年第 4 期，第 2 页。

③ 如社交媒体上产生的、由网民自发上传或生产的各种文字（言论）、图片和视频等信息数据。

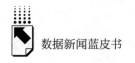

挖掘"独家线索"与"独家猛料"，发现新闻事实与新闻真相。

此外，传感器技术和物联网技术的发展，使得人和物的状态数据不仅可以被记录与存储，还可以被更快、更准确地分析与使用，而这些数据也正在成为新闻生产的重要数据来源。

传感器（sensor）是一种智能化的测量和监测装置，不仅能测量与记录人和物的状态数据，还能够及时完成对这些数据信息的存储、传输、控制和分析。而物联网时代，传感器一方面呈现出微小型化、智能化、多功能化和网络化的发展趋势；另一方面也将泛在化，以"任何地点、任何时间、任何人、任何物"的形式部署。这也使得传感器正在成为一种重要的数据收集方式和新闻源："未来将出现更多的智能传感器，它们将广泛地存在于各种环境、各种物体以及人身上。它们从过去人力无法企及的层面，来获得数据，这些数据可以帮助媒体从新的维度来揭示与描绘新闻事实。"①

作为新闻源的传感器，将成为人类感官的"延长"，在很大程度上帮助人突破自身的局限，从更多空间、更多维度获得与解读信息。这些源源不断、以惊人的速度被生产并储存起来的数据，正在不断丰富新闻业的素材库，以至于当下新闻业可持续发展的一个重要问题就是传统新闻机构如何有效地使用、处理这些数据。

2. 数据边界不断扩张

在全球数据量急剧增长的同时，数据的边界也在不断扩张。正如《大数据时代：生活、工作与思维的大变革》的作者舍恩伯格所言：数据化的核心就是量化一切。当下的世界，似乎一切事物都在被量化、被数据化，进而被测量与分析使用。

狭义上的"数据"，是指在计算机科学中，"所有能输入到计算机并被计算机程序处理的符号介质的总称，是用于输入电子计算机进行处理，具有一定意义的数字、字母、符号和模拟量等的通称"。而广义上的"数据"，

---

① 彭兰：《移动化、智能化技术趋势下新闻生产的再定义》，《新闻记者》2016 年第 1 期，第 28 页。

则是"指对客观事件进行记录并可以鉴别的符号，是对客观事物的性质、状态以及相互关系等进行记载的物理符号或这些物理符号的组合"。[①] 显然，当下新闻生产对数据的使用，已不仅仅局限于狭隘的意义上。数据内涵的扩展和数据边界扩张，不仅为新闻业提供了更为丰富的生产原材料，也为新闻的生产提供了更多可能。

文字信息的数据化，大大丰富了新闻生产中的数据资源，相应的数据分析手段，如语义分析、词频分析等，为我们提供了认识文本信息及其含义的新角度。例如，对每年"两会"期间总理政府工作报告的词频分析，可以显示政府工作重心的演变；对谷歌数字图书馆的检索和分析，可以探索人类思维发展和思想传播的轨迹。在社交媒体兴起之后，人们之间的社交关系、位置信息、态度和情绪都被数据化。生产者将这些数据导入一定的算法模式当中，就可以寻找人们与事物之间的隐性联系，预测人的行为和态度，以用于新闻事实的探寻和新闻故事的讲述。

随着数据化实践的深入，当前新闻生产可资利用的原材料也正在不断扩张。近年来，图像、声音、颜色等都被数据化并衍生新闻报道。例如，《华尔街日报》通过对声音的数据化与可视化，解密了百老汇音乐剧"汉密尔顿"的流行密码；财新传媒通过对烟盒图片颜色的数据化与可视化，使读者从色彩堆叠条上明显感知到我国烟盒鲜艳亮丽的特征，从而吸引公众对烟盒"平装就绪"这一倡导的关注。[②]

长期以来，新闻生产的数据主要来自经由各种统计或实际测量得来的数据。而随着算法技术的进步和数据边界的扩张，运用运算模型生成的模拟数据也是当下新闻生产的一种最新选择。例如，《纽约时报》在"优步如何利用心理学招数诱使司机工作"[③] 报道通过使用模拟数据，为我们展示了优步

---

① 百度百科，https：//baike. baidu. com/item/% E6% 95% B0% E6% 8D% AE/5947370，最后访问日期：2019 年 12 月 30 日。

② 徐笛、欧杨洲：《数据新闻的未来可能性》，《青年记者》2018 年第 28 期，第 18 页。

③ 参见："How Uber Uses Psychological Tricks to Push Its Drivers' Buttons"，https：//www. nytimes. com/interactive/2017/04/02/technology/uber - drivers - psychological - tricks. html，最后访问日期：2019 年 12 月 30 日。

（Uber）公司是如何利用大数据和心理学技巧诱使司机超时工作的，从而揭露了零工经济对劳工的剥削问题。

3. 数据环境更加开放

数据资源的快速增长以及数据应用领域的扩大，使得越来越多的行业认识到了数据的重要性，以及推动数据开放的意义和价值。在这种思潮下，美国政府最先提出将数据作为公共资源进行开放，以鼓励社会和企业利用这些数据创造更多的社会价值。2011 年，英国、美国、巴西等八个国家联合签署开放数据声明，成立开放政府合作伙伴组织（截至 2014 年，全球已有 63 个国家加入开放政府合作伙伴组织）。随着各国政府相继宣布他们的开放数据计划，全球开放数据运动蓬勃兴起。

对于新闻业而言，开放数据则为数据驱动的新闻生产模式奠定了坚实的基础。

首先，开放数据赋予新闻业一种搜寻新闻线索和挖掘新闻故事的新途径。开放数据具有可以被任何人免费使用、再利用、再分发的特征。正是基于这种特征，开放数据对于媒体而言，不仅易得，且易用——无论是技术上还是法律上，都可以自由地对这些开放数据进行分析和利用。因此，伴随着开放数据运动而出现的各种大规模开源数据库，成为新闻生产过程中，特别是搜寻新闻线索与挖掘新闻故事的一种重要资源。而未来的新闻业，也必将更多地借助开放数据进行集约、高效的新闻生产。

其次，大规模开放数据，提高了新闻生产的协同操作或者混合不同数据集的能力，创造新的知识和见解。在数字时代，数据无疑是社会活动和经济活动的重要资源，但很大一部分数据资源都是由政府机构创建和掌控的。而开放数据，不仅释放了数据的社会价值和经济价值，也激活了社会（包括新闻业）的创新能力。例如，记者通过对开放数据中不同数据集的重新整合，对数据进行结构化、知识化处理，进而探索有意义的数据联系，发现事实之间的关系，创造新的知识和见解。

最后，开放数据也增强了新闻生产和新闻产品的开放性。开放数据运动，不仅增强了社会的透明度，也使得我们的社会得以成为可读亦可写的模式——公民不再仅仅被动地接受信息，而是可以通过利用开放数据来为社会直接做出自己的贡献。与开放数据运动一脉相承，新闻报道也形成了自己的开放新闻原则，不仅仅为受众提供信息，也提供受众与新闻互动甚至直接参与新闻生产的机会。

二 数据作为新生产力推动新闻业变革

"如果我们把资本和机械动能作为大航海时代以来的全球近代化的推动力，那么数据将成为下一次技术革命和社会变革的核心动力。"[1] 实际上，这种变革已经开始——大数据已经在医疗保健、公共管理、零售业、制造业等领域产生了巨大的应用价值，发挥着日益重要的作用。根据麦肯锡全球研究院（MGI）的统计，美国零售商通过使用大数据可以将其经营利润率提高60%以上；而欧洲的公共管理部门通过对大数据的使用，则每年可创造2500亿欧元的价值，并实现生产力0.5%的增长。可见，数据正驱动着全球经济的增长，它已成为当下经济社会发展的一种新生产力。

在新闻领域，数据对新闻生产的驱动效果同样显著，而这种驱动力正在通过改进新闻生产方式与流程变革、提升新闻生产价值、改变用户分析与营利模式等多方面展现出来。数据，正在成为推动当代新闻业发展的一种新生产力。

（一）数据推动新闻生产方式与流程变革

2010年，在数据新闻刚刚兴起之时，"互联网之父"蒂姆·伯纳斯-李（Tim Berners-Lee）即已宣称："数据新闻就是未来"。而随着大数据技术的进一步发展和普及，数据新闻现已成为新闻实践活动最为引人注目的发展方向之一。《卫报》《纽约时报》《华盛顿邮报》《华尔街日报》《赫芬顿邮报》

---

① 吴军：《智能时代：大数据与智能革命重新定义未来》，中信出版集团，2016，第35页。

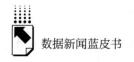
以及 BBC、美联社等一批具有国际影响力的媒体机构专设数据部门进行数据新闻生产，还有众多诸如 ProPublica 这样的新兴机构甚至个人（独立数据记者）也在积极从事数据新闻的创作工作。

在国内，由数据驱动的新闻生产实践也如火如荼地展开。不仅新华网、财新传媒、中央电视台、澎湃新闻等国内主流媒体纷纷开展数据新闻实践，一些来自经济领域拥有更专业数据分析能力和数据资源的生产者也加入了这个行列（自媒体如"城市数据图"①、个人创作者如财新数联首席经济学家陈沁②等）。

国内外的这些实践，一方面体现出传统新闻业面临新媒体冲击而做出的转型努力，另一方面也契合了大数据与媒介融合的技术趋势，因而体现了当下新闻业发展的一个重要转向。

数据的应用，特别是数据与其他生产要素的重新组合，给新闻业的生产方式带来了很多改变，并导致新闻生产生态系统的变化。

1. 生产工具与技术的变化

数据既是一种生产资源，也成为一种生产工具。本质上，就当下新闻生产的基本过程来看，其收集数据，分析和解释数据，从中获取价值——这个传统的过程没有变，但随着越来越多的社会科学方法和专家进入这个领域，新闻生产所使用数据的量级，特别是数据分析的工具与技术都实现了极大的改进。

首先，随着数据挖掘③等技术在新闻业得到较为普遍的应用，新闻生产已从被动的分析数据演进到主动挖掘数据的阶段。新闻生产对数据的主动挖

---

① "城市数据团"是上海脉策数据科技有限公司旗下的原创数据媒体，代表作包括《逃离你终将衰落的家乡》《人口疏解，让城市更拥堵》《如何在魔都捕获一只活的高富帅》等。其母公司"脉策数据"是上海市经信委下属的大数据创新企业成员，主要致力于为城市运营者提供基于城市大数据的系统解决方案和基于城市研究的各种大数据咨询服务。

② 代表作有《从 30 万套租房数据看：长租公寓在房租上涨中的角色》《方便面、榨菜销量上升，只是消费降级或升级吗》等。参见：http://reporter.caixin.com/59151/%E9%99%88%E6%B2%81，最后访问日期：2019 年 12 月 30 日。

③ 数据挖掘是指通过对大量数据的挖掘与分析，从中发现隐藏的、内在的和有意义的知识或信息（包括有意义的关系、趋势和模式）的技术和过程。

掘，不仅改变了传统的新闻信息获取方法和路径，也为传统的"新闻敏感"和数据分析、数据叙事技巧（如数据可视化等）的有效结合提供了可能。其次，统计分析、算法等技术方法的广泛应用，也强力提升了新闻生产中的数据分析能力。

《信息之美》的作者大卫·麦克坎德莱斯（David McCandless）认为，数据之于我们的重要意义，并不在于它的海量性，而在于我们通过对数据的收集和分析，能够找出蕴含其中的模式、结构并揭示其未来的发展趋势。尽管当下的新闻工作者与传统新闻工作者一样，对事实进行核实的工作仍然是新闻生产过程中的重中之重，但数据驱动的新闻生产是通过统计学方法（包括分类、聚类、回归、关联、序列和偏差分析等）和统计模型，对数据的本质进行高度抽象与概括，发掘海量数据之间的相关关系，测算其准确度并提出自己的结论。这在传统新闻报道形态中是无法想象的。

而在人工智能等技术推动下，以数据为基础的智能化内容的生产、分发，也会进一步发展，这更会在深层带来新闻业的全面变革。

2. 生产主体与流程的变化

传统的新闻生产过程中，组织化的媒体机构和专业记者始终是生产的主体。但新媒体时代，一些普通用户也可以在一定程度上成为新闻生产主体，数据新闻实践进一步推动了公众在新闻生产中的参与。"众包"（Crowd sourcing）这种利用集体智慧搜集与核实信息、报道新闻的方式已在新闻业特别是数据新闻领域得到广泛的应用。诸如《卫报》[①] 和 ProPublica 等新闻机构已经开始大量使用"众包"方式进行新闻生产。

在媒体内部，技术人员也成了数据新闻生产的主体之一，因为数据新闻的生产往往需要团队合作，掌握数据采集、分析与可视化技术的技术人员，不仅能为数据新闻生产提供技术支持，也有可能对数据新闻的选题、角度、形式等提出创意与建议。而可视化、互动界面的设计制作也需要设计人员的

---

① 《卫报》的"数据博客"里的很多调查性报道如伦敦骚乱、奥运票务、议员消费情况等都是利用"众包"的方式完成的。

参与。数据新闻的生产，使得内容、技术、形式三方面的创作人员的结合成为必需。这也会促进媒体内部机制的变革。

更值得注意的是，由于数据的采集与分析、挖掘具有很强的技术依赖性，因此，一些拥有数据资源或分析能力的媒体之外的力量（如新媒体公司、IT公司）也会参与数据新闻的生产。它们或者与媒体合作进行数据新闻生产，或者独立发布数据分析产品。这些外部力量也有可能成为数据新闻的生产主体之一，媒体对于这些外来力量的依赖也会逐渐增加。

与此同时，新闻的生产流程也从线性的流水线生产转化为多线程的协同式生产。

从某种意义上来说，传统新闻生产者在解释现实方面的权威性深植于特定新闻生产流程。这个流程在传统上是一种单向的线性过程：新闻记者从政府或新闻资源库优先获得某些信息，然后通过所谓的"新闻敏感"来评估、过滤、审核信息，最终完成信息编辑并形成报道。而在大数据时代，新闻的生产流程呈现出一种多线程、协同式的状态。

一方面，随着新闻工作者获取新闻线索及新闻信息的方式被改变，信息的收集与生产转化为一个持续的过程。记者对于新闻信息的获取不再限于传统方式，而是可以通过开放数据库、搜索引擎、自媒体等多种方式进行。特别是传感器技术和物联网技术的发展，使得人和物体的状态数据不仅可以被随时记录，还可以由它们自身所携带的传感器向互联网即时传送，而在这些数据成为新闻报道的重要来源之时，新闻采写的传统时空观也被改变：新闻信息的收集与生成成为一个持续的、即时的过程。即便对于那些事件性新闻报道，记者也可以通过数据监控发现热点事件，获取新闻线索，进行后续数据收集或采访。

另一方面，各生产部门之间的协作方式发生了重大变化，由于数据密集型的新闻报道需要以团队合作的形式进行创作，因此，在其生产过程中，不仅需要记者、编辑、设计师和工程师等各部门的协同工作，也需在对报道进行反复修改时各部门之间及时地密集沟通。由此，传统的线性流程被改变为多线程的同步作业。

3. 叙事与呈现方式的变化

在数据成为一种重要的生产要素之后，从庞大的数据（集）中提取信息的新闻生产过程就越来越普遍。而为了避免受众在面对纷繁复杂的数据时陷入数据旋涡，可视化叙事得到重视并成为大数据时代的一种新闻叙事与呈现的有效方式。可视化叙事把原始数据转换成有意义的信息，把复杂的事实组织成条理清晰、易于理解和记忆的新闻，它让数据与社会、数据与个人的复杂关系得到更为清晰的展示，从而有助于受众对那些宏大的事件与自身关联的理解。因此，可视化叙事形式使得大数据时代的新闻的易读性不仅没有降低，反而得到大大增强。

但数据新闻等并不同于数据可视化，除可视化叙事之外，在数据的驱动下，当下的新闻产品还出现了跨媒体叙事与交互式叙事的特征。

由于数据驱动的新闻作品不仅篇幅和内容体量较大，而且其所反映的问题和线索也往往较为复杂，因此，需要通过多种媒体形式配合来完成对所有故事元素（人物、关系、线索、故事情节、空间、时间等）的讲述。另外，需要特别强调的是，尽管跨媒体叙事往往表现为多种媒介形式共存的状态，但它并非文字、图片、声音、视频等多种媒介形式的简单拼接，而是通过不同媒介传播内容相互补充构成的有机整体。

由数据驱动的新闻作品往往以数字媒体为生产和发布平台，因此它的交互式叙事特征与传统新闻相比也有一定的区别。一方面，基于数据资源的生产方式使其在内容的交互上具有得天独厚的技术优势；另一方面，由于它的篇幅体量较大、内容线索较为复杂，因此，其也非常适合用交互的形式加以呈现。

（二）数据提升新闻生产价值

数据作为新闻业的一种新型生产力，对它的深入挖掘与合理化利用，将助力新闻业提升新闻生产的价值。而这种数据价值的提升和创造，核心在于挖掘数据背后的意义和关联，形成新的认识和知识。除此之外，数据在新闻生产中的独特价值还体现在拓展新闻的时间语态、提供新闻真实性的新支持

维度和挖掘新闻报道的深度等方面。

1. 拓展新闻的时间语态

在传统新闻生产中，时效性是一个非常重要的价值维度。而在大数据时代，数据资源的急速增长、数据边界的扩张以及数据存储技术的进步，不仅极大拓宽了新闻生产中的线索来源，也极大增加了可供新闻生产的内容储备。

随着新闻生产的数据原材料极大丰富，以及媒体数据呈现、分析与解读能力的提高，媒体的选题不再拘泥于正在发生或已经发生的事实，而"趋势预测性新闻"——从历史维度出发挖掘事件趋势或寻找发展规律的新闻报道的数量越来越多。由此，时间节点变得不那么重要，新闻业一向倚重的时效性在一定程度上被消解了。

数据正是在这个意义上拓展了传统新闻的时间语态：媒体则通过发掘数据之间的相关关系，赋予一般性事件以新的价值，使人们对新闻价值的判断不再局限于新近发生的重大事件。可见，数据为新闻生产挣脱"易碎品"的属性提供了可能，新闻在知识形态上与线性时间赛跑的特性在未来也有可能得到一种结构性的改变。

2. 提供新闻真实性的新支持维度

数据，曾被称为经济领域的显示器。而在新闻领域，它也成为新闻事实的显示器——用事实说话，在某些层面就是用数据说话。

虽然数据（或数字）并不天然地意味着真实，但通过科学理念与方法，媒体可以在数据中找到真实，甚至是被深深隐藏的真实。随着数据挖掘与分析技术的发展与应用，媒体的信息采集能力、加工能力、整合能力、核查与判断能力都得到增强。"在大数据技术面前，无论是在反映全局性事实还是趋势性规律方面，媒体现有报道方式与报道成果的缺陷都日渐暴露。但大数据技术既是参照物，又可以成为专业媒体未来的方法与工具，利用大数据技术，专业媒体的报道水准将得到有效的提升。"①

---

① 彭兰：《"大数据"时代：新闻业面临的新震荡》，《编辑之友》2013 年第 1 期，第 8 页。

另外，越来越开放的数据环境也有助于新闻生产真实性水平的提升。开放的数据很可能意味着新的真实性和客观性——如同在科学领域，能被重复验证的研究和结果，是其真实性和客观性的保障。

在当下信息过载、充满不确定性和怀疑等情绪的后真相时代，新闻生产通过对数据的科学合理使用，特别是通过数据分析而总结的规律、趋势和模式赋予新闻报道更强的可信度，不仅可以为关于政策、经济趋势、社会变革的讨论提供更为坚实的经验基础，也能够在新闻生产重获公众信任的过程中发挥关键性的作用。

但是，我们也要警惕，数据采集、加工、分析等各个环节的偏差，也有可能使得数据成为后真相的另一种推手。数据应用的不严谨、不科学以及对数据的盲目推崇，都有可能使得数据新闻走向真实性的反面。

3. 挖掘新闻报道的深度价值

首先，在新闻生产中采用大规模的数据分析，可以形成更全面、深入的报道，从而增强新闻的可信度。

深度不仅意味着对新闻事件不同角度和细节上的全方位覆盖，更力求发掘事件本身蕴含的逻辑性和连贯性。传统新闻生产模式中长期存在的一个缺憾是，新闻报道者往往受困于个别事实的有限信息，而在缺乏更大规模数据的情况下很难由点及面做更深入的报道。而在数据驱动的新闻生产模式下，媒体通过采用数据挖掘与统计的科学方法，对更大的样本量数据进行分析解读，可以形成更全面、深入的报道。以一种开放的思维理念和关联的视角重新审视社会，揭示社会现象中的复杂关系，能够帮助我们认识事物和分析现象，通过一些现象良好关联事物的变化趋势来预测未来。

其次，媒体可以通过数据挖掘与分析，开发数据的潜在价值，以此增加新闻报道的深度。

数据不同于物质性的东西，它的价值不会随着使用而减少，而是可以被基于不同目的而反复处理和使用。因此，数据的价值并不仅限于某种特定的用途，其潜在价值远远大于其最初的使用价值。

例如，社交媒体的盛行，使得用户发布在各种社交平台上的个性标签、

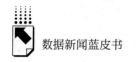

想法、喜好、地理位置信息、关系信息等都可能被纳入媒体巨大的数据库中。而对这些多维数据的挖掘和二次开发，能够帮助媒体深入传统新闻生产模式所无法抵达的行为分析、情感分析、心理分析和社会分析的深层，从而增加新闻报道的深度。

最后，媒体通过数据可视化、数据交互等方式释放数据的价值，在拓展新闻报道的深度的同时，提高信息的传播效率。

（三）数据改变用户分析与营利模式

数据应用，特别是大数据分析技术，也带来了用户分析的模式、方法、手段等方面的变化。

与以往主要靠抽样进行的用户调查不同，大数据技术可以对用户整体进行全样本分析，如果方法得当、数据准确可靠，这样的分析可以有效提高用户分析的完整性与深度。数据的应用能够使媒体更容易、更精确地找到用户。

大数据也不仅仅将注意力放在用户整体分析上，它同样注重对于每一个用户的个性化需求的分析，还可以从用户的多种行为的综合分析中，全面反映用户的需求、偏好以及行为模式。正如舍恩伯格所言："数据比有经验的记者更能揭示出哪些是符合大众口味的新闻。"① 也正是因为如此，基于对用户的个性化分析进行内容推荐的算法技术，如今已广为运用。算法推荐使得新闻内容更精准与便利地推送给用户，实现了"信息与人"的精确匹配，大大提高了信息传播的效率。

当用户分析更为精准、媒体更容易找到用户之时，基于用户分析的媒体的新营利模式也会应运而生。例如，基于个性算法的精准广告与电商、基于数据库的营销等。目前，人民数据、财新网等已在数据库营销服务上取得了良好的成效，其特色化、专业化的数据库产品，契合了各类党政机构和企事

---

① 〔英〕维克托·迈尔－舍恩伯格、肯尼思·库克耶：《大数据时代：生活、工作与思维的大变革》，盛杨燕、周涛译，浙江人民出版社，第149页。

业单位的需求。

而基于数据应用与分析的其他产品，如个性化付费内容、舆情产品、数据交易、媒体智库（数据分析报告）等，也可能成为媒体的新营利手段。以媒体智库为例，它不仅拥有经过长期采访和调研而积累下来的有关各地政府、各行各业的珍贵一手数据，且拥有深耕这些领域的具有丰富经验的记者、编辑人才。因此，媒体智库能够基于大数据的挖掘与分析，深刻地洞察数据背后的规律与趋势，从而其所形成的数据分析报告，也能够为用户提供更具价值的决策参考。目前，人民网的人民舆情监测室，南方报业的南方舆情数据研究院、南都大数据研究院、21世纪经济研究院等媒体智库在这方面做了比较多的尝试，也取得了很好的市场效果。①

三 大数据时代新闻生产的数据思维

在互联网发展早期，Yahoo公司通过对数据（信息）的整理和过滤而开创了代表web1.0时代的门户网站模式，而进入web2.0时代，Google等新科技公司则凭借强大的数据搜索和处理能力，开发出至今仍独步天下的关键词广告。可惜的是，在这两次信息化浪潮中，新闻业都错失了产业转型升级的宝贵机遇。

今天，新闻业者已经意识到，大数据时代的到来，使得数据已成为一个国家重要的基础性战略资源，而对于海量数据的开发与应用正在引发全球新一轮的生产力革命。因此，数据的大规模引入将会再次成为新闻业的一种新机遇，而能否抓住这个机遇也将对未来新闻业的发展产生长远的影响。

数据本身不产生价值，如何分析和利用数据以提升新闻生产力才是关键。因此，需要建立一种与大数据时代相匹配的数据思维，未来的新闻生产也必然建立在这种数据思维之上。

---

① 曹轲、陈良晓：《人民数据、新华数据、财新数据、南方数据——"媒体数据"新概念与前瞻分析》，《南方传媒研究》2019年第3期，第18～30页。

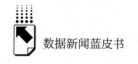

那么，什么是新闻生产中的数据思维？如何在新闻生产中运用数据思维提升新闻生产力？

笔者认为，数据思维是一种在新闻生产过程中主动运用数据的意识，即透过数据来观察世界和理解、解释这个纷繁复杂的世界，不仅通过数据挖掘与分析让数据"发声"，而且还要将数据使用贯穿到新闻的采集、制作、分发、用户反馈等各个环节，从而推动新闻业创新与全方位升级。而数据思维在新闻生产中的具体运用则需要通过以下几个方面加以实现。

（一）从数据中发掘新闻价值的数据敏感意识

传统的新闻线索采集和新闻价值判断是建立在记者所谓的"新闻敏感"基础之上的。大数据时代的新闻生产同样需要记者的新闻敏感，只不过它需要转换为建立在数据思维之上的"数据敏感"：需要记者从纷繁复杂的数据中寻找灵感，发掘数据之间的关系和结构，发现蕴含其中的新闻价值。

与传统新闻生产多少带有个人色彩和先验性的新闻敏感相比，数据敏感借助于科学的统计方法和数据分析技术，用总体样本取代随机样本、用相关关系取代因果关系，进而发掘数据之间的潜在价值和意义，并按照新闻固有价值规律和内容构造规律，实现从数据到新闻内容的演绎。

（二）用数据讲故事的叙事意识

通过对数据的挖掘与分析，然后从大量数据中梳理出事物错综复杂的关系和事件发展的内在逻辑，这是由数据驱动的新闻生产的优势所在。但是，如何将数据蕴含的内核信息以清晰、美观的方式呈现给受众就成为一个重大的挑战。因为这个过程不仅涉及信息的整合与提纯，还涉及审美价值和传播效果的提升。

这就要求大数据时代的新闻生产者必须具备用数据讲故事的叙事意识和能力。具体而言，其工作重心应从抢先报道新闻热点，转向为大众解释数据意涵和讲述数据故事；在叙事逻辑上，需要在数据与社会、数据与个人之间的复杂关系中整理出一条故事线（storyline），以此为起点寻找数据来确证或驳斥相关信息；叙事策略上，通过挖掘数据之间的相关性，从不同维度展现数据的内在关系和结构；在叙事形式上，需要将抽象数据具象化，充分利用可视化、交互性等手段，以直观、形象、互动的形式呈现数据背后的深层意义。

（三）数据使用的批判意识

并非所有数据都是准确、可信的，很多数据不仅虚假还带有强烈的欺骗性。例如，来自社交媒体的数据，甚至来自传感器的数据，都存在真伪混杂和虚假的情况。其中原因很复杂，既有信息平台特性的因素（如信息生产主体的多元和把关人的缺失），也可能有某种技术错误（如发生机械错误），还可能存在统计学上的问题（如样本代表性不足）。

因此，视真实、客观为第一要务的新闻，在使用数据的时候，就要具有批判意识，不能一味地盲从盲信，而是对所有的数据有质疑的过程。这种批判意识落实到技术层面，需要通过一定的方法来检验或补正问题数据。比如，通过收集多源异构的数据、历史数据，与问题数据进行对比或交叉印证，以此发现数据的异常。

（四）数据开发的增值意识

数据不同于一般物质，它的价值不会因使用而消失，也就是说，我们可以对它进行二次使用或再次开发，甚至附加价值，这是数据开发的增值意识。

首先，不同于传统的新闻源，从已使用过的旧数据中仍然可以发掘出新的线索。例如，对旧数据的二次开发（包括重新聚合或集成），可以帮助记者发现引起公众兴趣的新的报道角度，并发现新的趋势和规律，从而形成新的报道。

其次，对数据合理开发，可以帮助媒体建立一个可再生的数据循环体系，进而扩展新闻生产的价值链条。

随着数据对新闻生产各环节的渗透，数据以及建立在数据基础上的算法机制，推动着新闻生产从线性生产模式走向循环式生产模式。例如，媒体通过数据挖掘与分析形成一篇新闻报道，该报道经由社交媒体发布之后，经过受众的信息分享、社交互动、评论交流会产生新的数据。这时，媒体反过来又可以对社交媒体上的数据信息（包括受众生成的内容）进行二次开发，从而形成"媒体—受众—媒体—受众"多次互动、循环的数据循环生产模式。这种以数据生成新数据的模式，会赋予新闻生产持续的数据资源和创新动力。

（五）数据应用的伦理意识

当数据成为一种重要的生产力时，对它的应用风险，我们也需要高度警觉，数据应用的伦理意识成为防范风险的基础之一。从以往的研究来看，一般而言，数据伦理至少需要包括对数据权力的约束、对数据质量的评估、对数据伦理的审计和数据采集中对个人权利的保护等。

对于媒体来说，对数据采集与使用边界的约束，对数据应用的公正性、合理性、准确性的评估，对公众知情权与个人隐私权、被遗忘权之间的平衡，都是基本伦理意识的体现。例如，算法机制的流行，使其正在代替媒体过滤数据与信息，从而弱化了媒体传统的把关人角色。然而算法的价值判断是否客观公正以及这些判断是否存在算法偏见和算法黑箱等问题，需要媒体在伦理层面认真展开自我审查。

因此，对整个新闻业来说，对于掌握了数据资源的机构①或个体的权力约束，包括自律与他律，也是至关重要的。

四 结语：数据驱动的未来新闻业

随着大数据时代的到来，数据不仅驱动着全球经济产业的增长，也成为

---

① 一些商业性大公司依靠自己的科技能力不仅积累了大量的用户资源，而且垄断了这些海量用户数据。

推动当代新闻业发展与变革的一种新生产力。目前来看，在新闻领域，数据的驱动力通过促进新闻生产方式与流程变革、提升新闻生产价值、改变用户分析与营利模式等多方面得以展开。

而随着数字现实技术[①]进一步发展，特别是 AI、5G 和物联网技术走向实际应用，数据的作用和价值也将得到进一步的挖掘和提升，并以此驱动传统媒体向"智媒"的转型升级。例如，基于人工智能系统对图像和视频数据的处理，可以实现用户个人生物体征的验证以及根据周边环境认知用户接收新闻的具体情境；利用摄像头、传感器以及计算机视觉数据，可以追踪并分析用户在新闻接收过程中的行为所传递出的信息，并据此评估他们当时的情绪和心理。

"智媒"将结合以人为中心的最新设计和前沿技术，比如计算机视觉、对话语音、听觉分析、增强现实（AR）和虚拟现实（VR）……而这个过程的协同和实现，主要依赖其复杂的数据收集、处理以及应用功能。

可见，在各种数字化技术迭代演进的时代背景下，数据不仅会在未来继续驱动社会各行各业的创新，也必将成为未来驱动传统新闻业转型升级乃至整个信息生态变革的新动能。

"如果说全媒是形、融媒是态，数媒和智媒就是核和心。"[②] 而未来的新闻业，唯有将数据创新能力转化为自己的 DNA，才能更好地转型为数字媒体；也唯有将数据作为核心生产力，实现从传统的新闻生产者向数据的开发、服务和营销者的积极转变，才能继续承担起其信息传播者、知识生产者和社会意识制造者的角色。

---

① 主要包括增强现实（AR）、虚拟现实（VR）、混合现实（MR）等。
② 曹轲、陈良晓：《人民数据、新华数据、财新数据、南方数据——"媒体数据"新概念与前瞻分析》，《南方传媒研究》2019 年第 3 期，第 19 页。

B.3

中国新闻传播学科可视化研究趋势报告[*]

王朝阳　赵　洁**

摘　要： 本报告通过新闻传播学科中已有的可视化研究，发现目前可视化研究除了在应用层面探讨可视化的优劣以及未来前景外，偏向理论的议题主要为：可视化概念本身的基本情况、可视化与新闻之间的关系、可视化应用在新闻领域所产生的影响。本报告发现目前的研究存在缺乏可视化应用传播效果的量化分析、缺乏各个领域应用的细分研究、研究的理论高度缺乏以及相关可视化技术的研究缺失的问题。本报告通过对目前新闻传播领域可视化研究的主要议题和不足的梳理，指出今后关于可视化的研究应当增强实证研究、细化可视化研究范围、系统可视化带来的全新生产模式并且更多关注可视化技术本身。

关键词： 新闻传播学科　可视化　数据新闻　大数据

随着数据成为各个学科研究应用的重点，作为大数据的主要呈现形式的可视化所涉及的领域也越来越广泛，从计算机、建筑、信息通信、临床医学到新闻传播，越来越多的学科将可视化作为数据呈现的研究热点。新闻传播

---

*　项目基金：2018 年度湖北省新闻传播能力建设课题（HBXCYB1803）；2018 年度中央高校基本科研业务费专项资金武汉大学自主科研项目（人文社会科学）（413000023）。

**　王朝阳，男，武汉大学新闻与传播学院副教授，新闻学博士，硕士生导师，网络传播系副主任，武汉大学媒体发展研究中心研究员；主要研究方向为网络传播理论与实务、数字媒介技术与应用、交互设计；赵洁，女，武汉大学新闻与传播学院 2018 级硕士研究生。

学科也不例外，目前的新闻业已经步入了大数据时代，数据新闻成了一种应用广泛的新闻形式，可视化也逐渐成了新闻业的研究热点，本报告将通过目前已有的新闻传播学科中的关于可视化的研究来梳理可视化在新闻传播领域的研究现状，并对未来的可视化研究提出一定的展望。

一　研究方法和数据来源

在数据库的选择上，鉴于可视化研究是这几年来的热点议题，特别是2012 年之后，大量相关文献不断涌现，因此，数据库中文献的更新速度必须较为及时，相较于万方、维普以及 CSSCI 数据库，中国知网的文献更新最为迅速，目前关于新闻与传播学科的可视化最新的研究为 2018 年 11 月的文献，其能够较好地反映新闻传播学科可视化研究的现状，因此，本次研究选择了中国知网作为文献的主要来源。

在文献年限的选择上，本报告选择的是从 2012 年 1 月 1 日到 2019 年 1月 1 日的相关文献，原因有二。其一，"可视化"这一概念最早由美国提出并且在美国新闻业内进行相关实践，是在实践中提出的概念，我国的研究大多也由实践总结而来，而这一概念在我国的新闻业内进行实践是在 2012 年前后。其二，经过检索，2012 年以前的文献数量较少，我们经过初步筛选之后发现其基本集中在出版、情报、信息管理等方面，对于新闻传播领域的可视化研究现状用处不大。因此，本报告所梳理的均是从 2012 年 1 月 1 日到 2019 年 1 月 1 日发表的文献。

在文献选择上，由于目前可视化是新闻传播领域较为热门的研究，相关文献较多，为了提高文献梳理的深度和准确度，本报告仅选择新闻传播类别中的 CSSCI 期刊和核心期刊进行梳理，描绘可视化在新闻传播学科中的研究概况。由于目前仍有许多可视化的相关研究是与数据新闻紧密相连的，因此仅以篇名为"可视化"进行搜索，可能会遗漏相关研究，因为笔者以篇名为"可视化"或者含有关键词"数据可视化"或"信息可视化"为条件进行检索，按照上文所述年限与期刊条件共检索到 227 篇新闻传播

学科的相关文献，其中，出版和情报以及其他学科相关研究结果的可视化等相关内容不在本文的梳理范围之内，经过初步的筛选，本报告最终选取了91篇文献进行研究。

二 新闻传播领域可视化研究的现状

本部分笔者将简要分析"可视化"这一概念提出以来，我国新闻传播学科对可视化这一命题研究的基本情况，本部分将涉及研究文献数量的总体趋势、基金、文献刊载期刊、来源、研究领域和研究方法等研究的基本情况。

文献数量：在中国知网上以"可视化"为主题搜索出的属于新闻传播学科的相关文献共有1469篇，但是真正以"可视化"为主要研究内容，符合本次研究的有效文献仅有91篇，说明就新闻传播领域而言，"可视化"这一议题还有较大的研究空间。在2012年前后，我国新闻业开始了可视化的实践，其中，网络媒体最先试水数据新闻，早在2011年5月21日，搜狐推出了中国最早的数据新闻栏目《数字之道》，而其他网络媒体于2012年开始相继尝试数据与新闻，例如2012年1月13日上线的网易《数读》、2012年6月4日上线的新浪《图解天下》、2012年12月3日上线的腾讯《数据控》等。在网络媒体试水之后，传统媒体也纷纷开始探索这一新兴的新闻报道方式。[1] 随着新闻业的实践增多，我们对可视化的研究也逐渐开展。随后，可视化技术不断成熟，也促使着可视化研究不断增多，在2015年之后关于可视化的研究数量稳步上升（见图1）。

基金支持分布：在上述91篇研究中，有29篇获得了相关基金的支持，其中有7篇获得了两项及两项以上的基金支持，总体来说，基金支持力度不大。另外，在获得基金支持的29篇研究中，有3篇为国家社科基金支持，4篇为教育部人文社科重大项目基金支持，11篇为省市级基金支持，11篇为

---

① 孙跃：《数据新闻在我国发展现状和方向分析》，《视听》2018年第6期，第193～194页。

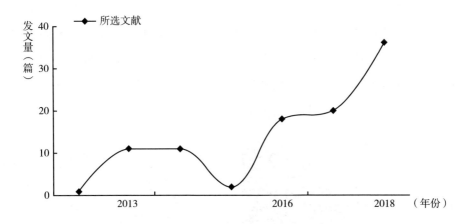

图1　可视化研究论文发文量年度变化（图片来自知网）

校级基金支持（见图2）。国家级的基金支持占比较小，说明可视化在新闻传播学科中的研究还未深入，重大课题项目较少，创新性较弱。

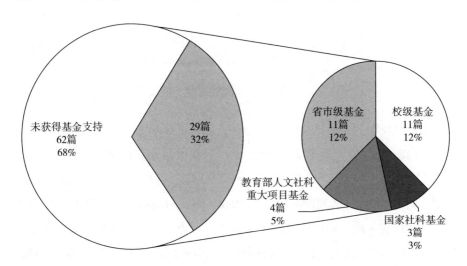

图2　研究论文基金支持情况统计（数据来自知网）

文献来源：该部分根据文献研究单位，将所有文献划分为学界研究成果、业界研究成果和"学界＋业界"研究成果。在91篇有效文献中，业界研究成果为22篇，学界研究成果为65篇，"学界＋业界"研究成果仅为4

篇（见图3）。该数据说明学界和业界对"可视化"这一课题的研究目前缺乏互动和信息共享，信息区隔较大。具体来看，2012年仅有1篇业界研究成果，之后学界研究数量慢慢增长，2013年两者数量相等，2015年后，学界研究数量迅速攀升，与业界研究数量差距拉大（见图4）。

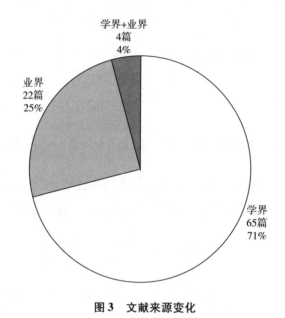

图3 文献来源变化

文献刊载期刊：所选文献均分布在新闻传播学类的核心期刊中，《青年记者》《新闻战线》《传媒》是相关研究刊载数量最多的期刊。其中，《青年记者》刊载14篇，《新闻战线》刊载13篇，《中国记者》刊载11篇，《传媒》刊载10篇，《新闻与写作》刊载9篇，《出版广角》刊载4篇，《新闻大学》刊载4篇，《中国广播电视学刊》刊载3篇，《编辑之友》刊载3篇，《新闻记者》刊载3篇，《电视研究》刊载2篇，《国际新闻界》刊载2篇，《中国出版》刊载2篇，《新闻界》刊载2篇，《安徽大学学报》（哲学社会科学版）刊载1篇，《当代传播》刊载1篇，《当代电视》刊载1篇，《新闻知识》刊载1篇，《新闻与传播研究》刊载1篇，《新闻爱好者》刊载1篇，《山西大学学报》（哲学社会科学版）刊载1篇，《武汉体育学院学报》刊载1篇，《现代传播》（《中国传媒大学学报》）刊载1篇。

　　研究领域：该部分的研究领域有两种划分，一是指报道领域，二是指媒体类型。

　　其中，在报道领域的分类中，除去72篇没有明确报道领域的研究之外，明确研究领域的文献的分类情况为：时政类有8篇、体育类有4篇、财经类3篇、科技类2篇、健康类1篇、娱乐类1篇（见图4）。该数据显示，目前对"可视化"的研究，细分报道领域的研究在整体的研究中占比还是较小。另外，时政、体育和财经是比较热门的关于"可视化"研究的报道领域。这或许与这三个领域含有大量数据有关。

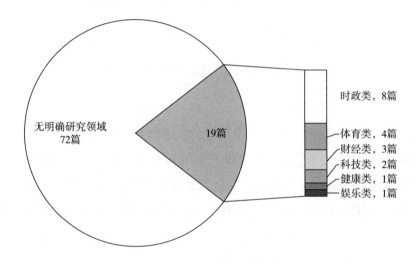

图4　研究领域统计（数据来自知网）

　　在媒体类型的分类中，有70篇研究没有明确研究的媒体类型，这说明目前对"可视化"的研究仍然从整个媒体行业入手，对某一媒体形式的新闻作品可视化的细化研究较少。但是未明确的研究中，大多数使用案例分析研究，并且均是将网站或传统媒体的新媒体形式的可视化作品作为案例，或者将可视化作为融媒体发展的一个转机进行研究。在明确了媒体类型的文献中，关于纸媒的研究有7篇，关于电视的研究有6篇，关于网站的研究有4篇，关于广播的研究有2篇，关于移动端的研究有2篇（见图5）。传统媒体对可视化的利用仍然是明确各媒体类型的研究中的重点。

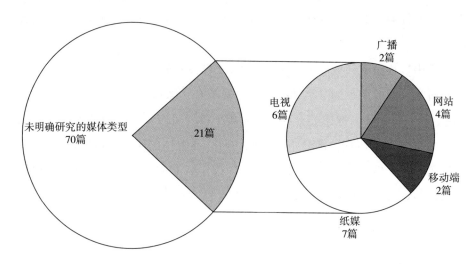

图5 研究的媒体类型统计（数据来自知网）

研究方法：由于关于"可视化"的研究是在新闻业实践中逐渐增多的，所以根据对文献的大致梳理，本次所选的文献研究法可以分为个案研究法、实证研究法、"个案研究法＋实证研究法"和无明确研究方法。其中，无明确研究方法的有49篇，仅使用个案研究法的有35篇，仅使用实证研究法的有4篇，两者结合的有3篇（见图6）。没有明确研究方法的研究大多停留在

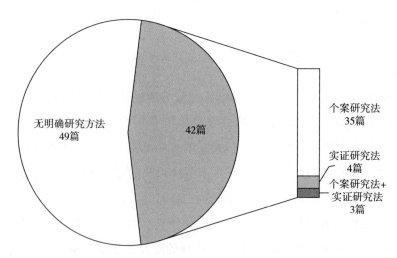

图6 研究方法统计（数据来自知网）

简单描述可视化应用情况，而且由于单纯的个案分析法往往"就事论事"，难以展现"可视化"在新闻传播领域应用的全貌，因此，以上数据证明目前关于可视化的研究较为表层，深度和广度不够。

对有效文献的基础情况进行统计，我们可以发现本学科对"可视化"的研究总体来说数量不多，研究的细化程度不足，多停留在对某一媒体或某一作品的"就事论事"，研究的深度不够。

三 新闻传播学科可视化研究的主要议题

本部分主要通过梳理呈现目前新闻传播学科对可视化这一概念的主要研究方向和内容，分别探寻实践层面和理论层面的可视化研究侧重点，通过对主要研究议题的梳理，了解当前新闻传播学科对可视化的认识和看法，对今后的可视化研究起到一定的指导作用。

对91篇有效研究进行梳理可知，目前关于可视化的主要议题可分为以下几类：可视化概念本身的基本情况，包括其应用起源、定义、相关概念区分、基本特征和应用原则与目的；实践中可视化的应用情况，包括其应用领域、常见形式以及生产流程；可视化与新闻本身的关系，即在新闻传播领域对可视化的认识；可视化给新闻传播领域带来的影响，既包括对新闻行业所产生的影响，也包括对受众所产生的影响。

以上几类议题是新闻传播学科讨论和研究最多的，可以勾勒出新闻传播学科对可视化的基本看法，以及可视化在新闻传播领域的独特之处，尤其可视化与新闻本身的关系及其带来的影响，对可视化新闻实践具有极强的指导意义。

（一）可视化概念的基本情况

该议题是可视化研究首先需要清楚的内容，在新闻传播领域中，可视化是随着大数据时代的到来，伴随着数据新闻而走入人们视野的，"可视化成为

新闻生产领域的一种普遍性趋势则源于新闻业对大数据的全面拥抱"。① 对于可视化的定义，目前国内的研究普遍认同李希光教授所提出的概念，认为"可视化（Visualization）是利用计算机图形学和图像处理技术将数据转换成图形或图像在屏幕上显示出来，并进行交互处理的理论、方法和技术"②，实际上可视化研究下又细分有科学计算可视化、数据可视化、信息可视化和知识可视化。目前在新闻传播领域常常提到的是数据可视化和信息可视化，两者的区别仅仅是处理的数据类型不同，在新闻传播领域的研究者，未做严格区分，目前研究中基本均被称为数据可视化。

目前，国内对可视化的研究着眼于可视化新闻，可视化新闻顾名思义是指以可视化为载体的跨媒体新闻报道，这类报道常常以数据为核心来支撑其报道内容。③ 但是在对可视化的研究中，可视化新闻、数据可视化常常与信息图表、数据新闻画上等号，实际上它们之间还是有较大差别的。早期对可视化的研究几乎等同于对信息图表的研究，但实际上，信息图表与数据可视化并不是完全等同的内容，虽然两者确有交集。实际上信息图表比数据可视化涵盖的内容更广，其包括所有将信息或数据形象化、可视化的手段，仅仅将文字符号转变为更易于理解的图形符号也可以称为信息图表，但是这种信息图表与数据可视化没有多大关系。④ 但是，目前国内多数学者认为，新闻可视化离不开大数据技术，或者说，他们认为可视化形态一定是来自数据的归纳统计。⑤ 简而言之，即目前大多数学者认为：数据可视化或者可视化新闻不仅要有可视化的呈现形式，还必须有对数据的分析加工，学者常江认为：在新闻领域，大数据和可视化这两个要素是相辅相成

---

① 常江：《蒙太奇、可视化与虚拟现实：新闻生产的视觉逻辑变迁》，《新闻大学》2017 年第 1 期。
② 李希光、赵璞：《数据可视化：数据新闻在健康报道中的应用》，《新闻战线》2014 年第 11 期，第 53～56 页。
③ 周璐：《从 2017 年两会看大数据可视化新闻》，《新闻战线》2017 年第 10 期，第 6～7 页。
④ 彭兰：《数据与新闻的相遇带来了什么?》，《山西大学学报》（哲学社会科学版）2015 年第 2 期，第 62～72 页。
⑤ 战迪：《新闻可视化生产的叙事类型考察——基于对新浪网和新华网可视化报道的分析》，《新闻大学》2018 年第 1 期。

的，使用大数据必然要求以可视化的手段加以呈现，而能够有效传播的可视化新闻也必然以大数据的统计分析而非个案为资料基础。① 但是信息图表并没有这样的要求，它既可以指加工处理过的数据、信息的呈现，也可以指单纯的形象化的呈现。而数据新闻则是指，"对数据进行分析与过滤，从而创作出新闻报道的方式"②，并不强调可视化。英国《卫报》的数据记者西蒙·罗杰斯认为数据新闻并不直接等同于数据可视化，可视化并不是数据新闻的唯一呈现形式，数据新闻也可以呈现一个新闻故事，或者仅仅展示数据。③ 可以说运用了数据可视化技术的可视化新闻一定是数据新闻，但是数据新闻不一定是可视化新闻。随着数据量日益扩大和受众对数据新闻视觉感官要求的持续提高，数据可视化也逐渐被公认为数据新闻的一个生产流程："数据新闻的生产流程一般是获取数据（getting data）—分析数据（analysis data）—数据可视化（visualizing data）"④；或认为数据可视化/可视化新闻就等同于数据新闻，"数据新闻第一人"黄志敏认为，数据新闻就是将精确新闻报道以可视化形式呈现，在新闻领域中，可视化概念的具体应用即数据新闻。⑤

　　数据可视化应用有其基本要求："无论应用于哪类学科，可视化技术都需要具备三个条件：以数据为研究对象，以直观图像为载体简化数据的抽象性和复杂性，以挖掘数据的本质规律、以计算机技术为支撑。"⑥ 而在新闻领域应用可视化技术还应把握其应用原则："真正核心的并非是炫酷的交互

① 常江：《蒙太奇、可视化与虚拟现实：新闻生产的视觉逻辑变迁》，《新闻大学》2017年第1期。
② 章戈浩：《作为开放新闻的数据新闻——英国〈卫报〉的数据新闻实践》，《新闻记者》2013年第6期，第7~13页。
③ 方洁、颜冬：《全球视野下的"数据新闻"：理念与实践》，《国际新闻界》2013年第6期，第73~83页。
④ 郎劲松、杨海：《数据新闻：大数据时代新闻可视化传播的创新路径》，《现代传播》（中国传媒大学学报）2014年第3期，第32~36页。
⑤ 陈积银、宋春妮：《数据新闻发展现状宏观扫描》，《青年记者》2018年第28期，第9~11页。
⑥ 付砾乐：《数据新闻可视化存在的问题分析——以新华网"数据新闻"栏目为例》，《青年记者》2016年第24期，第85~86页。

性可视化技术，而是怎样运用视觉元素讲述逻辑清晰的新闻故事。"① 学者王秀丽在解析了全球数据新闻奖"最佳可视化"奖作品之后也认为：可视化设计将海量的数据信息转化为条理化、结构化的图式符号，不仅要降低受众认知难度和阅读门槛，同时也要注意数据意义的有效传达。② 即目前学者们认为数据可视化应用的目的仍是讲好新闻故事，实现意义的有效传达。

（二）实践中可视化的应用情况

可视化最早作为计算机科学领域的学术用语出现，后广泛应用于医疗、航天等领域，在新闻传播学科中，最初其常应用于数据较多的报道领域如财经、体育、健康等，随着可视化技术的发展，其应用的报道领域不断拓宽，但是并不是所有的新闻内容都可以以可视化的形式呈现，换句话说，新闻可视化也有其局限性，一些新闻稿件内容更适合以传统图文稿的形式呈现，同样，有些新闻报道更适合用可视化的形式呈现。③

早期由于技术手段的限制，可视化在新闻传播领域的应用往往仅有信息图表，随着技术的发展，可视化的呈现形态越来越多元，"可视化作品类型包括信息图表、GIF 动图、VR 全景作品、手机 H5 交互、网页交互界面、动画视频、漫画作品、小游戏。④ 还有学者认为："可视化作品常具有数据地图、时间线、交互式图表、3D 动画、词云、关系图等元素。"⑤

研究常常认为数据可视化仅仅是数据新闻制作流程中的一步，这种认知是片面的，实际上新闻可视化不仅是指制图设计呈现的过程，实现新闻

① 王晶：《国际交互式数据可视化报道新趋势——以国际数据新闻大赛获奖作品为例》，《中国记者》2018 年第 5 期，第 117～119 页。

② 王秀丽：《全球数据新闻奖"最佳可视化"奖作品解析》，《当代传播》2018 年第 1 期，第 87～89 页。

③ 杨奇光：《媒体融合时代的新闻室矛盾：基于新闻可视化生产实践的考察》，《新闻大学》2018 年第 1 期，第 18～26 页。

④ 曾祥敏、董小染：《2016 全国"两会"新闻报道信息可视化产品研究》，《传媒》2016 年第 6 期，第 32～35 页。

⑤ 冯炜、谢誉元：《运算转向：数据新闻生产的新路径》，《编辑之友》2016 年第 9 期，第 75～79 页。

可视化的过程整合了从传统的调查新闻到统计、从设计到编程的若干个专业领域。①

（三）可视化与新闻之间的关系

本部分研究内容偏向于理论上的深入探究，研究此部分的学者较少，学术成果也不多，其中研究最深、理论成果最系统的为长江学者，参照长江学者的看法，可视化与新闻之间的关系有三种。

第一种观点简单认为可视化在新闻领域仅仅是一种生产技术，是一种工具，运用这项技术是为了提升新闻内容的可读性、优化新闻产品的传播效果、增强受众的新闻认知。② 这种观点在研究中非常常见，在早期的研究中，几乎所有的研究者持有该种看法，即强调可视化仅仅是一种视觉表达方式，例如学者许向东、刘轶欧认为："数据可视化就是利用形象思维的表达形式，通过激发人们对图形快速识别和空间想象的能力，减少认知负载，吸引、帮助受众获悉数据之间的关系和规律。"③ 学者常江认为：这种工具论的观点并不争论新闻理念，仅仅将可视化框限在新闻报道呈现技术的改良范围内，在一定程度上体现出一些新闻研究者对于可视化带来的矛盾的回避。④

第二种观点更进一步，认为可视化不仅是一种技术，更是一种新的新闻叙事（storytelling）类型⑤，这种观点认为可视化可以"弥补传统新闻宏观叙事的不足"。⑥ 持这种观点的学者普遍认为：可视化是一种新的不同于传

---

① 郑蔚雯、姜青青：《大数据时代，外媒大报如何构建可视化数据新闻团队？——〈卫报〉〈泰晤士报〉〈纽约时报〉实践操作分析》，《中国记者》2013 年第 11 期，第 132～133 页。
② 常江：《图绘新闻：信息可视化与编辑室内的理念冲突》，《编辑之友》2018 年第 5 期，第 71～77 页。
③ 许向东、刘轶欧：《数据可视化的媒体类型及问题分析》，《新闻与写作》2016 年第 9 期，第 85～87 页。
④ 常江：《图绘新闻：信息可视化与编辑室内的理念冲突》，《编辑之友》2018 年第 5 期，第 71～77 页。
⑤ 常江：《图绘新闻：信息可视化与编辑室内的理念冲突》，《编辑之友》2018 年第 5 期，第 71～77 页。
⑥ 郎劲松、杨海：《数据新闻：大数据时代新闻可视化传播的创新路径》，《现代传播》（中国传媒大学学报）2014 年第 3 期，第 32～36 页。

统新闻的叙事类型，能够通过对大数据的挖掘和利用，讲述更加宏观的新闻故事。

第三种观点更为激进，认为可视化不仅仅是一种工具或者是在新闻叙事上的辅助者，其所带来的是一种新的新闻生产观念系统，这种系统试图以视觉的逻辑代替新闻的逻辑，与传统的新闻理念有不可避免的冲突，而且也会以自身的理念持续地影响和塑造未来数字新闻业的生态。① 这种观点在学者常江的实证研究中已经得到了证明，"在新闻机构中的可视化生产团队（或部门）中，传统新闻生产的'新闻性'与可视化生产的'视觉性'形成了尖锐的理念冲突，强调视觉表现力的可视化新闻生产正在从传统的"新闻范式"转向一种注重产品质量和用户满意的'厂商范式'"。②

（四）可视化应用在新闻领域所产生的影响

可视化应用在新闻领域不仅对新闻产品的生产流程、生产部门的人员配置、新闻人事素质要求产生了深刻的影响，并与传统的新闻理念发生了冲突，同时也对受众的在新闻生产流程中的地位、信息获得效果产生了影响。

将可视化运用于新闻领域后，生产流程由原来的"收集新闻线索—采访—编辑—发布"转变为"数据搜集—数据筛选—数据挖掘—数据分析—统计（计量）—评价—网络交互—数据可视化—发布"。③ 基于生产流程的转变，生产部门的人员配置也不再仅仅是以往的记者、编辑。新华网多媒体产品中心成立了我国首个数据新闻部，该部门的成员不仅包括数据记者和数据编辑，还有可视化设计师、前端工程师等④，对生产人员的素质要求也发

---

① 常江：《图绘新闻：信息可视化与编辑室内的理念冲突》，《编辑之友》2018 年第 5 期，第 71 ~ 77 页。

② 杨奇光：《媒体融合时代的新闻室矛盾：基于新闻可视化生产实践的考察》，《新闻大学》2018 年第 1 期。

③ 杨剑、杨超、刘琪：《论大数据时代的新闻生产编辑》，《中国广播电视学刊》2018 年第 9 期，第 55 ~ 57 页。

④ 付砾乐：《数据新闻可视化存在的问题分析——以新华网"数据新闻"栏目为例》，《青年记者》2016 年第 24 期，第 85 ~ 86 页。

生了变化：进行可视化生产的新闻编辑的基础能力是美术功底，更进一步的要求是他们具备"视觉化思维"。① 彭兰教授则认为，从事可视化生产需要两种能力：一是新闻工作者需要能够通过海量数据来发现潜藏的问题以及揭示数据的意义，这种能力需要建立在关系思维基础上，因为只有梳理清楚数据的关系，才能发现其背后的问题与意义；二是用数据表现新闻意义的能力，重点在于将复杂的新闻内容以可视化方式呈现的能力。②

可视化应用对传统新闻理念的影响主要体现在可视化编辑对传统的真实性、客观性和新闻价值的认同改变上。在真实性层面上，可视化编辑大多持有数据科学思维方式，基本认为新闻真实作为一种技术管理，强调的不是新闻本身的真实，而且新闻再现的真实，追求的是更加完善的新闻再现。③ 而在客观性层面上，传统的客观性理念认为报道者应该独立于事实之外，公平客观地陈述事实，而可视化新闻往往可以通过视觉体验给予受众沉浸感，这种新闻生产更强调生产者的主观视角。④ 可视化技术使得传统新闻业从追求理性、冷峻、客观的生产立场转化为追求一种情感化的"体验经济"。⑤ 最后，在新闻价值的观念上，可视化编辑更看重的是"好看"和"适用"，而时效性则不那么被看重，正如学者杨奇光实证研究发现：在实际的可视化编辑部门中，生产过程中其常优先考虑可视化新闻产品的"好看"和"合适"，其中，"好看"是第一位的，这也能表现出可视化编辑部门的用户思维，大多数受众对于可视化新闻产品的首要判断标准也是好看与否，如果一个产品不好看，无法吸引受众深入阅读，那么新闻产品内容再深刻、意义再

① 杨奇光：《媒体融合时代的新闻室矛盾：基于新闻可视化生产实践的考察》，《新闻大学》2018 年第 1 期。
② 彭兰：《数据与新闻的相遇带来了什么?》，《山西大学学报》（哲学社会科学版）2015 年第 2 期，第 62 ~ 72 页。
③ 常江：《图绘新闻：信息可视化与编辑室内的理念冲突》，《编辑之友》2018 年第 5 期，第 71 ~ 77 页。
④ 全晓艳、常江：《2015：西方新闻可视化发展的新趋势及其解读》，《中国记者》2016 年第 1 期，第 115 ~ 117 页。
⑤ 全晓艳、常江：《2015：西方新闻可视化发展的新趋势及其解读》，《中国记者》2016 年第 1 期，第 115 ~ 117 页。

深远也无法被受众接收。"合适"则强调的是新闻内容与可视化形式的契合程度，正如前文所言，并不是所有的新闻内容都适合使用可视化的呈现形式。① 而在另一项对可视化编辑的深度调查中，有多位受访者认为目前新闻业对时效性的追求过于严格，以至于会影响到可视化呈现所带来的认知潜力和可能产生的接受效果。②

对于受众来说，可视化新闻所带来的开放性使其能够参与新闻生产。"以个人为基本的传播能量被进一步激活，以'数据众包'等方式引导受众参与到数据新闻可视化的创作与完善之中，其互动式的参与行为实现了与新闻的真正联动。"③ 而且用户的"自我数据化"，即用户自身产生的行为数据，也成了数据新闻越来越主要和重要的来源。④

在受众感知方面，可视化能够提高信息传达效率，数据可视化将海量数据以可视化的形式呈现，可以将编码和解码的两个环节直接打通，受众能够直接获取数据源，这种形式能够大大减少解码过程中的能量损耗，使得受众更容易触及信息核心。⑤ 但在可视化对读者的信息接收产生何种影响这个问题上，我国学者产生了两种不同的看法。一种看法认为，可视化会纵容用户的浅阅读习惯，会造成用户对信息缺乏深度思考，"可视化图像的阅读，即属于这种浅阅读的范畴，它呈现出浅表性、跳跃式、快餐式的特征。作为对信息的有限解读，可视化图像禁锢了人们的思维"。⑥ 视觉传播的确提高了信息的可读性，但是同时也降低了用户理性思考的能力，浅层次的阅读影响

① 杨奇光：《媒体融合时代的新闻室矛盾：基于新闻可视化生产实践的考察》，《新闻大学》2018年第1期。
② 常江：《图绘新闻：信息可视化与编辑室内的理念冲突》，《编辑之友》2018年第5期，第71~77页。
③ 王长潇、徐静、耿绍宝：《数据新闻可视化的域外实践及发展趋势》，《传媒》2016年第14期，第32~35页。
④ 彭兰：《数据与新闻的相遇带来了什么?》，《山西大学学报》（哲学社会科学版）2015年第2期，第62~72页。
⑤ 王长潇、徐静、耿绍宝：《数据新闻可视化的域外实践及发展趋势》，《传媒》2016年第14期，第32~35页。
⑥ 李丹青：《网络空间信息可视化研究》，《青年记者》2013年第35期，第33~34页。

了用户的逻辑判断和深度分析。用户将会以可视化形式获取信息，无须自主思考，趋于表象结论，形成懒惰心理，从而丧失深层思考能力，最终可能导致理解力下降，影响社会化进程。[①] 但是另一种看法认为可视化作品的高互动性可以增加用户对新闻产品的理解深度，受众可以根据各自的兴趣观点对已有数据自行进行探索，交互式数据可视化更便于受众对新闻事件进行认知和了解，如此一来，受众对新闻报道的参与程度和记忆深度会大大增加。[②] 此外，可视化作品往往是从海量数据挖掘得来，能够发现数据之间隐藏的逻辑关系，增加报道的深度。

四 新闻传播领域可视化研究反思

虽然目前关于可视化的研究越来越多，但是大多集中在对实践案例的经验性分析和对应用层面的研究上，缺乏对可视化应用传播效果的量化分析以及各个领域应用的细分研究，同时也缺乏对其带来的全新的生产模式的理论层面，以及相关可视化技术的研究，就新闻传播领域的可视化研究而言，我们需要从以下几个方面寻求突破。

（一）增强对传播效果的实证研究

目前已有的研究缺失对可视化作品传播效果的严格的实证研究，往往仅仅分析作品本身，依靠经验谈论可视化作品的传播效果，并根据经验所得的传播效果，提出不足和未来改进措施，缺乏具体数据支撑，说服力不强。未来的研究应该着眼于对可视化作品传播效果的实证研究，避免落入将可视化作品的传播效果或者其危害夸大的陷阱。

---

① 高山冰、孙聪聪：《边缘突破：视觉传播时代的数据新闻研究》，《传媒》2018 年第 4 期，第 94～96 页。
② 王晶：《国际交互式数据可视化报道新趋势——以国际数据新闻大赛获奖作品为例》，《中国记者》2018 年第 5 期，第 117～119 页。

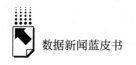

（二）细化可视化研究范围

在目前的研究中，对可视化的研究过于大而泛，造成同质化严重，许多研究只是在谈论可视化的定义、特点、不足、改进，但实际上不同媒体、不同报道领域，甚至是不同的受众群体和可视化呈现形态的条件下，研究的结果都可能出现差异，细分领域的可视化研究才会对新闻实践提供可靠而精确的建议。因此，可视化研究应该更加细化，而非千篇一律的夸夸其谈。

（三）系统可视化带来的全新生产模式

目前大多数研究承认，可视化不仅仅是新闻报道的呈现手段，更改变了整个新闻叙事和生产模式，但是目前可视化带来的全新生产模式和叙事模式还没有系统的理论支撑，只有一些零散的对生产流程、用户参与以及生产部分人员配置的研究，今后应加强与可视化相关的理论研究。

（四）加强对可视化技术的研究

在本次选取的研究文献中，没有一篇详细介绍目前可用的可视化技术及其应用范围，前文提到了今后的新闻工作者需要视觉化思维，而视觉化思维是指，"能够将复杂的新闻内容迅速转化成用图片、图表、图解等表达方式的一种能力。具备视觉化思维的新闻从业者应该有敏锐的观察力，去发掘适合视觉化的内容，并且知道如何将这些内容用最适合的视觉化方式表达（是用图解、图表、H5 还是视频等等）"。① 这说明从业者需要对可视化技术十分熟悉才能够培养出视觉化思维，而目前，对可视化的研究中，缺乏对这些可视化技术的研究。今后可邀请经验丰富的可视化编辑进行可视化技术的研究和普及。

---

① 杨奇光：《媒体融合时代的新闻室矛盾：基于新闻可视化生产实践的考察》，《新闻大学》2018 年第 1 期。

五 小结

我国新闻传播领域的可视化实践和研究起步较晚，现存研究的深度和精细度远不如其他议题，虽然目前学界和业界取得了一定的研究成果，可视化技术在新闻行业的运用也越来越广泛，但是在理论方面，新闻领域的可视化研究仍有较多空白和发展的空间。在未来，随着技术的发展，数据量持续增加，可视化技术在新闻领域的运用将越来越广泛，越来越精细，此外，用户对于信息接收速度和视觉美感的要求也会越来越高，这要求对可视化的研究不能只停留在经验性的评述、笼统的概括，需要用量化的研究方法验证可视化对传播效果产生的影响，以及不同的可视化类型在不同的媒体类型和情境中的不同效果。

B.4
中国数据新闻从业者职业认同研究报告

刘建坤　方洁*

摘　要：　本报告希望从数据新闻从业者个体入手，对其职业认同情况以及相关影响加以考察，以了解数据新闻行业的整体面貌，并将该行业作为切入点，观察在媒介环境巨变的当下，传媒领域及其从业者面临哪些机遇与挑战。本研究运用深度访谈结合问卷调查的方法，共收集了超过18万字的一手资料，从个体从业者、职业空间以及数据新闻行业和其所处的媒介环境三个层面展开分析。研究发现，数据新闻从业者有较高的职业理想和开放的专业理念，但工作压力大、薪资待遇较差、职业成长路径模糊；数据新闻作为组织内的创新业务还处于探索阶段，存在诸多不确定性；数据新闻行业初具规模，已形成若干现有模式，但相关规范还需确立。

关键词：　数据新闻　数据新闻从业者　职业认同

与欧美国家基于精确新闻和量化报道传统发展而来的数据新闻行业不同，国内的数据新闻起步缺乏相关的经验积累，在经历了最初几年热潮般的

---

* 刘建坤，中国人民大学新闻学院 2019 届硕士研究生；电邮：18611836046@163.com。方洁，博士，中国人民大学新闻学院讲师，中国人民大学新闻与社会发展研究中心研究员，研究方向：数据新闻、新闻业务；电邮：fangjie2008@vip.sina.com。

兴起后慢慢趋于平静。虽然少数媒体探索出了较为稳定的运行模式，但整个行业仍旧处于不成熟的起步阶段。

数据新闻行业内的从业者面临诸多困境。报道领域的广泛性要求从业者具备宽广的视野和综合技能，报道内容和形式的不断创新则要求从业者持续学习、深入钻研。在广度和深度两个方向上的要求模糊了从业者的职业发展路径，疲惫感和困惑感油然而生。再加之当下媒体行业为应对媒介环境变化，普遍存在生存和转型的压力，数据新闻作为创新版块，需要承担更多的风险和探索任务。层层不确定性都将影响从业者的从业体验和职业选择，而个体的困惑也将反作用于媒体和整个行业，阻碍个体及组织的发展。

本研究将着眼于这一变动行业中的从业者，试图描摹数据新闻从业者的生存状况，并针对现存的问题给出可能的解决路径。

一　文献综述

职业认同的概念来源于心理学，反映了一个人对于职业群体价值观的接纳和认可，并由此对职业行为和社会关系产生一系列影响。个体的职业认同情况受多层面因素的影响，而一个职业群体的认同情况能够反映出整个行业的运行现状以及问题所在。

"认同"（Identity）的概念最早来源于心理学的"自我同一性"理论，是对相同的东西进行确认，其目的是维持自身的同一性。相比差异带来的陌生感、混乱感、断裂感和流变性，同一性是对事物的熟悉，使主体形成一定方位感，由此产生连续性、稳定性和归属感。[1]

"职业认同"是在"认同"的概念和理论基础上延伸出来的，它指的是个体对于其职业目标、兴趣和个人能力所持有的清晰、稳定的认知，它使个

---

[1]　丁汉青、苗勃：《网络时代新闻从业者职业认同危机研究》，《当代传播》2018 年第 4 期，第 19～23 页。

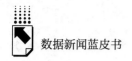
体拥有更果断、自信的特质，使其在面对外界环境的不确定性时，能更好地做出决策。① 较低的职业认同会使个体排斥其所在群体的基本价值观，甚至因自己作为群体的一员而产生自卑感、污名感等情绪。② 丁汉青（2018）认为职业认同的形成并非天然拥有的客观存在，而是出于"认同—危机—新的认同"的循环动态发展过程中，存在大量冲突、斗争与妥协的过程。③

纵观国内新闻从业者的职业认同研究，我们会发现其主要聚焦于三个时期：民国至新中国成立前，中国旧文人逐步确立的新闻职业身份认同；改革开放后商业力量的崛起以及西方新闻专业主义与原有新闻业的冲突；21 世纪初至今，互联网和新技术对新闻职业认同的冲击。这些讨论多集中在新闻行业大环境剧烈变动的时期，此时的新闻职业认同处在动态的矛盾张力之中，对从业者心理状态的考察有助于反观整个行业在时代变化中的处境。

樊亚平和王小平认为，新闻从业者的职业认同是指新闻从业者将自己定义为新闻记者群体的成员并且将该群体的典型特征赋予自身的心理表现和过程，是个体关于新闻职业的认知、情感、动机、期望、意志、价值观、满意度、忠诚度等方面所形成的"认可""承认""接受"的基本判断。④ 另外，一些学者进一步对职业认同中的忠诚度和满意度等方面进行了研究，罗文辉等人对 1647 位新闻从业者的问卷调查显示，新闻从业者对"同事关系""工作的社会影响""工作的自主程度"等内在或激励因素的满意度较高，但对"升迁机会"、"福利待遇"及"报酬收入"等外在因素满意度较低，

① John, L. Holland, Denise, C. Gottfredson, Paul, G. Power, "Some Diagnostic Scales for Research in Decision Making and Personality: Identity, Information, and Barriers", *Journal of Personality and Social Psychology*, Dec 01, 1980 39 (6) 1191 – 1200.

② Blascovich, J. et al., "Perceiver Threat in Social Interactions with Stigmatized Others", *Journal of Personality & Social Psychology*, 2001, 80 (2) 253 – 267.

③ 丁汉青、苗勃：《网络时代新闻从业者职业认同危机研究》，《当代传播》2018 年第 4 期，第 19 ~ 23 页。

④ 樊亚平、王小平：《"爱报之心甚于生命"——史量才职业认同探析》，《兰州大学学报》（社会科学版）2010 年第 5 期。

吴飞[1]和韩晓宁[2]对新闻从业者职业忠诚度的研究也得到相似的结果。从业者满意度和忠诚度下降的直接后果就是其离开现岗位，寻找更契合其需求和价值观的工作。

近年来，在技术和资本的驱动下，传媒业的格局发生了深刻的结构调整，新兴传媒形态不断挑战着传统的工作模式，挑动着从业者的神经。对于新闻工作者来说，社交媒体的发展消解了专业媒体对于信息的主导权和编辑权，使从业者的专业性和社会价值遭到质疑，极大地影响了新闻从业者的职业认同。[3] 这种影响体现在诸多层面，包括个体内在的价值认同危机、职业空间中的专业认同危机以及社会结构转型中的角色认同危机等。

作为多学科交叉领域，数据新闻行业集中体现了媒介环境变化的碰撞与交融。该领域吸纳了众多教育背景不同、职业发展路径相异的从业者，给从业者的职业身份认定带来了困难。

近年来许多关于数据新闻从业者的研究显示出角色和身份认同的困境，Hermida 发现从业者的职位名称的确定比较随意、模糊，没有形成行业统一的固定称谓，而数据新闻记者在其媒体组织中往往只能起到辅助作用，不能主导报道内容。[4] Royal 和 Cindy 对纽约时报互动团队的调查发现，多数从业者认为自己首先是记者，但是技术的冲击还是形成了合作、创造性的职业文化[5]；Parasie S. 和 Dagiral E. 在芝加哥的媒体中观察到了"程序员记者"开

---

① 吴飞：《新闻从业人员的职业忠诚度》，《浙江大学学报》（人文社会科学版）2006 年第 4 期，第 149 ~ 157 页。

② 韩晓宁：《体制内媒体从业者生存状态研究——以编制因素与职业忠诚度为视角》，《当代传播》2016 年第 4 期，第 101 ~ 109 页。

③ 彭增军：《权力的丧失：社交媒体时代新闻人的职业危机》，《新闻记者》2017 年第 9 期，第 65 ~ 69 页。

④ Hermida, A. Young, M. L., "Finding the Data Unicorn: A Hierarchy of Hybridity in Data and Computational Journalism", *Digital Journalism* 2017 5（2）159 – 176.

⑤ Royal, Cindy, "The Journalist as Programmer: A Case Study of the New York Times Interactive News Technology Department", *ISOJ: The Official Research Journal of the International Symposium for Online Journalism* 2012 2（1）：5 – 24.

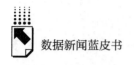

始成为一种新的职业分类，在媒体人才需求中供不应求。①

组织内的专业身份划分不清，个体自身认同模糊，相应地缺乏稳定充足的资源支持②③，诸多因素将最终影响数据新闻行业的整体发展，因此，本研究希望通过对数据新闻从业者职业认同水平及相关影响因素的考察，了解数据新闻行业的整体面貌，并以数据新闻行业为切入点，观察在媒介环境巨变的当下，传媒领域及其从业者面临哪些机遇与挑战。

二　研究方法

本报告主要采用深度访谈法对国内数据新闻从业者以及日常生产进行深入细致的了解，在此基础上通过问卷调查法对数据新闻从业者的职业认同水平进行测量，并综合获得多种一手资料对职业认同状况进行全方位深入的考察。

（一）深度访谈法

中国数据新闻行业主要集中于北京和上海两地，并且以大型媒体为主，数据新闻业务往往由这些媒体中的一个部门或团队承担，如财新的《数字说》、网易的《数读》等。国内数据新闻栏目数量有限，本研究将尽可能选取更多在行业内得到一定认可的、具有代表性的数据新闻团队，与其负责人及不同角色的从业者，如编辑、记者、设计师和开发人员等，进行半结构化访谈，了解数据新闻行业及其从业者的现状。除了目前处于数据新闻行业内的从业者，本研究还联系了两位做过数据新闻但已经离开该领域的从业者，对其离开该行业的原因以及曾经的从业体验进行考察。

---

① Parasie, S. Dagiral, E., "Data - driven Journalism and the Public Good 'Computer - Assistedreporters' and 'Programmer - Journalists' in Chicago", *New Media & Society* 2013 15 (6) 853 - 871.

② 李煜:《数据新闻：现实逻辑与"场域"本质》,《现代传播》（中国传媒大学学报）2015 年第 11 期，第 47～52 页。

③ Fink, K. Anderson, C. W., "Data Journalism in the United States Beyond the 'Usual suspects'", *Journalism Studies*, 2015, 16 (4), 467 - 481.

　　针对所有访谈对象的访谈内容主要涉及三部分：第一，个人的教育背景和从业经历；第二，在数据新闻行业及所在团队中从业的体验、满意度及未来的职业规划等；第三，对本组织以及国内外数据新闻行业的认知和态度。另外，针对数据新闻团队负责人的访谈内容还将涉及团队的运行现状、激励考核制度、在媒体组织内的位置等组织层面的情况。

　　本报告选取以下8家媒体的数据新闻团队作为研究样本。这8家媒体分布于北京、上海和四川，组织类型覆盖了党媒、市场化媒体以及互联网企业。这些组织内的从业者能够在很大程度上代表国内数据新闻从业者群体（见表1）。

表 1　访谈媒体名单

数据新闻栏目或团队名称	组织类型	所在地
财新《数字说》	市场化媒体	北京
澎湃《美数课》	党媒	上海
网易《数读》	互联网企业	北京
新京报《有理数》《图个明白》	市场化媒体	北京
dt 财经	市场化媒体	上海
新一线	市场化媒体	上海
解放日报上观数据新闻中心	党媒	上海
川报《MORE 数据》	党媒	四川

　　本报告选取以上媒体的负责人及若干成员，以及两位离开数据新闻领域的从业者作为访谈对象，于2018年12月24日至2019年1月29日，主要通过面谈形式完成了访谈，每位访谈对象的访谈时间为1小时左右。访谈对象共计18人，获得一手访谈资料共计18万字。本报告在分析时对访谈对象进行了匿名处理，用编号 A、B、C……代替。表2为访谈对象名单。

表 2　访谈对象名单

编号	身份	所在媒体类型	访谈方式	访谈时间
A	编辑	市场化媒体	当面访谈	2018 年 12 月 24 日
B	编辑	互联网企业	当面访谈	2019 年 1 月 3 日
C	编辑	党媒	当面访谈	2019 年 1 月 17 日

续表

编号	身份	所在媒体类型	访谈方式	访谈时间
D	编辑	党媒	当面访谈	2019 年 1 月 17 日
E	编辑	党媒	当面访谈	2019 年 1 月 17 日
F	编辑	市场化媒体	当面访谈	2019 年 1 月 18 日
G	编辑	市场化媒体	电话访谈	2019 年 1 月 6 日
H	编辑	市场化媒体	当面访谈	2019 年 1 月 18 日
I	编辑	市场化媒体	当面访谈	2019 年 1 月 18 日
J	编辑	市场化媒体	当面访谈	2019 年 1 月 25 日
K	编辑	市场化媒体	电话访谈	2019 年 1 月 8 日
L	编辑	党媒	当面访谈	2019 年 1 月 29 日
M	记者	市场化媒体	当面访谈	2018 年 12 月 24 日
N	记者	党媒	当面访谈	2019 年 1 月 17 日
O	开发	市场化媒体	当面访谈	2018 年 12 月 24 日
P	设计	市场化媒体	当面访谈	2018 年 12 月 24 日
Q	设计	互联网企业	当面访谈	2019 年 1 月 3 日
R	设计	党媒	当面访谈	2019 年 1 月 17 日

（二）问卷调查法

深度访谈法能够探查深层次的原因，但对具体的影响因素难以量化考察，因此，作为深度访谈法的补充和量化参考，本研究还将使用问卷调查法对数据新闻从业者的职业认同水平、工作满意度等指标进行考察。

本报告的研究对象为数据新闻从业者，将其定义为在媒体或其他机构、组织中，长期、频繁参与数据新闻作品制作的从业者。

由于中国数据新闻从业者群体数量较小，通常以数据新闻栏目为单位聚集在一起，且各组织间存在较为频繁的联系，因此，本报告将采用滚雪球抽样的方法，从媒体组织和数据新闻栏目切入，通过同行间的推荐与联系触及更多的研究对象。

问卷主要分为两部分，第一部分为数据新闻职业认同水平的测量，第二部分对可能的影响因素进行了调查，其中包含从业者个人基本情况（包括教育经历、从业经历等），对工作各方面的满意度（包括薪资待遇、工作强度、工作氛围、个人的成长和发展等）以及所在组织的各项情况。通过问卷调查的方式，我们可以从数量关系上更直观清晰地了解数据新闻从业者职业认同水平以及各方面因素所起的作用。

本研究参考 John L. Holland 等[1][2]、Julian Melgosa[3]、魏淑华等[4]、韩晓宁和王军[5]等人对职业认同的测量方法，制作测量量表 3 对数据新闻从业者加以考察。

表3 数据新闻从业者职业认同测量量表

单位：分

	题项	符合程度 1 ~ 5				
角色价值观	从事数据新闻工作能够实现我的人生价值					
	我因自己是一名数据新闻从业者而有责任感和自豪感					
	我认为自己可以胜任数据新闻从业者这一职业					
	当我听到肯定数据新闻职业的话语时会感到欣慰					
职业价值观	我认为数据新闻行业对促进社会公平和发展有一定作用					
	我认为数据新闻职业是非常重要的职业之一					
职业行为倾向	我能够按时完成工作任务					
	我能认真对待职责范围内的工作					
	为了更好地完成工作，我愿意投入额外的精力					
	未来我愿意继续从事数据新闻行业					
职业归属感	我在意别人如何看待数据新闻行业					
	当有人指责数据新闻记者群体时，我感觉自己受到了侮辱					

---

① John, L. Holland, Joan, E., "Holland, Vocational Indecision More Evidence and Speculation", *Journal of Counseling Psychology*, Sep. 01, 1977, 24 (5) 404 – 414.

② John, L. Holland, Denise, C. Gottfredson, Paul, G. Power, "Some Diagnostic Scales for Research in Decision Making and Personality: Identity, Information, and Barriers", *Journal of Personality and Social Psychology*, Dec. 01, 1980, 39 (6) 1191 – 1200.

③ Julian Melgosa, "Development and Validation of the Occupational Identity Scale", *Journal of Adolescence*, Dec 1, 1987; 10, 4; Periodicals Archive Online 385.

④ 魏淑华、宋广文、张大均：《我国中小学教师职业认同的结构与量表》，《教师教育研究》2013 年第 1 期，第 55 ~ 60 页。

⑤ 韩晓宁、王军：《从业体验与职业志向：新闻实习生的职业认同研究》，《现代传播》（中国传媒大学学报）2018 年第 5 期，第 151 ~ 155 页。

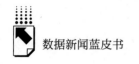
通过问卷对数据新闻职业认同水平进行测量后，本报告将从数据新闻从业者个体、数据新闻团队及所在组织层面以及数据新闻行业及社会层面三个维度对职业认同影响因素进行分析。

三　研究发现

（一）数据新闻从业者职业认同的基本情况

本研究通过对访谈对象进行预调查，并对问卷进行调整和优化后，在线上发放了调查问卷，共收到答卷 60 份。被调查者主要为访谈对象、访谈对象所在数据新闻团队的部分其他成员，以及被调查者介绍推荐的其他数据新闻从业者。为了排除不符合本研究的填写者，问卷设置了问题"在您的日常工作中，与数据新闻生产相关的工作占多大比重？"，选择"几乎没有"和"较少部分"的被调查者将被排除在本研究的分析范围外，日常工作中一半以上的内容与数据新闻生产相关的被计入分析范畴内，另外问题"在数据新闻相关领域的从业年限为"，回答为"0"的被调查者也将被剔除。除去不符合本研究调查要求的以及填写不合格的答卷，最终有 40 份答卷进入接下来的分析环节。由于国内数据新闻从业者群体本来就较小，且本研究设置的筛选条件较为严格，因此，最终的调查样本足够精准，对国内数据新闻从业者这一群体有一定的代表性。

问卷调查结果显示，数据新闻从业者整体的职业认同水平得分为 4.05分，在职业行为倾向和职业价值观的题项上，数据新闻从业者的认同度较高（4.25 分和 4.12 分），尤其对于工作的态度上，"我能认真对待职责范围内的工作"（4.44 分），"为了更好地完成工作，我愿意投入额外的精力"（4.33 分），"我能够按时完成工作任务"（4.28 分），绝大多数从业者表现出相当称职的态度，甚至愿意付出额外的精力更好地完成工作。但对于未来是否愿意继续从事数据新闻行业，部分被调查者表现得不太确定（3.95分）。另外，对于数据新闻行业能给社会带来的正向影响以及数据新闻职业的重要性，大多数被调查者也持比较同意的态度。而在职业归属感的题项上得分较低（3.68分），被调查者对于其他人如何看待和评价数据新闻行业不太在意（见表4）。

表4　职业认同各题项得分情况

	题项	平均得分	
角色价值观	从事数据新闻工作能够实现我的人生价值	3.97	4.01
	我因自己是一名数据新闻从业者而有责任感和自豪感	3.85	
	我认为自己可以胜任数据新闻从业者这一职业	3.95	
	当我听到肯定数据新闻职业的话语时会感到欣慰	4.26	
职业价值观	我认为数据新闻行业对促进社会公平和发展有一定作用	4.18	4.12
	我认为数据新闻职业是非常重要的职业之一	4.05	
职业行为倾向	我能够按时完成工作任务	4.28	4.25
	我能认真对待职责范围内的工作	4.44	
	为了更好地完成工作，我愿意投入额外的精力	4.33	
	未来我愿意继续从事数据新闻行业	3.95	
职业归属感	我在意别人如何看待数据新闻行业	3.69	3.68
	当有人指责数据新闻记者群体时，我感觉自己受到了侮辱	3.67	

总的来看，数据新闻从业者对该行业的重要性较为认可，能够以较为饱满的热情投入日常的工作当中，但是职业归属感一般，不太确定自己是否适合数据新闻行业以及未来是否将长期投身该行业。

在被调查的40位数据新闻从业者中，三分之二在本科及以上阶段接受过传媒类专业教育，其中还有8位被调查者接受过专门的数据新闻专业教育。此外，还有相当一部分从业者的教育背景为艺术学类、工学类和其他文学类专业，个别从业者还具备经济学类、管理学类和法学类教育背景。另外，绝大多数被调查的从业者仅接受过一种学科的专业培养，有6位从业者具备两种及以上复合型专业背景（见图1、图2）。

而专业背景和从业经历对于数据新闻从业者的职业认同有重要影响。在被调查的从业者中，多数目前在从事与自己专业领域相关的工作，例如，编

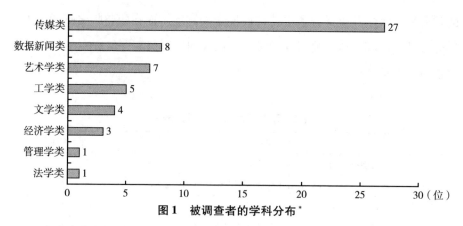

图1　被调查者的学科分布

＊拥有多个学科背景的被调查者重复计算。

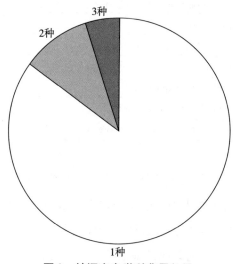

图2　被调查者学科背景数量

辑记者多为媒体类专业背景，设计师多为艺术学出身，工程师一般为工学类背景，但各数据新闻团队内专职做数据新闻的开发人员较少。① 不同职业角色的从业者职业认同水平体现出较大的差异。

　　在这里本研究将职务为编辑或记者的被调查者放在一起考察，因为访谈

---

　　① 多数团队与其他部门共用媒体内开发人员。

调研发现，在各数据新闻团队中，职务为编辑或记者的从业者承担的角色较为相似，之所以存在职务名称的区别，一是由于部分非媒体机构不具备采访权，从业者职务名称不能以"记者"命名，另外，数据新闻工作中涉及采访的内容较少，从工作内容来看更类似于传统媒体中编辑的角色，因此，多数具备采访权的媒体也用"编辑"来定义数据新闻从业者。

与记者或编辑的角色差异比较明显的是设计师和开发人员，他们一般在可视化和交互设计的环节集中发挥较大的作用。在调研中，我们发现，相当数量的数据新闻团队，尤其是刚起步的小型团队不单设开发的角色，通常与其他部门共用开发人员，因此，本调查中仅有四位工程师工作内容涉及较多的数据新闻工作，由于数量太少，故不在此进行比较。

由表5我们可以发现编辑，记者和设计师的职业认同水平有明显的差距，被调查的编辑/记者的职业认同总分（4.15分）及各分项上的平均得分（除职业归属感之外）均高于全部样本的平均水平，而职务为设计师的被调查者在总分和各分项中的平均得分明显低于全部样本的平均水平。由此可见，在数据新闻行业内编辑/记者角色的从业者具有较高的职业认同水平，而设计师角色的从业者认同水平较低。

表5　不同身份从业者职业认同水平比较

单位：分

职务	职业认同	角色价值观	职业价值观	职业行为倾向	职业归属感
全部样本	4.05	4.01	4.12	4.25	3.68
编辑/记者	4.15	4.16	4.27	4.32	3.68
设计师	3.60	3.44	3.75	3.88	3.25

（二）高职业门槛与模糊的职业"未来"

相比其他新闻从业者，数据新闻领域的从业者在知识技能的广度和深度上都有较高的要求，这种期待体现在两个层面。第一，需要通晓多领域常识，能够参与各类选题的制作。第二，需要了解数据新闻生产各个环节

的基本知识，在某个环节十分擅长并且能够不断深挖，持续更新该细分领域的技能。

首先，不同于传统条线的划分，数据新闻团队需要承担其所在媒体覆盖的所有报道领域，要求从业者具备丰厚的知识储备以及快速梳理和理解信息的能力，而想要做出真正有价值的深度稿件，则需对该行业有非常深入的了解（F，编辑）。

其次，根据参与的数据新闻生产环节来分，数据新闻行业从业者大致分为三类：编辑记者岗、设计岗和技术岗。这三种角色也对应了三种不同的工作思路（C，编辑）：数据驱动或内容驱动型角色一般由编辑或记者承担，他们往往要把控整篇报道，包括选题方向、文章逻辑、数据结论等核心环节；技术驱动型角色更多地承担网页开发和交互设计的工作，作为团队内的"技术人才"，其有时还会为其他环节做一些技术支持，例如数据爬取、数据分析以及数据库的建立和维护等；可视化驱动型角色则主要由设计师、插画师等承担，其把控一个作品的视觉呈现部分。三种角色的界限划分并不绝对，一个人承担多种角色的情况十分普遍，"我们的成员要兼具记者和分析师两个角色"（H，编辑），"多面手"在起步阶段的团队中更加常见。"我们团队每一个人都是'千军万马'，每个人都可以单独带项目"（L，编辑）。在日常生产过程中，各环节绝非割裂开来，为了更好地完成团队合作，各个环节都应该了解，不应该有盲区（D，编辑）。了解其他环节的过程是思维融合的过程，也是"语言"融合的过程，在和其他角色合作时可以说得很具象，"相当于学了不同行业的语言"（C，编辑）。

此外，行业通识是进入的最低门槛，而在专长领域做细做精则决定了所能触达的高度，因此，在数据新闻生产的诸多环节具备某一两项专长也是十分重要的。"我们希望他在对数据新闻通识的了解和实践的基础上，有一两项特长"（C、H，编辑），"如果一个人暂时不具备把一个事做精的能力，也是比较危险的事情"（C，编辑）。

数据新闻工作的挑战性和创造性对于许多从业者来说具有相当大的吸引力。在这个过程中从业者能获得职业技能和综合素质的全面提升。

这是个创造性的工作，每个项目都是新的东西，每次都有惊喜（O，开发）。

数据新闻一直是一个创意的行当，不是标准化的流程。如果按照商业规范，你只要会柱状图、折线图和饼图这三种图表就可以走遍天下了，但是媒体里的数据可视化可以千变万化，这个东西是非常诱人的，一定要有创造力才能做下去（H，编辑）。

正是由于数据新闻复杂多变的属性，从业者需要在日常的生产过程中持续学习，从而获得个人职业技能的成长。这种学习一般有两种导向，即需求导向和兴趣导向，前者为被动型学习，在工作当中以问题为导向学习相应的技能解决实际问题；而后者为主动型学习，需要从业者额外花时间去学。"我做了两年数据新闻，一直在学习，没有哪一天觉得能学完，前面的路很长，一直在翻山越岭"（N，记者）。

而在如此大的从业压力之下仍选择留在此行业的从业者，除了出于对工作本身的兴趣和热爱，对于数据新闻行业能给社会带来的正向影响也抱有较高的期待。某个数据新闻作品若能引起公众对某一社会问题的关注和讨论，从而间接推动问题的改善，或者只是修正某些人错误的观念，都会给创作者以无可替代的满足感。

你做出的东西能够真的影响到切实的人，这就是它的价值（F，编辑）。

我不想在金融行业待是因为我觉得金融行业的人想法是利益驱动的，我觉得做媒体行业会有趣一些，有时候一篇文章被很多人看到，改变了他们的想法，觉得会有一种"开民智"的感觉（B，编辑）。

尽管进入这个职业的门槛很高，但是这个职业的发展空间并不清晰，这种职业发展路径模糊是从业者难以长期在数据新闻行业停留的重要原因。在日常生产工作中，从业者的角色边界比较模糊，在不同的工作状态之间调整

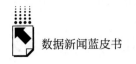

和切换的难度较大，从业者很容易产生疲惫感和迷茫感。

> 他会觉得自己好像不属于任何一个圈子，到底是一个能力极好什么都会的人，还是一个万金油式的角色，很容易在这两者之间摇摆（C，编辑）。
>
> 我的工作状态有时候调整得不好，比如我做了一个月的开发再回来写稿子，找选题就会弱一点。因为做开发和编辑写稿子的状态不太一样，可能是更专注于解决问题的状态（D，编辑）。

对于一个从业者来说，其想要在某个行业长久地做下去就一定要找到一个持续钻研和提升的方向，数据记者的成长路径大致可以概括为四个阶段：憧憬期→学习期→迷茫期→专业化成长期（C，编辑），在学习期广泛了解和接触各个生产环节后就需要选择未来专业化培养的细分方向了。这个选择的过程是迷茫和痛苦的，而且在"想清楚自己想要什么"之后，离开数据新闻行业，直接进入专业方向的领域发展成为不少从业者的选择。"之前有个同事对文字比较有追求，想把新闻选题做得更深一点，所以他去做调查记者了；另一个对数据分析比较有追求，后来去了商业消费的垂直类媒体"（D，编辑）。

对于媒体内的技术人员，尤其是以学科背景为技术类的从业者来说，他们更在意个人能力在技术层面的成长和发展，但是在诸多做内容的媒体人当中，他们往往是少数者，扮演着辅助和配合的边缘角色，个人成长较为缓慢而艰难。这也解释了为什么媒体很难招到，也更难留住开发人员（N，记者；L、J，编辑）。"媒体比较难吸引工程师不是钱的问题，他自己也需要学习，但他学习的路径是技术层面的，你无法满足他就留不住他，但如果他的满足感在于能把技术应用到一些有影响力的作品上，那就可以满足他（C，编辑）。对于具备写作、数据、可视化设计等多领域技能的从业者来说，其在媒体方面积累一定的工作经验和行业资源后离开媒体行业，往往能获得更优厚的薪资待遇。

（三）团队的合作探索与不确定的定位

从数据新闻业务引入组织的路径来看，虽然各国数据新闻行业的环境不尽相同，但是数据新闻作为一种创新形式，往往呈现出自下而上的扩散过程，从个体新闻从业者零散的尝试开始。[1] 首先，个别突出的员工非正式地担任数据新闻工作；其次，媒体开始招聘固定的数据新闻记者，这些记者具备比较全面的知识技能，但他们附属于某个部门；再次，开始出现固定的数据新闻团队，团队成员的分工更加明确，能够制作出更加复杂的新闻作品；最后，数据新闻团队发展成为独立的部门。[2]

国内比较成熟的数据新闻栏目大多处于第三个阶段，成员间已经有比较明确的分工，但整个团队的规模和力量还不足以和其他传统部门抗衡。因此，分工合作是绝大多数媒体采用的常规工作模式，合作过程中任务如何分配、责任由谁承担、各个环节如何串联和并行，都是需要在既有条件之下逐渐摸索的，工作当中大家会慢慢建立相互的信任和共识。"我们经常有争论，但完全是为了越做越好，大家磨合了三四年的时间了，已经非常顺了"（H，编辑）。调查数据表明，从业者对工作环境和氛围、工作中的关系满意度评价较高（见表6）。

表6　工作满意度各题项得分情况

	题项	平均满意度	
外在 满意度	薪资及福利待遇	3.54	3.70
	工作时间及强度	3.44	
	工作环境及氛围	4.13	

---

[1] 李艳红：《在开放与保守策略间游移"不确定性"逻辑下的新闻创新——对三家新闻组织采纳数据新闻的研究》，《新闻与传播研究》2017年第9期，第40~60页。

[2] Boyles, J., Meyer, E., "Newsrooms Accommodate Data - Based News Work", *Newspaper Research Journal*, 2017, 38 (4), 428-438.

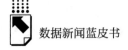

续表

	题项	平均满意度	
内在 满意度	工作的自主性	3.92	3.82
	工作具有创造性和挑战性	3.90	
	工作带来的成就感	3.79	
	职业发展及个人成长	3.67	
关系 满意度	与同事的关系	4.31	4.20
	与领导的关系	4.08	
	团队合作的满意度	4.21	

　　徐笛和马文娟针对北京、上海、广州三地数据新闻从业者的问卷调查同样也发现，从业者的工作满意度较高，其中，最为满意的是与同事的合作关系。① 国内数据新闻行业大多采用较为扁平的组织结构，数据新闻团队与其他类别的内容生产团队或部门在组织层级上是一样的，再往上由整个组织的编委成员或负责人统筹管理。而在团队内部同样以扁平化结构运行，一位团队负责人和若干个团队成员，成员之间有角色分工，但无高低之别，在工作中以平等的身份参与内容生产。这种模式在一定程度上促成了比较融洽的团队氛围和顺畅的合作模式。

　　　　这边工作环境挺好的，比较人性化、扁平化（Q，设计）。
　　　　上下班比较自由，而且也不存在同事间斗来斗去的（B，编辑）。
　　　　大家都比较单纯，就事论事比较多，整个团队氛围比较好（C，编辑）。

　　另外，数据新闻团队在各组织内尤其媒体组织内均作为创新探索的一种尝试，是该组织技术和创新能力的集中体现，"数据新闻在我们这是新媒体转型的抓手之一，是上线前就规划的板块，也是上线后的第一批栏目"（C，

---

① 徐笛、马文娟：《中国数据新闻从业者群体画像》，载《中国数据新闻发展报告（2016～2017）》，社会科学文献出版社，2018，第157～158页。

编辑）。因此，无论是团队领导还是组织的上级领导一般会给予从业者较大的自主权，鼓励团队成员自主探索创新，充分发挥主观能动性完成数据新闻作品的创作。张志安和沈菲针对调查记者的研究发现，自主性是新闻生产的重要前提，对职业自主程度评价高的调查记者，更愿意长期从事调查报道。[①] 因此，给予从业者更多信任和自主权有利于鼓励从业者的工作积极性，提高职业忠诚度。

> 最吸引我的是能做自己想做的选题，只要有数据编辑还是挺支持你的（M，记者）。
> 探索和不确定性是一件很有趣的事情（F，编辑）。
> 刚到这里之后，他们会逐渐发现你的能力，然后给你更多展示的空间（P，设计）。

数据新闻的团队成员一般包括编辑记者、设计师和开发人员三种角色，其中，编辑记者往往是数据新闻团队的核心成员，在日常生产过程中需要在各个环节之间做一个串联的角色（N，记者；K，编辑）。"编辑要应对整个流程，选题是你报的，数据是你找的，文字是你写的，设计技术怎么实现都得你去考虑，你得从头盯到尾"（J，编辑）。在一些数据新闻团队中，设计师和开发人员与其他部门或在整个媒体内共用，设计师在生产流程中仅起到辅助和配合的作用（R、P，设计）。这就会涉及团队成员编制不在一起、绩效考评制度不统一，以及跨部门生产合作的问题，这些团队配置上的细节都有可能对从业者的职业认同水平以及工作效率产生影响。

> 大家都坐在一起，平时有什么想法、选题都可以及时沟通（I，编辑）。

---

① 张志安、沈菲：《调查记者的职业忠诚度及影响因素》，《中国地质大学学报》（社会科学版）2013 年第 2 期，第 54～59 页。

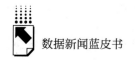
　　大家都在一个部门里，所以沟通效率比较高（O，开发）。

　　我和设计团队坐在一起，和数据新闻团队没有坐在一起，工位还是非常影响一个人的感受的（P，设计）。

　　由于数据新闻生产高投入但产出不确定的特点，这部分业务难以成为主要的盈利点（F、D、H，编辑；M，记者），因此，更多地承担着企业品牌建设和推广的功能，处于组织内非核心位置，但也有个别媒体组织将数据新闻团队放置在较为中心的位置，便于联结和整合整个组织的资源。

　　它可以是甜品，但主菜还是比较硬的东西，比如从数据延展出来的东西，数据驱动的调查等。时政组形容我们组是秀肌肉的，因为我们呈现形式比较多样，而且拿奖会比较多（D，编辑）。

　　高层把我们定义为"阳春白雪"，最大的作用是对外展示我们研发的能力，最主要的变现部门还是金融和产业那边（A，编辑）。

　　数据新闻本身是不太能创造商业价值的，而各家的数据新闻都是在既有的媒体环境和模式下运作的，在当下媒体行业整体比较困难的情况下，如果做新闻这一端，一定是高投入低产出的事情，但如果做数据这一端，你和专业的分析师又不在一个竞争层次上，所以要在组织内找到数据新闻合适的立足点还是一件比较艰难的事情（H，编辑）。

　　出于整个组织的战略考虑，数据新闻团队有时会被暂时抽调出来，承担一些非数据新闻生产的工作，例如融合类报道项目、报社的宣传和品牌建设等工作，甚至有些团队还要对接组织外部的商业或政府项目。"报社给你的定位就是这样的，你得做一些融合的东西。因为从领导的角度看，整个报社里除了你没有其他更合适的人选了"（J，编辑）。这在一方面是对从业者能力的肯定，但同时也可能对从业者的身份认同和职业发展造成一定的混乱。"我们现在的要求是写政府的项目要用公文体，写新闻要用新闻体，其他的一些东西还有别的文体，你需要会的东西特别多。这种情况下如果没有对这个世界的包容能力会撑不住的"（H，编辑）。

数据新闻的生产和工作模式比较新，在媒体中往往没有形成成熟固定的模式，大家都处在探索和调整的阶段。绩效考核方式一般在参考传统媒体从业者的方式上加以完善，稿件数量、内容质量、传播效果等多种标准综合考评是多数数据新闻团队采用的绩效考核制度。

适当的绩效考核方式对从业者的生产积极性有相当重要的影响，按照原来文字记者的评价体系来看，数据新闻是一件费力不讨好的事情（O，开发），投入的人力成本和时间成本都比较大，但最终作品的浏览量可能还不如文字记者花个把小时写出的突发新闻报道。因此，对数据新闻从业者工作的考核一定要充分考虑质量和完成度，仅仅用稿件数量和阅读量这一把尺子衡量所有作品不仅有损从业者的积极性，也不利于媒体内部各部门间的创新合作。"我们没有不达标考核，会有激励考核，这个不单纯按照发稿数量来看，因为有的稿子难度很大"（L，编辑）。尽管如此，访谈过程中仍有不少访谈对象提到媒体的工作节奏较快，但整体的薪资水平较低。

> 我们工资蛮低的，因为我们比较重视新闻的质量，对数量的要求不是特别多，所以薪资会比计件付费的低一点，但压力没那么大（M，记者）。

> 对工作不太满意的地方就是工资太低，但是媒体业的平均薪资就是比较低的（I，编辑）。

> 我们这边现在开发和记者都只有实习的岗位，媒体的生存环境越来越不好，预算卡得比较紧，这也没办法（A，编辑）。

（四）正在形成的职业共同体和无法回避的行业困境

经过几年的发展，数据新闻行业积累了相当数量的从业者和读者群，在一些媒体、机构和高校的组织和推动下，数据新闻行业内展开了比较频繁的交流与互动，在这些行业峰会中来自不同数据新闻团队的从业者可以就日常

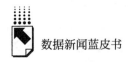

生产环节中的问题和困惑以及价值理念进行充分沟通，这在一定程度上联通了从业者，促成了职业共同体小圈子的形成，赋予了个体从业者一定的群体认同感。

> 我们在做的数据社群是一个项目的探索，希望能让玩数据的这群人来交流。一方面可以增强我们的影响力，另外跟行业及各方面的人联系更紧密，这对我们接下来的内容生产是有好处的（F，编辑）。

但这种行业内的交流还处在较浅的层次，没有真正促成行业内的互动和深度的合作。"如果你出去参加活动或开会，每次见到的都是那帮人，希望大家可以更多地去拓展各个领域的合作，包括学界和业界的"（D，编辑）。

相比之下，国外数据新闻行业是在广泛的量化报道和计算机辅助报道的深厚传统上自然萌发的，行业规模相当庞大，不仅仅局限于媒体当中。行业社群内交流频繁，讨论的内容更加垂直和细化，真正具有行业内的互助意义。

> 美国的 NICAR 计算机辅助报道大会有一千两百人参加，而且有几百个平行的分论坛，它技能上有讲 Python、R 这种具体的技术的，也有讲如何报道信息泄露，如何报道选举数据库等。讨论的问题比较深入和实用，是非常有价值的（C，编辑）。

由于短期内无法解决人才短缺和不匹配的问题，数据新闻行业也在向更广泛的行业寻求优秀的从业者。一些自媒体、数据机构、咨询机构、培训机构等非专业媒体属性的主体也参与了数据新闻或者说泛数据及信息可视化领域的生产。不同的主体具有不同的资源和生产优势，虽然很多产品已经超出了新闻内容的边界，这种多主体参与的局面还是为整个领域注入了活力。

绝大多数据新闻从业者对于多主体参与数据新闻领域持非常开放的态

度，甚至有的访谈对象认为目前的数据新闻行业还太过闭塞，"从业者自己说自己的语言"，只有和其他现有的生产条线深度融合，才能得以成长（C，编辑）。

> 百花齐放挺好的，大家看到了数据行业的前景和商业机会，做这样的尝试对整个数据新闻行业是很好的，起码挺活跃的（M，记者）。

> 我觉得这个是好事，一方面有助于营造全国对数据的新认识，利用数据决策、数据驱动；另外机构合作是一个好事情，有助于把这个事干得更好，形成强大的合作圈（L，编辑）。

而面对"百家争鸣，百花齐放"的数据新闻行业，相关的行业规范存在明显滞后性，一些诸如数据真实性、报道客观性以及数据和信息的隐私安全等规范和伦理风险也不应忽视。[①]

中国的数据新闻行业虽然是在飞速发展的互联网和通信技术，以及网民数量和媒介素养快速提高的环境中成长起来的，但客观来讲，距离数据新闻从业者期待的数据驱动报道的理想状态还有相当的距离。

> 我认为我们和美国的大环境还是差挺多的，确实非常难做（K，编辑）。

> 数据新闻最大的挑战肯定是数据，优质的数据、适合表现的数据或者是清洗起来不麻烦的数据，因为可视化或者文字表达的问题不管多难都能解决，但如果数据不行这个题就卡了（E，编辑）。

这种限制主要体现在两个方面。

第一，中国的媒体行业整体困难，内部经营管理和外部大环境都面临各

---

① 申琦、章梦琦：《数据新闻的伦理困境与出路》，载《中国数据新闻发展报告（2016 ~ 2017）》，社会科学文献出版社，2018，第 103 ~ 122 页。

种变化和挑战。在这种情况下，媒体机构既需要数据新闻这种创新形式来探索未来可能的出路，同时也要顶住压力为高投入低产出的试验成本买单。"在目前这个阶段，媒体的角色就是偏紧缩的，短期之内很难发生变化，这个在很多时候也是工作中负能量的来源"（C，编辑）。即便是生存在互联网企业中的数据新闻日子也没那么好过，更多的经营压力会直接下放至数据新闻团队，另外，相比传统媒体，互联网企业的内容生产经营活动会受到更多的限制。"以前我们做一些特别有观点，有态度的东西，里面可能涉及一些内容不合规就会被删"（B，编辑）。

第二，国内的数据环境还有待完善。应当承认的是我国政府在数据公开中做出的努力已经大大改善了数据环境，各部门官网定期公布的相关数据和信息为各领域决策提供了丰富的依据，但仍然有一些数据缺失或者数据质量难以满足分析需求的情况存在。"目前的数据质量是有问题的，这个我们必须承认，不是所有的选题都有数据可用"（F，编辑）。"国外的数据新闻总是能爆出一些很劲爆的点，我们也想做这种的，但是找不到数据"（J，编辑）。何睿从大数据战略相关政策、开放数据、数据安全与个人隐私、互联网治理与内容监管四个方面对我国数据新闻相关政策进行分析后发现，我国的数据产业发展、数据开放与安全等和数据新闻行业相关的规范还存在模糊的边缘地带，不利于数据新闻的发展。[①]

四 结语

本研究发现，数据新闻从业者和其他新闻行业从业者在很多方面呈现出相似性：较高的职业理想，以及对工作自主性的重视[②]，工作环境中的氛围和人际关系状态比较好（罗文辉，魏然，陈韬文，潘忠党，2002；吴飞，

[①] 何睿：《数据新闻相关政策报告》，载《中国数据新闻发展报告（2016～2017）》，社会科学文献出版社，2018，第85～102页。

[②] 张志安、沈菲：《调查记者的职业忠诚度及影响因素》，《中国地质大学学报》（社会科学版）2013年第2期，第54～57页。

2006；韩晓宁，2016；丁兰兰，2017；徐笛，马文娟，2018）。但总体来说，新闻行业的薪资待遇整体较差，日常工作节奏快、强度大，从业者个人成长和晋升的路径较为模糊（罗文辉，魏然，陈韬文，潘忠党，2002；吴飞，2006；张志安，陶建杰，2014；韩晓宁，2016）。

数据新闻作为媒介环境变革中发展起来的新兴领域，其从业者呈现出更强的跨学科性和包容性，专业理念也更加开放，对于国内外新的技术和探索有持续的关注和学习。重视多种职业技能的同时，相当部分的数据新闻从业者仍强调传统的新闻价值判断，对于报道的新闻内核十分看重[①]。

数据新闻从业者对数据新闻的操作理念和价值比较认同，较高的职业理想吸引从业者进入，而不太完美的从业体验则可能导致从业者的流失，这也是新闻行业普遍存在的问题（丁兰兰，2017；韩晓宁，2016；张志安、沈菲，2012）。而现有的人才培养体系无论是高等院校内的还是生产岗位上的，都还没有找到一套成熟有效的方法。从业者在其职业生涯中更是要面对诸多的不确定性，生产内容不固定，职业所需技能在不断更新和扩充，职业发展和升迁路径也十分模糊。这些都阻碍了从业者长期留在行业内，加剧了数据新闻行业人才选用的难度，直接影响了行业的整体发展。

除了人才选用和培养的不成熟，数据新闻行业的生产模式也尚在摸索中，日常生产活动会面临诸多矛盾的处境，在人员和精力有限的情况下，紧跟社会热点，频繁更新短平快的内容，还是暂时压缩更新频率将问题深挖下去？在可视化层面多下功夫，还是注重用数据驱动内容抑或自建数据库放眼更长期的数据价值？组织层面的发展需要考虑方方面面的问题，团队的形态对于个体从业者也会产生直接而深远的影响。

近几年媒体环境的巨变在一定程度上催生了数据新闻这种报道形式，但薄弱的量化报道传统以及有待规范的相关行业（何睿，2018）决定了数据

---

① 王琼、王文超：《中国数据新闻发展年度趋势报告（2016～2017）》，载《中国数据新闻发展报告（2016～2017）》，社会科学文献出版社，2018，第1～12页。

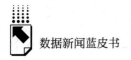

新闻在媒体中的发展将会面临种种困境。如何适应当下的生存环境，以什么样的方式融入现有的行业体系，都需要数据新闻从业者不断探索下去。

实际上，数据新闻的一些操作理念和具体方法已经开始应用于新闻生产的诸多环节，甚至作为一种新的范式和逻辑、对于传统的新闻生产有所再造。许多数据新闻从业者表达出希望被更广泛的传媒圈接纳、认可甚至融合的想法，希望数据新闻的表现形式、报道方式以及其中的多种技能和素养能被更多的媒体从业者掌握，并渗透于各种内容生产。

本研究着眼于数据新闻从业者，对其职业认同情况以及个体、组织和行业各层面的影响因素进行了考察。由于我国数据新闻团队和从业者数量较少，以及时间和经费限制等客观因素，研究触达的范围仍有一定的局限性，未来针对从业者提出的关于个人成长、组织发展以及行业走向的问题和困惑还有待进一步研究和讨论。

B.5

数据里的"真实"与"客观"：
数据新闻报道的伦理困境与出路

申琦 张珊 邱艺*

摘 要： 以大数据为基础，以可视化为表现形式的数据新闻正在不断拓宽新闻报道的边界，但其在发展中也同样面临着一些困境。"不干净"的数据源、数据分析与算法自身的"偏误"以及不恰当的可视化呈现都影响着其真实性与客观性。同时，从新闻伦理角度来看，数据新闻报道中也存在侵犯公民知情同意权、侵犯个人隐私权等问题。本报告探讨分析了数据新闻报道过程中面临的发展困境及伦理困境，并试图从加强数据审核、加大数据公开力度、建立专业监督平台以及完善相关管理规定等方面为其提出相应建议。

关键词： 数据新闻 大数据 知情同意权 隐私权

近年来，《纽约时报》《卫报》《人民日报》等国内外主流媒体以及网易、财新网等新媒体机构纷纷开设数据新闻专栏，探索数据新闻的应用。基于数据分析与可视化呈现的数据新闻不断地影响和重塑着整个新闻传播业，为新闻业的发展开辟了全新的视角。然而，其中一些数据新闻报道却因屡屡突破新闻伦理底线，备受公众质疑。那么，当前数据新闻报道面临的伦理问题有哪些，又当如何解决呢？

---

* 申琦，华东师范大学传播学院副教授；张珊，华东师范大学传播学院 2018 级硕士研究生；邱艺，华东师范大学传播学院 2019 级硕士研究生。

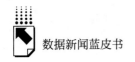

一　数据新闻报道的真实性与客观性

首先，"不干净"的数据源有损数据新闻的真实性。数据新闻虽然较传统的新闻形式有很大的区别，但是二者并无本质之分，数据新闻只是通过一种不同的形式去解释现象、探索真相，因此，真实性仍然是数据新闻的第一要义和生命之源。目前，数据新闻的来源主要包括企业、国际组织、政府机构、研究机构、传媒机构和民意调查获得的数据[①]，但数据源的真实性难以保证，尤其是通过网络获得的数据。互联网准入的低门槛、用户的匿名性导致互联网上生产和传播假信息的成本和风险大大降低，这使得假身份信息、假新闻内容大量充斥互联网，因此，从互联网上所获得的信息只能保障其较大的体量，但是质量如何还值得商榷。对于数据新闻来说，作为其信源，数据的"干净"与否在很大程度上影响着新闻报道的权威性与真实性。美国日光基金会甚至为核实不准确的政府数据专门设置了一个网站Clearspending. org。[②]《卫报》利用众包数据揭露议员报销丑闻的报道中，编辑西蒙·罗杰斯提到，尽管他们不断清理数据，防止议员自己到网站上编辑数据美化形象，结果依然防不胜防。[③] 而无法进一步比对核实的单一数据源也是数据新闻保证其真实性的一大难题。

其次，数据分析与算法本身可能存在的偏差会使数据新闻报道的客观性大打折扣。哥伦比亚大学布朗媒体创新中心（Brown Center for Media Innovation）主任马克·汉森（Mark Hansen）认为数据对我们以及我们的生活方式有一定的影响，但是他们是不中立的，我们用来解释它们的算法也是

① Knight，M.，"Data Journalism in the UK：A Preliminary Analysis of Form and Content"，*Journal of Media Practice*，2015，16（1），55 – 72.

② Lisa Lynch，"That's Not Leaking, It's Pure Editorial：Wikileaks, Scientific Journalism, and Journalistic Expertise"，*The Canadian Journal of Media Studies – Special Issue Fall 2012*，2012：40 – 69.

③ The Data Journalism Handbook，http：//datajournalismhandbook. net/1. 0/en/getting _ data _ 5. html，最后访问日期：2020 年 1 月 9 日。

不中立的。① 大数据时代算法的出现及应用在某种程度上会避免人工数据分析带来的误差，但是一直标榜绝对中立的算法本质上还是由人来进行设计的，在进行算法设计的过程中，不可避免地会加入设计者的主观判断标准，因此，运行算法的过程中很难避免偏见的存在，而这种偏见将会通过数据分析和挖掘最终影响数据新闻本身的可信度和客观性。此外，目前大多数的算法运行程序是不公开的，因此，在通过算法进行数据分析的过程中会出现算法的"黑箱"状态，即人无法得知、不能打开也不能直接观察其内部运作系统的一种系统。② 比如 2013 年《美国新闻与世界报道》通过设定的算法和数据分析，报道了有关大学和律师事务的排名情况。由于算法不公开，公众无法获知计算排名的具体参数与指标，只能相信"官方"的解释。③ 这样做的直接结果就是，会影响读者对于该报道的真实性及客观性的认知。并且，日渐流行的大数据算法更注重呈现宏观信息，而忽略了微观个体的特征，易对少数人群产生不公平现象。如，有学者指出，利用大数据分析黑人犯罪事件，使得"黑人犯罪"成为一种主流描述，形成刻板印象，影响种族平等。④ 安德鲁·西曼（Andrew Seaman）也认为在进行网络和社交媒体数据分析时，容易将不上网、不使用社交媒体的群体排除在外，这种行为不符合社会道德规范中让弱势群体发声的原则。⑤ 同时，大数据分析重相关关系轻因果关系的特点，也使得数据新闻报道无法解释事件背后的因果逻辑，进而误导读者。⑥ 数据新闻的数据分析过程和最后得出的结论都应该是严谨

---

① Bell, E., "Journalism by Numbers, Columbia Journalism Review", http：//www.cjr.org/cover_story/journalism_ by_ numbers.php? page = all.

② 张淑玲：《破解黑箱：智媒时代的算法权力规制与透明实现机制》，《中国出版》2018 年第 7 期，第 49～53 页。

③ Busch, L., "A Dozen Ways to Get Lost in Translation：Inherent Challenges in Large – Scale Data Sets", *International Journal of Communication*, 2014, 8.

④ Joshua Fairfield, Hannah Shtein, "Big Data, Big Problems：Emerging Issues in the Ethics of Data Science and Journalism", *Journal of Mass Media Ethics* 2014, 29（1）：38 – 51.

⑤ Seaman, A., "The Aggravation of Aggregation", *Quill*, 2015, 103（3）：21 – 21.

⑥ Couldry, N., "Inaugural：A Necessary Disenchantment：Myth, Agency and Injustice in a Digital World", *Sociological Review*, 2014, 62（4）：880 – 897.

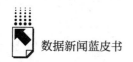

的、富有逻辑的。相关关系不等于因果关系，将不具有因果关系的数据放在同一表格里做对比得出结论，是对数据分析的错用。①

最后，可视化呈现方式很可能使数据新闻报道难以保证其"真实性"。米尔科·洛伦兹（Mirko Lorenz）认为数据新闻的生产过程以成百上千万的大数据为基础，大体量的数据经过过滤之后，会以数据地图、交互表、时间线等可视化形式进行展现，进而讲述数据背后的故事。② 可视化使得数据通过更为直观、易懂、形象的方式清晰有效地呈现出来。这相当于传统新闻报道采用修辞的方法对文本材料进行编辑，背后有着记者编辑的主观判断。一旦记者不能平衡好图形呈现与新闻事实之间的关系，就会损害新闻的"真实性"。一个基于数据的故事能否成功，在很大程度上取决于记者是否具有将数据置于整体背景中的能力。③ 数据并不是单独的、冷冰冰的数字，而是某种社会关系的体现，因此，在进行数据分析和展示的过程中要将其置于整体环境中来考虑。只有从更宏观、全面的高度去理解分析数据，才能够避免单一依赖数据造成的偏差。如，在新媒体网站 Vox（Vox. com）关于慈善捐助金额和疾病致死人数之间关系的数据新闻报道中，相关数值以圆形的直径而不是面积可视化呈现，导致视觉效果与真实数值不匹配，无形中夸大了慈善机构的捐款数额差异，以及每种疾病所造成的死亡数量。④

二　数据新闻与公共利益的权衡

数据新闻报道会在某种程度上侵犯公众的知情同意权。每个人都享有公

---

① 贾肖明、曾婷芳、周雷：《数据新闻的发展、误区规避及趋势探析——基于"21 财经 APP"数据新闻的实践研究》，《中国记者》2017 年第 7 期。

② Lorenz, M., "Data Driven Journalism: What is There to Learn, in Innovation Journalism Conference", Stanford, CA, 2010.

③ Interview with Matt Waite, a Professor in the College of Journalism and Mass Communication at the University of Nebraska Lincoln and developer of Politifact, Fall, 2015.

④ "False Visualizations: When Journalists Get Data Viz Wrong", https://www. huffingtonpost. com/randy – krum/false – visualizations – when_ b_ 5736106. html，最后访问日期：2020 年 1 月 9 日。

开或者拒绝公开个人信息的权利，同时也有权控制其他机构能否使用自己的个人信息。然而通常情况下，媒体数据新闻报道在通过互联网或者其他机构组织获得数据时，几乎从未告知公众并征得同意。这就使得原本较小范围内公开的个人数据通过媒体的深度挖掘和公开报道，有可能产生意想不到的结果。如《卫报》关于 2011 年伦敦暴乱事件的系列数据新闻报道《解读暴乱》在得到 Twitter 公司的许可后，自行采集了数十万用户发布的推文进行文本分析，呈现暴乱期间各种谣言的传播路径。事后，由于公众抗议推文获取未能征得其同意，作品虽然得奖却深陷舆论旋涡。那么，媒体在与网络平台分享公众个人信息时，是否有使用权限？这种权限的范围有多大？如果用户觉得个人信息安全受到侵犯，媒体是否要承担一定的责任？有学者认为，用户与网络平台签订个人信息采集与使用的在线许可协议，效力不应拓展至其他第三方。[①] 也就是说，媒体无权使用这些未经用户同意的公开数据。

　　数据新闻报道可能会在某种程度上侵犯公民的隐私权。1890 年美国学者 Warren 和 Brandeis 在《隐私权》一文中将隐私界定为"不受干涉"或"免于侵害"的"独处权利"。[②] 互联网时代，尤其是大数据的发展导致公众所面临的隐私暴露风险不断加大，每个人都在逐渐变成一个"透明人"，"赤裸裸"地展现在公众面前。然而数据新闻报道是从数据的搜集到数据的挖掘分析，这都有可能造成对用户隐私的侵犯。首先，数据新闻往往是基于超大体量的数据，因此，在搜集数据的过程中，除了已经公开的官方数据，或者是购买的专业数据库数据，很多新闻记者会通过网页爬取来自行获得用户的个人信息。这种直接爬取的数据可以增大基础数据量，使得数据分析结果更加全面，但是这种网页爬取数据的行为也在一定程度上侵犯了公民的隐私，因为大多数用户不明晰自己在使用互联网过程中产生的个人信息的最终流向。其次，数据挖掘的过程可能会对公众的隐私造成二次侵犯。如果说在信息搜集过程中，用户还有可能通过知情同意来控制是否披露或者在多大程

---

① Joshua Fairfield, Hannah Shtein, "Big Data, Big Problems: Emerging Issues in the Ethics of Data Science and Journalism", *Journal of Mass Media Ethics*, 2014, 29 (1): 38-51.

② Warren, S. D., Brandeis, L. D., "*The Right to Privacy*", *Harvard Law Review*, 1890: 5.

度上披露自己的信息，那么在数据挖掘过程中这种控制权实现的难度便会大大增加。数据挖掘的过程往往是将表面上看似互不相关的、杂乱的、碎片化的信息进行重新梳理整合，进而发现数据之间更深层次的、更隐蔽的关系，而这种关系往往涉及用户的隐私，比如，用户的个人行为信息、偏好信息等。数据的使用与公开会带来隐私泄露风险，而媒体强大的传播能力，无疑会加大此类风险。2012年，纽约郊区的新闻日报（*The Journal News*）刊登了一份谷歌地图，清晰展示了韦斯特切斯特和罗克兰郡中拥有枪支的当地居民的姓名和地址，严重侵害了他们的隐私权和人身安全，公众反映十分激烈，威胁要取消对报纸的订阅甚至抵制出版。[1] 《得克萨斯论坛报》（*The Texas Tribune*）将其拥有的数据库信息公开，读者可以搜索附近学校的排名，查找州监狱系统的犯人情况，还有近70万名公职人员的收入情况等，此举遭到了读者的投诉和质疑，他们认为这种行为侵犯了他们的个人隐私。[2]

数据新闻报道一旦利用不当便很可能会侵犯个人隐私权及知情同意权，如何避免此类问题的发生不仅仅属于新闻伦理的讨论范围，同时也是一个法律问题。一方面，媒体作为社会"公器"，通过获取与分析个人信息，揭示新闻事件背后的真相，进而满足数据新闻报道以及公众获取社会信息的需要。从这个角度讲，以营利性商业机构使用数据的规范与方法来约束媒体，显然不太适用。但是，如果想要建立专门的媒体数据使用监管与审核机构，又存在一定的难度。原有的媒体组织不存在这样的监管部门，数据的体量、处理的专业性与复杂性，无疑会增加媒体的运营成本，因此，这在实际的操作和运行过程中很难实现。并且，尽管都认为公开数据源与数据算法是数据新闻报道应该遵循的行业标准，目前为止国内外大部分媒体数据新闻报道对数据采集、分析以及相关算法等，未能及时公开。近乎保密的数据处理方式使得社会公众等第三方力量的监督较难介入。另一方面，各国陆

---

① "Newspaper Sparks Outrage for Publishing Names, Addresses of Gun Permit Holders", https://edition.cnn.com/2012/12/25/us/new-york-gun-permit-map/index.html，最后访问日期：2020年1月9日。

② Batsell, J., "Data is News", *Nieman Report*, 2015, 69 (1), 48-51.

续出台相应的个人数据保护方案，旨在保护大数据时代用户的个人隐私不受侵犯。在获取用户数据过程中，记者编辑应该做出预判断，判断自己所需要数据的范围，判断获得数据的手段和途径是否在法律允许的范围内、所获取的数据是否涉及用户的敏感信息，比如基因数据、自然人的性生活或性取向的数据。正如加拿大记者 Cédric Sam 所指出的那样，网络爬虫和其编写者应该承担同样的责任，正常的网络信息采集和黑客行为之间重要的区别在于是否遵守法律。[①]

三 解决数据新闻报道伦理问题的办法

首先，要加强对数据的核查力度，保证新闻真实性。对于数据新闻而言，报道素材大部分是数据，因此，要想保证真实性，数据核查必不可少。一方面，可以将事先审核数据作为新闻生产流程的一部分，通过交叉检测，验证数据的真实性。2016 年 4 月 3 日，国际调查记者联盟公布了此前泄密者提供的巴拿马文件，随后数家报纸纷纷刊登。但是，《纽约时报》决定推迟发布，执行副主编马特·珀迪认为在尚不清楚事件发展始末的时候，需要先审核数据的真实性，如此才符合专业记者协会倡导的寻求真理的报道原则。[②] 另一方面，可以拓展数据源，使用多方数据来降低单一数据源可能带来的数据失实风险。对于同一个新闻选题往往会有多方数据源，在选择较为完整的数据源的同时，加入其他的数据源来进行数据的对比分析，能够更好地识别数据中的异常值或错误。《芝加哥论坛报》为了保证所用数据的真实性，并没有直接使用当地警察局发布的犯罪数据，而是从警方、医院等渠道收集数据，将其与官方数据对比核实之后再作为数据源。[③] 除了媒体自身严格审核之外，邀请

① SHIAB, N., "On the Ethics of Web Scraping and Data Journalism", http：//gijn. org/2015/08/12/on – the – ethics – of – web – scraping – and – data – journalism，最后访问日期：2020 年 1 月 9 日。

② McBride, Rebekah, E. D., "The Ethics of Data Journalism", *Digital Commons University of Nebraska – Lincoln*, 2016, 1 – 44.

③ 胡瑛、普拉特、陈力峰：《美国大选新闻中的数据迷思》，《新闻战线》2016 年第 23 期。

独立于媒体之外的第三方机构介入核查不失为一种好方法。当数据新闻涉及法律、医疗等专业领域时，单独依靠记者编辑去了解分析该领域往往是不够的，还应该邀请该领域专业的人士及机构提供建议，并且从专业的角度来审核数据或者数据分析结果的可行性，进而保证数据新闻内容的质量和真实性。

其次，重视数据公开，增强公众参与，减少记者的主观偏见，进而增强数据新闻的客观性。公开数据源能够让数据受到公众与各行业的监督，保证质量。近年来，国内数据新闻报道栏目在数据公开方面有了很大的进步。网易数读、搜狐数据之道、新浪图解等国内较为优质的数据新闻栏目在使用数据时通常会标注来源，用户可自行搜索获取，数据的公开性很高。[1] 公开数据有利于新闻业实现更高的透明度，不仅能为数据新闻报道行业的规范化提供保障[2]，还能够实现数据的共享，不断优化和提高数据的质量，充分发挥数据的价值。但是就目前全球范围来看，各大数据源尚处在一种孤立的状态中，这种"信息孤岛"将会直接阻碍数据互通，比如，政府作为大量公共数据的掌握者，目前，其数据的公开程度仍然较低，大部分涉及公共民生的数据新闻选题在进行数据搜集的过程中往往会出现数据残缺的情况，这就使得数据新闻制作者无法真正获得全面的、深度与广度兼顾的信息，从而很有可能会影响数据新闻报道的真实性及客观性。目前，各国都在积极开展数据开放运动，鼓励政府将一些公共数据进行公开，一方面可以使得公众更好地了解、监督政府机构；另一方面，核心的公共数据对于社会研究也具有重要意义。比如《卫报》开设的"数据商店"版块，在该版块内，用户可以获得包括政府、非政府机构、大学、博物馆、研究机构等公开数据库的信息。[3] 这种开放性能够增强与受众的互动，进而丰富新闻报道的内容，降低呈现观点的单一性。[4] 除此之外，数据公开还应包括数据分析过程与算法的

---

[1] https：//www.xzbu.com/7/view－7243527.htm，最后访问日期：2020 年 1 月 9 日。

[2] Lewis, S. C. , Westlund, O. , "Big Data and Journalism：Epistemology, Expertise, Economics, and Ethics", *Digital Journalism* 2015, 3（3）：447－466.

[3] 方洁、颜冬：《全球视野下的"数据新闻"：理念与实践》，《国际新闻界》2013 年第 6 期。

[4] 章戈浩：《作为开放新闻的数据新闻——英国〈卫报〉的数据新闻实践》，《新闻记者》2013 年第 6 期。

公开。如，公开编程代码，减少对敏感与隐私数据的使用。2014 年 5 月 6 日数据新闻网站 Five Thirty Eight 发表了一篇关于"尼日利亚被绑架的女孩数量"的新闻报道①，由于公众留言质疑数据源的真实性，网站随后修正了相关统计方法与结果。数据分析过程的公开一方面有利于公众参与其中，提高新闻的透明性，增强新闻的可信性；另一方面可以有效降低记者编辑的主观判断或算法本身的偏见造成的数据新闻失实风险。

再次，建立专业的监督平台，保证数据新闻的真实客观。数据新闻生产的监督门槛要明显高于传统新闻的监督门槛。数据源质量的监督，需要公众拥有阅读数据的能力；数据分析算法的反思与批判，需要公众拥有解读代码的能力，这种数据素养的要求比媒介素养高得多。因此，仅仅依靠公众对数据新闻进行监督是远远不够的，应该建立专业的监督平台。如《哥伦比亚新闻评论》的网页版会定期对其新闻报道做出评论，探讨合理性，并设置《本周最佳、最烂数据新闻》栏目，对相关作品做出评价。与高校或者科研机构合作，审查数据使用的规范性，也不失为一种好的做法。如，牛津大学互联网学院 2017 年成立了数字道德实验室（DELab）来应对大数据带来的伦理挑战，增强数字创新的积极效应，降低大数据应用带来的风险。芝加哥洛约拉大学（Loyola University Chicago）建立了数字伦理与政策中心，每年都会举办数字伦理国际研讨会，邀请媒体、法律、数据研究等相关领域的专家学者探讨在线和数字环境中数据使用的伦理问题。

最后，可以参考对网络企业数据使用的管理原则与办法，逐步完善对数据的管理，顺应数据新闻报道的发展趋势。遵循数据使用法律规范，新闻媒体可以尝试设立专门的数据管理部门，一方面，可以防止数据获取、使用和存储过程中有可能对公民个人权益的损害；另一方面，更为重要的是，可以保护媒体自身数据库的安全与相应的知识产权。2018 年 5 月，欧盟《通用数据保护条例》（General Data Protection Regulation，简称"GDPR"）正式生

---

① "Kidnapping of Girls in Nigeria Is Part of a Worsening Problem（Updated）"，https：// fivethirtyeight. com/features/nigeria – kidnapping/，最后访问日期：2020 年 1 月 9 日。

效，该条例为欧盟市场上流转的数据提供了极为严格的保护。同年，法国通过了新的《数据保护法案》，宣称与 GDPR 一道推动欧盟地区内隐私与数据保护立法的一体化，爱尔兰政府、奥地利政府等均在数据保护方面出台了新的法案。我国的《网络安全法》第 44 条个人信息的收集、存储和使用等也有相应的规定，即任何个人和组织不得窃取或者以非法方式获取个人信息，不得非法出售或者非法向他人提供个人信息。上述法律规范都可以适当借鉴。此外，也可以尝试借鉴科学研究中有关数据使用的管理原则。如，W. D. Ross 责任框架（duty – based framework）：自主原则（autonomy）、善意原则（beneficence）和公正原则（justice）。[1] 自主原则强调的是公众要有支配自身数据的权利，如隐私权和知情同意权。英国政府提出了"数据权"的概念并认为"数据权"是每位公民在信息时代都应该拥有的一项基本权利，信息主体有权查看和使用包括由商业机构出资收集的数据在内的个人信息。善意原则强调在最大限度减少伤害的同时使利益最大化，媒体机构在进行数据新闻的生产时，要做好个人利益与公共利益的平衡工作，即使在公共利益优先原则下也要坚持最小伤害原则，将对个人的伤害降到最低。如2010 年《卫报》在数据新闻《阿富汗战争日志》中只公布了已死亡人员的相关信息，因为记者不能确定数据库表格中是否有设计线人的重要信息。[2]而公正原则强调的是数据分配的公平正义。

方兴未艾的数据新闻显然不是新媒介技术环境下新闻报道的最终形态。毕竟，开源新闻、算法新闻、自动化新闻等新型新闻报道方式还在不断涌现。回归新闻报道本身，关注数据与技术带来的真实性与客观性问题，让报道更好地为公众服务，在任何时代都不过时。

---

① Joshua Fairfield, Hannah Shtein, "Big Data, Big Problems: Emerging Issues in the Ethics of Data Science and Journalism", *Journal of Mass Media Ethics*, 2014, 29（1）: 38 – 51.

② Gray, J., Bounegru, L., Chambers, L., *The Data Journalism Handbook*, Sebastopol: O'Reilly Media, 2012: 106 – 107.

B.6

中国数据新闻议题分布与变化趋势研究：
以4个平台的1495篇数据新闻为研究对象

芦何秋　龚珮雯*

摘　要： 本报告对"人民网图解新闻""新京报数据新闻""财新网数字说""澎湃美数课"进行了数据与内容分析，从议题数量与分布、呈现方式和互动效果三个方面对国内数据新闻发展的现状进行整体考察。研究发现，在2017～2018年，国内数据新闻行业的作品数量产出效能出现下降趋势；部分作品过度强调可视化美感，数据新闻的新闻功能被弱化；数据新闻样本与受众互动量较少，传播效果有待提升。解决方案包括拓展机器人写作、制定可视化规范、优化交互设计等。

关键词： 数据分析　数据新闻议题　机器人写作

随着数据分析和可视化技术的快速发展，数据新闻已成为全球传媒行业新的增长点。本研究以传播影响力和样本可获取性为选择标准，选取"人民网图解新闻""新京报数据新闻""财新网数字说""澎湃美数课"四个数据新闻平台作为分析对象，通过数据与内容分析展现2017～2018年国内数据新闻发展的现状。

---

* 芦何秋，新闻学博士，湖北大学新闻传播学院副教授，华中科技大学新闻与信息传播学院博士后，主要研究方向为网络传播；龚珮雯，湖北大学新闻传播学院2018级研究生。

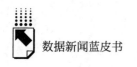

一 文献分析 (2017~2018年)

2017~2018年，国外对于数据新闻的研究重点主要集中在以下三个方面。

第一，数据新闻的传播功能。数据新闻是鼓励用户参与新闻生产的一种途径。有学者认为，数据新闻可以作为一种有力工具引入媒体新用户，进而开发出新的叙事形式，促进个性化阅读。① 第二，大数据和数据新闻的关系研究。研究者发现，大数据是一种社会文化现象，它将数据新闻与其他使用大量数据或数据库的前新闻报道区分开来。数据新闻的实践过程是数据透明度的演变过程。大数据的发展为自动化数据新闻打开了新的研究视角。② 第三，数据新闻实践在当前新闻紧缩环境下的可持续性讨论。学者推测，数据新闻会逐渐被更多的新闻工作者所掌握，并且进入较小的新闻编辑室。数据新闻需要不断创新，才能在演变的新闻生态系统中保持竞争力。③

国内相关研究主要集中在以下六个方面。

第一，数据新闻的交互应用。交互性是数据新闻发展的大方向，有学者对2014~2018年全球数据新闻奖获奖作品的内容进行分析，归纳全球范围内数据新闻的互动叙事特征与策略，发现4/5以上的新闻作品处于低级交互与中级交互的互动水平，在游戏化设计等更高维度的交互方面还十分有限。④ 针对交互性思维的探索，有学者从传统媒体用数据打造个性化的新闻服务的角度出发，对今日美国网站在2016年美国大选投票前所制作的相关数据新闻报道进行研究，重点分析交互式图表中渗透出的用户思维，对我国

① Josefin Lassinantti, Anna Ståhlbröst, Mari Runardotter, "Relevant Social Groups for Open Data Use and Engagement", *Government Information Quarterly* 36 (2019).
② Teresa Sandoval - Martín, "Big Data as a Differentiating Sociocultural Element of Data Journalism, The Perception of Data Journalists and Experts", *2018 Communication & Society* 31 (2018).
③ Florian Stalph, Eddy Borges - Rey, "Data Journalism Sustainability", *Digital Journalism* 6 (2018).
④ 陆朦朦：《数据新闻互动叙事策略研究——基于2014—2018年全球数据新闻奖获奖作品的分析》，《出版科学》2019年第1期。

数据新闻交互性应用有一定的借鉴意义。[①]

第二，数据新闻的生产方式。数据新闻生产离不开数据，更离不开算法。有研究列举并分析了数据新闻中常见的几种算法，试图揭示算法的运用给新闻业态带来的革命性变化。[②] VR数据新闻能延伸读者的视觉功能，是融合新闻报道的前沿成果，也是未来数据新闻的发展趋势之一。有学者通过对VR数据新闻的起源和现状进行梳理，总结出其特点，并指出其发展过程中面临着过度使用影响健康、技术不成熟以及成本高昂等挑战。[③] 在数据新闻的机器人写作中，机器人写作给数据新闻的真实性和准确性带来挑战，有学者认为应该将新闻表达的语言逻辑与统计经验相结合，并不断通过与受众的相互协调，完成学理概念、实践操作与沟通互动三方面的结构性统一。[④] 大数据和人工智能技术是数据新闻生产的主导力量，只有继续发展以模拟人脑认知和学习能力为目标的各类人工智能技术，才能突破数据新闻生产的限度。[⑤]

第三，数据新闻的可视化。有学者对《卫报》《纽约时报》、网易、财新网的数据新闻专栏的内容进行分析，发现数据新闻可视化须以信息告知为首要功能，视觉吸引力应当服务于信息功能。[⑥] 有学者针对如何运用减法设计策略来实现数据新闻设计形式与内容的平衡进行探讨。[⑦] 在可视化发展趋势方面，目前数据新闻可视化已从平面领域向其他领域全面铺开，不论是传播渠道还是叙事方式都由单一维度向多维度转化，向融媒体领域高水平突破。[⑧] 针对目前可视化形式与内容创作的关系，学者称，媒体在进行可

① 祖枫、刘政阳：《浅析数据新闻的生动性——以今日美国交互式图表应用为例》，《东南传播》2019年第1期。

② 姚庚君：《人工智能时代新闻真实性概念的量化转向》，《新媒体研究》2019年第2期。

③ 朱天泽：《VR数据新闻的实践与挑战》，《新媒体研究》2019年第1期。

④ 姚庚君：《人工智能时代新闻真实性概念的量化转向》，《新媒体研究》2019年第2期。

⑤ 林溪声：《数据新闻生产的常态化趋势及其限度》，《新闻爱好者》2018年第2期。

⑥ 黄雅兰、仇筠茜：《信息告知还是视觉吸引？——对中外四个数据新闻栏目可视化现状的比较研究》，《新闻大学》2018年第1期。

⑦ 徐少林、白净：《数据新闻可视化设计与内容如何平衡》，《新闻界》2018年第3期。

⑧ 娄立原、周选州：《可视化数据新闻实践探析》，《青年记者》2019年第2期。

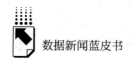

视化新闻创作时，应当兼顾形式与内容，探索两者结合的有效方式。在"内容为王"的基础上进行形式创新，形式与内容协调统一应是始终坚持的原则。①

第四，数据新闻的传播策略。有学者通过对国内数据新闻的传播现状进行探究和梳理，以便数据新闻在新媒体语境下更好地发挥其在信息传播、环境监督、舆论引导等方面的重要作用提出传播策略。② 另有学者从整合传播、人才培养、媒体战略和管理体制角度提出传播策略。③ 为了提高报道的传播力和影响力，有学者认为，应分别对数据新闻的呈现形式、载体和内容"对症下药"。④ 从再现真实的角度出发，学者认为应将数据融入风格化的可视化表达中，以此提供更好的阅读体验，传递更多更优质的数据内容。⑤ 有学者以《重庆日报》《九江日报》为例，认为数据新闻要想打开突破口，需要从内容、传播媒体以及智能平台方面入手。⑥

第五，数据新闻的现存问题。首先，从新闻传播理论的视角进行分析，大数据视域下数据新闻存在的传播悖论现象，有可能对数据新闻未来发展形成桎梏。学者认为，数据新闻传播悖论是传播政策、传播技术、传播伦理等各种因素综合促成的产物，数据新闻传播者、数据新闻运营公司、政府和广大受众共同参与，各司其职，才能找到合适的化解之策。⑦ 另外，有学者从传统媒体新闻生产的角度对问题进行分析，进一步发掘其产生的主要原因是数据传播资源的整合能力不足和传播体系的不够完善。⑧ 数据新闻在"两会"的报道中深受新闻工作者的欢迎，有学者针对 2013～2018 年新华网、人民网、搜狐网、网易和凤凰网 5 家媒体"两会"数据新闻报道 373 篇进

① 刘苗苗：《可视化新闻内容与形式的关系探析》，《视听界》2019 年第 1 期。
② 范久红：《新媒体语境下数据新闻的传播现状及传播策略》，《今传媒》2018 年第 2 期。
③ 尚甲：《当前数据新闻传播存在的问题、原因及对策》，《视听》2019 年第 2 期。
④ 江宇、解晴晴：《国内"两会"数据新闻报道研究——基于2013—2018 年 5 家媒体"两会"数据新闻报道的分析》，《传媒》2019 年第 1 期。
⑤ 娄立原、周选州：《可视化数据新闻实践探析》，《青年记者》2019 年第 2 期。
⑥ 刘莉：《浅议数据新闻的特征及传播路径》，《科技传播》2019 年第 3 期。
⑦ 付松聚：《大数据视阈下数据新闻传播悖论及消解策略探析》，《中国出版》2018 年第 4 期。
⑧ 尚甲：《当前数据新闻传播存在的问题、原因及对策》，《视听》2019 年第 2 期。

行内容分析后发现，两会数据新闻也显现出可视化形式单一、数据挖掘浅、发布平台少等问题。① 有学者以网易可视化栏目《数读》为例，归纳出国内数据新闻在全球背景下的发展中存在的瓶颈，借助《卫报》数据新闻成功经验进行分析，推断出国内数据新闻媒体未来也会渐渐从单一的信息咨询提供商向人人都可参与的新闻创作大平台转变。②

第六，数据新闻的未来发展。研究聚焦于未来数据新闻的发展以及国内数据新闻研究中的不足。有学者从形式上推测，为了适应用户的多元需求，未来的数据新闻发展会是迭代式的，简单轻便的图表与沉浸式的 VR 新闻、新闻游戏等均不可或缺。③ 中国的数据新闻研究尚处于"跟随式"的效仿阶段，存在议题过于集中、关联分析较少、研究角度和方法较为单一等问题，这些问题将成为未来中国数据新闻研究与学科发展的突破口。④

二　研究设计

（一）样本选取范围

本研究以平台传播力、样本可获得性和信息更新频率为标准，选取"人民网图解新闻""新京报数据新闻""财新网数字说""澎湃美数课"四个数据新闻平台作为分析对象。本研究的样本选取时间为 2016 年 1 月 1 日至 2018 年 12 月 31 日，四个数据新闻平台共获得样本 1495 篇。其中，2017年澎湃美数课 169 篇，财新网数字说 218 篇，新京报数据新闻 292 篇，人民

① 江宇、解晴晴：《国内"两会"数据新闻报道研究——基于 2013－2018 年 5 家媒体"两会"数据新闻报道的分析》，《传媒》2019 年第 1 期。
② 宋晖：《国内数据新闻瓶颈与发展路径探究——〈卫报〉数据新闻的启示分析》，《科技传播》2018 年第 2 期。
③ 刘苗苗：《可视化新闻内容与形式的关系探析》，《视听界》2019 年第 1 期。
④ 傅居正、喻国明：《中外数据新闻研究的滥觞与发展：学科谱系的比较——基于 CiteSpace 知识图谱的可视化分析》，《西安交通大学学报》（社会科学版）2019 年第 1 期。

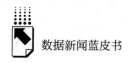

网图解新闻 145 篇；2018 年澎湃美数课 142 篇，财新网数字说 146 篇，新京报数据新闻 245 篇，人民网图解新闻 138 篇，详见表 1。

我们增加 2016 年的相关统计作为观察梯度，发现国内数据新闻样本数量整体上呈减少的趋势（见图 1），其中，新京报数据新闻在 2017 年发布的样本数量增加为 292 篇，高于 2016 年，但次年减少到 245 篇，低于平均水平。2016 年以后，各平台的发布频次降低，开始尝试从宏观的叙事视角向更细致的中观、微观视角迈进，专业性报道对于数据分析的复杂程度要求更高，作品生产周期拉长，所以总量呈下降趋势，但提升了平台的发布质量。

表 1　2016～2018 年各平台发布数据新闻篇数统计

单位：篇

	2016 年	2017 年	2018 年	平均值
澎湃美数课	226	169	142	179
财新网数字说	326	218	146	230
新京报数据新闻	270	292	245	269
人民网图解新闻	172	145	138	152
合计	994	824	671	830

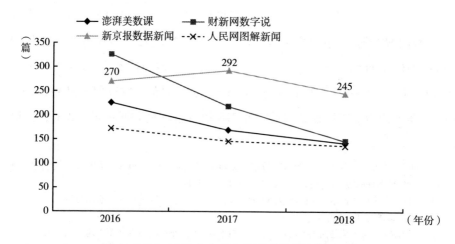

图 1　2016～2018 年各平台发布数据新闻数量趋势

（二）类目建构原则

1. 新闻议题分类

在文本细读的基础上，本研究将新闻议题分为以下九大类。

（1）社会民生类。包括网约车、性侵、留守儿童、医疗健康、养老、城市生活、假日出行、婚恋现状等。例如，澎湃美数课《北京医改三天后，哪些变化市民感触最深？》通过直观地罗列出医改首日的成绩单来体现医疗改革为给民众就医带来的改变。

（2）时事政治类。包括国家生活以及国际关系方面的方针、政策和活动，也包括领导人讲话、重要会议、军事行为等。例如，人民网图解新闻在党的十九大期间发布的系列报道《习近平作报告全场 71 次掌声　此处最密、此处最长（附原音）》等。

（3）政策法规类。包括对政策法规的解读、反腐倡廉、法律规范的普及以及对重大案件的案情回顾等。例如，澎湃美数课发布的《"最严"养犬令，你的城市可能十几年前就出台了》对不同城市的犬类管理条例的出台时间以及详细内容进行了梳理和对比。

（4）经济生活类。包括经济政策、经济事件、经济现象等。例如，财新数字说的《中国汽车进口关税是高还是低　下调后买车能省多少钱？》对国家下调汽车进口关税的政策进行分析，认为高端车市场将会受到最大影响。

（5）体育娱乐类。包括体育赛事、娱乐新闻事件、体育精神等。例如，澎湃美数课的《图解｜"林李大战"失约，十四年 39 场对决，胜负几何？》整理了林丹和李宗伟 14 年来 39 场对决的精彩画面。

（6）行业信息类。包括公司新闻、行业热点、现状以及趋势展望等。例如"财经网数字说"发布的《互联网公司纷纷裁员　行业凛冬将至？》，2018 年 10 月中旬以后众多互联网企业频频传出裁员风声，平台将网络上对于各大企业的裁员猜测以及官方回应通过列表进行罗列对比。

（7）科技文教类。包括教育新闻、科学技术和文化现象等。例如，新

京报数据新闻《18 所分校覆盖 8 省！一图看懂衡水中学扩张模式》对衡水一中平湖学校"违规提前招生"事件进行了梳理。

（8）气候环境类。包括天气和气候变化、环境保护、资源保护、地理现象等。例如，新京报图解新闻的《十月 17 城 PM2.5 浓度同比下降，北京降了 32%》分别展示了 2017 年 10 月京津冀大气污染传输通道城市的空气质量状况。

（9）其他类。包括知识科普、历史纪念、答题投票、游戏互动等其他服务性数据新闻。例如，澎湃美数课的《世界狂犬病日：狂犬疫苗失败率不到千分之一，切断源头最关键》。

（三）数据新闻议题的可视化形式分类

国内数据新闻的可视化表现形式可分为静态图表、图文互动、交互式、视频、二维码、有声互动图。

（1）静态图表。将数值型或文本型信息处理为图表，这种类型的可视化受众只能没有选择地接受所有的信息。

（2）图文互动。图片、图表与文本交叉运用，用户可以读取但无法提交信息。

（3）交互式。用户不仅可以读取信息，还可以提交信息从而形成新的信息。

（4）视频。通过有声视频传达信息，以动画视频为主。

（5）二维码。用户通过使用手机端扫描 PC 端的二维码参与互动。

（6）有声互动图。信息交织在配合背景音乐、音效的图标或文本中，用户可以通过互动提交信息，获得游戏体验和新的信息，如 H5。

（四）互动效果分类

"澎湃美数课"设置了点赞和评论两个版块，"新京报数据新闻"只设置了点赞区，"财新数字说"只设置了评论区，而"人民网图解新闻"未设置评论和点赞版块。

三　研究发现

（一）数据新闻议题的整体分布与平台特点

从表2中数量和比例分布可看出，各大平台由于机构性质不同，其议题分布重点有明显差异，大体上可以分为三类。

表2　议题类型分布表

单位：篇，%

名称	年份	社会民生	时事政治	政策法规	经济生活	体育文娱	科技文教	气候环境	行业信息	其他	合计
澎湃美数课	2017	33 19.53	19 11.24	7 4.14	31 18.34	13 7.69	39 23.08	18 10.65	2 1.18	7 4.14	169 100
	2018	25 17.61	10 7.04	16 11.27	19 13.38	25 17.61	24 16.9	7 4.92	4 2.82	12 8.45	142 100
财新网数字说	2017	33 15.14	35 16.06	6 2.75	94 43.12	9 4.13	30 13.76	8 3.67	0 0.00	3 1.38	218 100
	2018	19 13.01	14 9.59	15 10.27	61 41.78	8 5.48	15 10.27	3 2.05	8 5.48	3 2.05	146 100
新京报数据新闻	2017	104 35.62	33 11.3	15 5.14	62 21.23	7 2.4	55 18.84	12 4.11	4 1.37	0 0.00	292 100
	2018	114 46.53	8 3.27	12 4.9	53 21.63	13 5.31	27 11.02	9 3.67	9 3.67	0 0.00	245 100
人民网图解新闻	2017	15 10.34	79 54.48	17 11.72	6 4.14	1 0.69	24 16.55	3 2.07	0 0.00	0 0.00	145 100
	2018	27 19.57	67 48.55	22 19.54	4 2.9	2 1.45	13 9.42	2 1.45	1 0.72	0 0.00	138 100
合计		370 24.74	265 17.73	110 7.36	330 22.07	78 5.22	227 15.18	62 4.15	28 1.87	25 1.67	1495 100

第一类为社会民生类（24.5%）和经济生活类（22.31%）议题比例最高，相关议题比例达到46.48%，接近总量的一半。第二类为时事政治类

（18.12%）和科技文教类（15.1%），两者的相关议题比例达到32.99%。第三类为政策法规类（7.55%）、体育文娱类（5.28%）、气候环境类（4.19%）以及行业信息类（1.92%）议题，两者的相关议题比例为18.81%。

四大平台在议题分布上都呈现出多样化的侧重。

"澎湃美数课"侧重社会民生、经济生活和科技文教，议题分布相对均匀。"财新网数字说"侧重经济生活、时事政治和社会民生。其报道重点明显偏向经济生活类议题，同2016年相比，经济类议题近两年增长超过10个百分点。"新京报数据新闻"侧重社会民生、经济生活和科技文教的相关内容，其他议题版块比例低于平均水平。"人民网图解新闻"则定位于传统硬新闻的解读。

（二）2017～2018年数据新闻议题的分类特点与平台情况

1. 社会与经济类议题

（1）社会民生类（见表3）

社会民生类议题是数据新闻最主要的内容，如表3所示，2017～2018年四大平台涉及民生议题最多的为"新京报数据新闻"，两年来共发布此类议题的数据新闻215篇，占总比例的58.1%。长期以来，民生新闻都是《新京报》信息呈现的重点。《新京报》十分注重民生新闻的本地化与贴近性，以大量的新闻与信息来满足不同层次受众各方面的信息需求。因此，社会民生类议题版块也是"新京报数据新闻"的重头戏。2017～2018年，"新京报数据新闻"所发布的民生新闻数量较为稳定，但侧重点有所转移。2017年，该平台多以宏观的社会视角解读此类议题，如《东北就业好转，北上广深用人需求降了7%》等。2018年以来，该平台开始尝试从微观、中观的个人视角解读新闻，关注的重点更集中在人们所关心的热点事件，并结合老百姓的生活需求进行展开，如《试管婴儿30年：别说不想生，怀个娃没你想得那么简单》。民生类话题一直是读者最为关心的领域，尽管另外三大平台的民生类议题在数量上低于"新京报数据新闻"，但从选题上可以看出对民生化角度的重视，如"财新网数字说"《留学补习课外班 中国爹妈最舍得花钱丨数字说精选》、"人民网图解新闻"《图解："白酒？多少度？价格怎么样？"——习近平与三位基层党代表的亲切互动》。

表3　2017~2018年社会民生类议题分布

单位：篇，%

	2017 年社会民生类			2018 年社会民生类		
	篇数	总量百分比	纵向百分比	篇数	总量百分比	纵向百分比
澎湃美数课	33	19.53	17.84	25	17.61	12.44
财新网数字说	33	15.14	17.84	19	13.01	9.45
新京报数据新闻	104	35.62	56.22	114	46.53	64.68
人民网图解新闻	15	10.34	8.11	27	19.57	13.43
平均值	46	—	—	50	—	—
合计	185	22.45	100.00	172	26.75	100.00

注：总百分比为该平台此议题的篇数占该平台一年中发布总篇数的比例，总量百分比合计为此类议题占此年中四个平台发布总篇数的比例；纵向百分比为该平台此议题的篇数占四个平台此议题总篇数的比例。后同。

（2）经济生活类议题（见表4）

如表4所示，在经济生活类议题中，"财新网数字说"两年共发布155篇经济类议题的数据新闻，占总比例的46.96%，是发布篇数最多的平台，低于平均值的是"人民网图解新闻"，两年共发布10篇。"财新网数字说"占比最高与它是一家主打经济新闻的媒体机构有关，其对财经领域的新闻有较高的关注度。该平台的关注点包括宏观层面的经济政策与形式，中观层面的金融市场、消费市场以及证券信息、人物资产等。与2017年相比，该平台2018年增多了涉及股票、股市的新闻报道。"新京报数据新闻"和"澎湃美数课"也在一定程度上对经济问题有所涉及，大多数以国民经济为主要话题，如"人民网图解新闻"《图解全国金融工作会议高频词　提"风险"29次》、"澎湃美数课"《热点城市房租地图：北深沪房租最高，成都涨最快》以及"新京报数据新闻"《"吸猫逗狗"一年消费超千亿　京粤沪宠物主最舍得花钱》。

表4　2017～2018年经济生活类议题分布

单位：篇，%

	2017年经济生活类			2018年经济生活类		
	篇数	总量百分比	纵向百分比	篇数	总量百分比	纵向百分比
澎湃美数课	31	18.34	16.06	19	13.38	13.17
财新网数字说	94	43.12	48.70	61	41.78	44.53
新京报数据新闻	62	21.23	32.12	53	21.63	36.69
人民网图解新闻	6	4.14	3.97	4	2.90	2.92
平均值	48	—	—	35	—	—
合计	193	23.42	100.00	137	20.41	100.00

2. 时政与科教类议题

（1）时事政治类（见表5）

表5　2017～2018年时事政治类议题分布

单位：篇，%

	2017年时事政治类（国际）			2018年时事政治类（国际）		
	篇数	总量百分比	纵向百分比	篇数	总量百分比	纵向百分比
澎湃美数课	13	7.69	19.70	7	4.93	33.33
财新网数字说	22	10.09	33.33	7	4.79	33.33
新京报数据新闻	14	4.79	21.21	3	1.24	14.29
人民网图解新闻	12	11.72	25.76	4	2.90	19.05
平均值	17	8.01	25.00	5	3.13	25.00
合计	61	7.4	100.00	21	3.12	100.00
	2017年时事政治类（国内）			2018年时事政治类（国内）		
	篇数	总量百分比	纵向百分比	篇数	总量百分比	纵向百分比
澎湃美数课	6	3.55	5.82	3	2.11	3.90
财新网数字说	13	5.96	12.62	7	4.79	9.09
新京报数据新闻	19	6.51	18.44	4	1.63	5.19
人民网图解新闻	65	44.12	63.01	63	45.65	81.82
平均值	26	—	—	19	—	—
合计	103	12.5	100.00	77	11.47	100.00

时事政治类议题是数据新闻的主要议题之一，可具体细分为国际时政、国内时政，具体议题比例对比如表5所示。两年来，各平台针对时政新闻议题的报道量均有所下降。

时事政治类议题是人民网的报道重点，"人民网图解新闻"涉及该议题的比例最高，两年来共发布146篇，占总比例的55.09%。"人民网图解新闻"的国内政治人物及其活动的报道主题最多，如《图解：习近平特朗普北京会晤全纪录》《图解：李克强出访澳大利亚、新西兰前瞻》等。但"人民网图解新闻"针对国际时政新闻议题的报道量较少，2018年仅发布4篇，低于平均值，并且该议题所涉的报道大多数仍与国内事件有关。与国际时政新闻相比，国内新闻事件的数据更易获得，且国内时政新闻的本土性更能满足新闻的贴近性原则。在媒体资源的分配上，"人民网图解新闻"则更倾向于报道对公众更有指导意义、与其生活更为相关的国内新闻。

从纵向媒体平台的对比来看，时政类议题是一个大类议题，但是各媒体对于国际时政和国内时政的选题与报道偏好不同，"财新网数字说"和"澎湃美数课"在国际时政类议题中的比例较突出，而"人民网图解新闻"和"新京报数据新闻"则是在国内时政类议题中的比例较高。

（2）科技文教类（见表6）

表6　2017～2018年科技文教类议题分布

单位：篇，%

	2017年科技文教类			2018年科技文教类		
	篇数	总量百分比	纵向百分比	篇数	总量百分比	纵向百分比
澎湃美数课	39	23.08	26.35	24	16.69	33.37
财新网数字说	30	13.76	20.27	15	10.27	18.93
新京报数据新闻	55	18.84	37.16	19	11.02	34.17
人民网图解新闻	24	16.55	16.22	13	9.42	16.45
平均值	37	—	—	18	—	—
合计	148	17.96	100.00	79	10.58	100.00

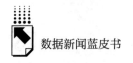

如表6所示，科技文教类议题在四大平台中所占比例大致低于20%。2017年"新京报数据新闻"对此关注度最高，发布了55篇，占总比例的18.84%。该平台紧随热点，重在解读教育改革、文化活动以及一些科学技术，如建军90周年，推出了"极简史"系列，对我国建军以来战机、军种、军衔和军装等的发展史进行了梳理和介绍；2017年高考时，发布了交互作品《关于高考你还记得什么？来定制你的高考独家记忆》，为读者们寻找高考的记忆。2018年，各平台针对该议题的关注度降低，发布量均有下降，各平台之间的差距缩小。

3. 其他类议题

（1）政策法规类（见表7）

表7　2017～2018年政策法规类议题分布

单位：篇，%

	2017年政策法规类			2018年政策法规类		
	篇数	总量百分比	纵向百分比	篇数	总量百分比	纵向百分比
澎湃美数课	7	4.14	15.56	16	11.27	24.62
财新网数字说	6	2.75	13.33	15	10.27	23.08
新京报数据新闻	15	5.14	33.33	12	4.90	18.46
人民网图解新闻	17	11.72	37.78	22	19.54	33.85
平均值	11	—	—	16	—	—
合计	45	5.46	100.00	65	10.1	100.00

如表7所示，两年来在政策法规类议题中，"人民网图解新闻"报道量最高，共发布了39篇。此类议题的重点主要放在了对于改革成绩单、扫黑除恶、环保督察、便民设施等政策的解读上，能够更清晰地展示政策要点，使读者更易理解政策与老百姓生活之间的关系。与此同时，针对城市规划的政策解读，对于与之相关的企业而言具备指导性意义。"新京报数据新闻"平台的报道量出现下降趋势，其他三大平台的报道量均有提升。但政策法规类议题总量占比不高，不属于数据新闻的报道重点。

（2）体育娱乐、气候环境类议题（见表8）

表8　2017～2018年体育娱乐、气候环境类议题分布及比例

单位：篇，%

	2017 年体育文娱类			2018 年体育文娱类		
	篇数	总量百分比	纵向百分比	篇数	总量百分比	纵向百分比
澎湃美数课	13	7.69	43.33	28	19.72	56.00
财新网数字说	9	4.13	30.00	8	5.48	16.00
新京报数据新闻	7	2.40	23.33	10	4.90	24.00
人民网图解新闻	1	0.69	3.33	2	1.45	4.00
平均值	8	—	—	13	—	—
合计	30	3.64	100.00	48	7.02	100.00
	2017 年气候环境类			2018 年气候环境类		
	篇数	总量百分比	纵向百分比	篇数	总量百分比	纵向百分比
澎湃美数课	18	10.65	43.90	7	4.93	33.33
财新网数字说	8	3.67	19.51	3	2.05	14.26
新京报数据新闻	12	4.11	29.27	9	3.67	42.15
人民网图解新闻	3	2.07	7.32	2	1.45	9.52
平均值	10	—	—	5	—	—
合计	41	4.98	100.00	21	3.11	100.00

如表8所示，在体育文娱类议题方面，"澎湃美数课"报道量为41篇，占总比例的46.71%。2018年"澎湃美数课""新京报数据新闻""人民网图解新闻"议题的报道量相比2017年均有增长，"财新网数字说"平台基本持平。2018年，俄罗斯世界杯和韩国平昌冬奥会的召开增加了各大平台对体育赛事议题的关注。"澎湃美数课"为此设立了"数说世界杯""数说冬奥会"两个专栏，侧重于对其中精彩赛程的跟踪报道或从我国视角出发与比赛相关的知识科普。其他三大平台侧重于对"熬夜看球""世界杯彩票热卖"等社会现象进行报道。

在气候环境类的议题方面，各平台两年的数据量均呈下降趋势。"澎湃美数课"报道量为25篇，占总比例的40.32%。此议题2017年通常是发布

服务性信息，以天气预报与环境保护内容为主，2018 年以来各平台在选题中开始聚焦极端天气、自然灾害以及雾霾污染。关于此议题的报道不再以告知性信息为主，各平台更倾向于对变化的分析，例如"澎湃美数课"发布的《图解 | 印尼又一次没能规避海啸之灾，预警机制为何难奏效》和"新京报数据新闻"发布的《北京 PM2.5 来源主要有啥？机动车贡献最大》。气候环境类议题通过运用可视化优势开始从服务性信息转向新闻性信息。

（3）行业信息类（见表9）

表9　2017~2018 年行业信息类议题分布

单位：篇，%

	2017 年行业信息类			2018 年行业信息类		
	篇数	总量百分比	纵向百分比	篇数	总量百分比	纵向百分比
澎湃美数课	2	1.18	33.33	4	2.82	18.18
财新网数字说	0	0.00	0.00	8	5.48	36.36
新京报数据新闻	4	1.37	66.67	9	3.67	40.91
人民网图解新闻	0	0.00	0.00	1	0.73	4.55
平均值	2	—	—	6	—	—
合计	6	0.73	100.00	22	3.27	100.00

如表9所示，2017~2018 年，各平台对于行业信息的报道量均呈上升趋势。政府数据的逐步开放使公共信息的可获得性增强，也为行业信息的汇总可视化提供了可能。此类议题对于各行业的发展具有指导意义，报道量的提升也是媒体迎合用户需求的一种体现。

（三）数据新闻议题的表现形式

国内数据新闻的可视化表现形式可分为静态图表、图文互动、交互式、视频、二维码、有声互动图。这六种表现形式是数据新闻最常使用的形式，如表10、表11所示。

表10　2017～2018年数据新闻的表现形式

单位：%

2017 年	静态图表	图文互动	交互式	视频	二维码	有声互动图
澎湃美数课	73.26	13.95	5.23	5.81	1.74	0.00
财新网数字说	85.05	7.94	7.01	0.00	0.00	0.00
新京报数据新闻	83.65	6.09	5.77	0.64	0.64	3.21
人民网图解新闻	97.30	0.68	1.35	0.00	0.00	0.68
2018 年	静态图表	图文互动	交互式	视频	二维码	有声互动图
澎湃美数课	87.10	4.52	7.74	0.00	0.00	0.65
财新网数字说	70.39	17.76	7.89	0.00	1.32	2.63
新京报数据新闻	95.89	2.28	1.37	0.46	0.00	0.00
人民网图解新闻	97.84	1.44	0.00	0.72	0.00	0.00

表11　2017～2018年整体表现形式比例

单位：%

	静态图表		图文互动		交互式		视频		二维码		有声互动图	
	横向	纵向	横向	纵向	横向	纵向	横向	纵向	横向	纵向	横向	纵向
澎湃美数课	71.91	21.18	15.74	52.58	6.48	7.55	3.09	55.56	1.54	50.00	1.23	23.53
财新网数字说	85.91	28.82	6.50	24.74	7.32	9.71	0.00	0.00	0.00	0.00	0.27	5.88
新京报数据新闻	50.00	24.55	3.52	19.59	42.22	82.01	1.30	38.89	0.93	50.00	2.04	64.71
人民网图解新闻	97.56	25.45	1.05	3.09	0.70	0.72	0.35	5.56	0.00	0.00	0.35	5.88

两年来，四大媒体平台的数据新闻议题表现形式绝大多数仍然以静态图表、图文互动和交互式为主。

"澎湃美数课"的可视化运用在四大平台中最丰富，静态图表仍然是该平台的最多选择，动静结合的运用也穿插其中。如《H5丨68年风雨录：台风来去之间》中，用户可以通过鼠标点击查询到各省份历年受灾情况、人员和财产损失等，检索结果以动态图形式呈现。动态图对于数据的变化展示有一定优势，相对于枯燥的数据，动态图无疑更具有观赏性。"澎湃美数课"的数据新闻实践使用更多的是设计元素多元的信息图表。

"新京报数据新闻"主要采用静态图表和交互式相结合的可视化手段，新闻制图是主要呈现形式。该平台包括两个常设栏目——《图个明白》和

《有理数》，以及重大事件的 H5 及"极简史"专题策划。目前，"新京报数据新闻"栏目以静态的信息图为主。但在交互性信息展示的驱动下，该平台也做出了一些尝试，如《大数据丨2016 年外交部发言人被问最多的是哪些事》等。相关作品分别运用了图文互动、有声图文互动、视频播放等交互的方式，将海量信息化繁为简。

"财新网数字说"和"人民网图解新闻"更青睐静态图表。这种情况可能与报道时效性要求和新闻制作成本有关，静态信息图表制作起来相对简单，能够满足平台高频次的发布需求，所以新闻多使用静态信息图表。静态图表占比最多的平台是"人民网图解新闻"，其交互形式主要体现在平台首页的议题分类选择上，读者可以通过点击分类快速选择自己感兴趣的议题。在一些如阅兵、"两会"等重大的政治事件的报道上，"人民网图解新闻"也会适时采用动态交互的形式呈现。

（四）数据新闻议题的互动效果

本研究对所有数据新闻样本所获得的评论进行统计分析，具体如表 12 所示。

表 12　数据新闻的平均评论数和点赞数

2017 年	社会民生	国际时政	国内时政	政策法规	经济生活	体育文娱	科技文教	气候环境	行业信息	其他	平均
澎湃美数课（评论/点赞）	136/42	113/47	52/37	131/53	33/28	105/79	47/49	111/34	89/34	69/54	84/45
财新网数字说（评论）	51	28	8	32	20	43	21	17	0	40	50
新京报数据新闻（点赞）	33	28	31	25	36	27	32	26	40	0	32
人民网图解新闻	0	0	0	0	0	0	0	0	0	0	0
2018 年	社会民生	国际时政	国内时政	政策法规	经济生活	体育文娱	科技文教	气候环境	行业信息	其他	平均
澎湃美数课（评论/点赞）	155/176	14/134	16/77	91/136	31/101	21/105	32/170	15/109	216/206	66/51	66/135

续表

2018 年	社会民生	国际时政	国内时政	政策法规	经济生活	体育文娱	科技文教	气候环境	行业信息	其他	平均
财新网数字说（评论）	55	35	6	22	16	14	19	19	7	7	22
新京报数据新闻(点赞)	61	66	76	55	55	65	58	74	67	0	63
人民网图解新闻	0	0	0	0	0	0	0	0	0	0	0

与2016年相比，读者与数据新闻平台的互动量增加，相关平台近两年通过内容优化和新的交互方式将用户带入互动场景中，提高了用户表达态度的欲望。与"点赞"这一正向态度表达方式相比，评论这一需要通过输入文字来表达的参与方式的选择相对较少。但具有争议性的社会热点话题，用户参与度更高。

在四大平台两年来发布的作品当中，互动量较大的仍以争议性话题为主，例如，"澎湃美数课"2017年发布的《图解江歌案"罗生门"：控辩双方描述的"案情"有哪些分歧?》（点赞164，评论1100）使用简笔画的方式还原了受到网友高度关注的"江歌案"庭审现场，由于此案件疑点重重，原告与被告有较大分歧，网友对此事件也众说纷纭，引起了评论区的大量讨论。"新京报数据新闻"2017年发布的《大数据告诉你"脱单"路上有多少艰难险阻?》（点赞109），互动量较高，这篇作品触及了当代年轻人与上一代之间的核心矛盾——"脱单"问题，理性分析了当代人初婚年龄的变化、未婚人口比、全国结婚率和离婚率对比等数据，于七夕时节发布与"情侣""恩爱"等完全相反的话题，关注"单身人士"，引来互动效果是必然的。

争议性话题与其他服务性议题的互动量呈现断层差异，互动效果的全面辐射性仍欠佳。"澎湃美数课"发布的"冷知识"系列均反响平平，如《"黑色星期五"为什么被称为"黑色"?》（点赞27，评论6）、《冷知识I为什么"超世界纪录"不等于"创世界纪录"?》（点赞20，评论6）等，

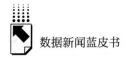

读者面对这类以科普为主要目的的服务类信息并未产生较大的互动兴趣。

社交媒体引流的方式对互动效果的提升有较大帮助。"财新网数字说"的评论场以新浪微博引流为主,在社交媒体的互动性氛围下,读者更愿意在平台上分享自己对某类事件的看法。2017 年发布的《中国产科现状:剖宫产率高助产士又太少》有 463 条评论,2018 年发布的《让生也不生了 放开生育有用吗?》有评论 333 条,在评论热度方面明显高于其他三大平台。此外,由于"财新网数字说"属于收费栏目,用户需要通过付费订阅的方式才能阅读完整的新闻,这种模式使该栏目的受众群稳定,但也在一定程度上限制了栏目的流量,所以更需要微博等社交媒体来打开受众的渠道。

四 国内数据新闻现存问题和未来发展

(一)现存问题

第一,数据新闻的质与量兼备。2017~2018 年,四大平台发布的数据新闻的数量及频次呈现明显降低趋势。在追求数据分析与可视化质量的同时,作品的数量产出效能下降,质与量不能兼顾。第二,数据可视化与信息告知的冲突。数据新闻应该侧重可视化的视觉表达还是应当强调新闻信息的告知功能?这点也值得讨论。相当部分的数据新闻作品停留在追求形式上的可视化美感,新闻功能反而被弱化,主要表现在部分作品不能清晰有效地传递信息以帮助读者理解数字背后的含义。如"澎湃美数课"发布的《图解 NBA 休赛期交易:强者西游,小球阵容依旧风靡》,以动态图的形式来展现休战期间 NBA 球员的交易情况,该作品将每支球队交易后的成员头像放置于每个球队的表格中,但不同球队的表格以两秒一次的速度进行切换,读者并不能在如此快速的切换中记住交易球员,容易造成理解混乱。这张动态图显示的信息并不复杂,以静态图的形式展现会更有利于读者阅读理解。第三,我国数据新闻互动量较少,读者参与感不强。除了有争议的热点话题能够引起部分读者的讨论以外,其他服务类信息很难引起读者参与的兴趣,总体互动量较低。一方面，我国数据新闻还未形成稳定受众群，有效评论不多；另一方面，数据新闻作品虽然已经摆脱传统的图表，开始使用多元素的设计图表，但作品交互程度不高，无法实现用户的深度参与。

（二）未来发展及优化策略

1. 拓展机器人写作

机器人新闻写作是指计算机程序对新闻信息、数据进行抓取，并自动生成新闻文本。机器人新闻写作是大数据和程序编写在新闻领域的融合。机器人新闻写作的应用范围非常广，在体育类和财经类新闻议题中运用最多，也常应用到突发新闻报道中，其价值受到越来越多媒体的关注。机器新闻有助于解决目前国内数据新闻质与量同步优化的问题。

2. 为可视化制定标准

在实用性方面，要为可视化制定标准，防止其使用过度而喧宾夺主，实用性应排在第一位。衡量是否具备实用性效果应从用户角度出发，看能还给用户带来实质性利益，如输出有效信息、探索未知领域等。在清晰性方面，可视化的清晰性不仅仅是外在的数据完整罗列，更应是其内涵的逻辑性和关联性，用户能够通过可视化设计直观地获得信息。在互动性方面，平台的"强交互"能带来与用户的"强关系"，可视化设计的交互性提高用户互动的同时能够带来更稳定的用户"粘性"，也是对交互设计的一种反馈。

3. 丰富可视化交互设计

新闻游戏化。新闻游戏化是在交互层面融入新技术。这种沉浸式的阅读出发点则是为了给观众提供更有趣的新闻阅读体验，同时试图找到更好地讲述复杂故事的叙事方式，使得数据新闻以更生动的方式呈现。在丰富移动端可视化交互设计类型方面，数据新闻移动端屏幕较为窄小，为了丰富其可视化形式，不应一味追求对设备技术要求较高的 H5 或 AR 等交互形式，静态图标与动态交互图相结合的形式更能契合移动端用户的使用习惯，这种新形式将给用户感受数据的变化带来新的途径。

B.7
财经数据新闻传播力的实证分析

王妤彬　罗书俊　周文彪*

摘　要:　本报告从财经数据新闻特点出发,分层随机抽样选取2018年全年人民网、新华网、财新网、DT财经等七家媒体所发布的377个财经数据新闻作品,探讨目前我国主流财经数据新闻的传播力。数据显示,作为媒体传播力的重要构成因子,用户参与的点赞、评论与转发都与财经数据新闻内容生产显著正相关。而媒体传播力中用户参与程度由浅入深的点赞、评论、转发行为之间也显著正相关。结合实证数据,我们可以从三个方面提升我国财经数据新闻的传播力:首先,生产者要贴近公众利益,回应公众诉求;其次,需要用数据讲好财经故事,充分发掘新闻价值;最后,创新生产流程,丰富多维用户体验。

关键词:　财经数据新闻　媒体传播力　用户参与

作为一种专业的新闻报道形式,我国的财经新闻萌芽于20世纪90年代的证券新闻。改革开放以来,我国经济的快速发展带来了资本市场的活跃,《上海证券报》《中国证券报》《证券时报》的创办将我们带入财经新闻时

---

* 王妤彬,产业经济学硕士,江西财经大学人文学院讲师,美国弗吉尼亚联邦大学访问学者,主要研究方向为传媒经济、数据新闻可视化传播;罗书俊,传播学博士,江西财经大学人文学院教授,硕士生导师,主要研究方向为新媒体传播;周文彪,江西财经大学人文学院2018级MJC硕士研究生。

代，而《经济观察报》《21 世纪经济报道》等财经类媒体的发展更加明确了财经新闻在人们生活中的地位。长期以来，社会公众对国内外经济形势、经济政策及经济事件的高度关注使财经新闻报道成为提升媒体竞争力的利器。

数据新闻诞生于 20 世纪 60 年代的精确新闻热潮，《卫报》率先将"数据新闻"带入了我们的视野。在我国，以搜狐、新浪、网易、腾讯为代表的四大门户网站率先开始了数据新闻报道的探索。2012 年，网易推出《数读》栏目，数据新闻在中国崭露头角。传统媒体紧随其后探索这一新兴的新闻报道模式，《新京报》的《图个明白》、《羊城晚报》的《财经数据眼》、中央电视台的"据"说系列节目推动了数据新闻在我国的蓬勃发展。

事实上，财经新闻与数据新闻有着天然的"联姻"基础。融媒体时代，财经数据新闻俨然成为我国乃至全球新闻业的新宠。在新闻内容生产和传播方式不断重构的今天，我们试图从实证的视角来观察，以财新、DT 财经为代表的商业类媒体和以新华网、人民网为代表的主流媒体在财经数据新闻可视化传播中究竟存在怎样的异同。

一　文献综述

（一）财经数据新闻研究

作为新闻业的一种全新报道形式，数据新闻通过挖掘和展示数据背后的关联，利用丰富的、具有交互性的可视化传播，创新了新闻报道方式。[①] 大数据是一种"文化，技术和学术现象"[②]，可视化展现了包括图形、图表、

---

① 郎劲松、杨海：《数据新闻：大数据时代新闻可视化传播的创新路径》，《现代传播》（中国传媒大学学报）2014 年第 3 期。

② Boyd, Danah, and Kate Crawford, 2012, "Critical Questions for Big Data: Provocations for a Cultural, Technological, and Scholarly Phenomenon", *Information*, *Communcation & Socicty* 15 (5): 662 –679, doi: 10. 1080/1369118X. 2020. 678878.

地图和结构插图等所有的结构化信息。相较于单一的文字信息报道，数据新闻的可视化产品更加直观，易于被读者阅读和理解，适应和满足当前快节奏的社会需求。[①] 然而，过于花哨的媒体形式也可能阻碍参与者对信息内容的记忆，给信息和媒体带来负面评论。

财经新闻报道涉及的经济数据庞杂、专业术语枯燥难懂，传播效果弱成为我国财经新闻报道和财经媒体发展的主要瓶颈。事实上，财经新闻具有天然的数据属性。[②] 大数据技术一方面改变了传统财经新闻生产模式和评价体系，另一方面，也提升了数据展现和解读能力，并推动了预测性新闻和深度报道的增加。[③] 海量数据、数据可视化无处不在，不仅要求财经新闻记者用数据思维来报道财经新闻，也对提升财经新闻报道的权威性、互动性、服务性起到了较大的推动作用，这就是财经数据新闻的缘起。当前，对财经数据新闻的研究集中于以下三个方面。

1. 数据在财经数据新闻中的核心地位

众多学者侧重于研究如何在财经数据新闻中对数据进行挖掘、分析、筛选、解读，无不强调数据在财经数据新闻中的深度使用。数据使得新闻内容更客观准确，表现形式更加动态化，有预测趋势的功能。[④] 数据在财经数据新闻中提高了真实性、丰富了表现形式、延伸了经济新闻的深度和宽度。[⑤] 数据的挖掘需要新闻敏感性和专业性的结合，所以我们对财经数据新闻团队提出了新的要求。

2. 可视化形式在财经数据新闻中的运用

可视化作为财经数据新闻的重要领域[⑥]，其形式主要包括松散型、紧密

---

① 许向东：《数据新闻可视化》，中国人民大学出版社，2018。
② 马文婷：《论大数据背景下的经济新闻生产机制》，《新闻战线》2017 年第 8 期。
③ 沈健：《大数据驱动下经济新闻报道的变革与创新》，《青年记者》2015 年第 8 期。
④ 谭婷、丁青云、贾肖明：《利用数据讲好经济故事——21 财经 APP 可视化数据新闻的探索》，《南方传媒研究》2018 年第 5 期。
⑤ 杭敏、John Liu：《财经新闻报道中数据的功用——以彭博新闻社财经报道为例》，《新闻记者》2015 年第 2 期。
⑥ 孙阳阳：《大数据技术对数据新闻可视化呈现的推动作用——以新浪财经为例》，《新媒体研究》2018 年第 18 期。

型和分离型①三种类型，丰富了财经数据新闻的表现形式，强化了财经数据新闻的动态交互及其精准化传播。学者也从财经新闻数据可视化的缘起和现状反思了财经新闻可视化研究存在的三个方面问题：研究层次低、碎片化、没有紧扣"元传播"。②

3. 财经数据新闻生产实践研究

财经类媒体数据新闻实践呈现不同的特点，如团队规模均有所扩大、内容生产重心从数据可视化转向数据分析与解读③；与此同时，为政府和企业提供数据可视化内容服务以及数据产品的再开发等模式得到进一步发展。④但我国的数据开放程度有限、数据积累不够等问题依然影响着财经数据新闻的总体发展。

（二）媒体传播力研究

就我国传媒发展而言，媒介融合的核心在于提升主流媒体的传播力。清华大学刘建明率先提出"传播力"这一概念并将其定义为，"媒介的实力及其搜集信息、报道新闻、对社会产生影响的能力"，"包括媒介规模、人员素质，传播的信息量、速度、覆盖率及影响效果"。⑤ 2014 年 8 月，习近平总书记在关于推动媒体融合发展的讲话中强调，要"建成几家拥有强大实力和传播力、公信力、影响力的新型媒体集团"。这是"传播力"首次被国家领导人提出，"传播力"因此成为我国学界、业界近年来关注的热点问题。

近年来，学者对传播力的研究大致存在四种观点，即能力说（Graham

---

① 张驰、曾嘉：《用数据新闻讲好中国财经故事——以财新数据新闻中心为例》，《青年记者》2019 年第 3 期。
② 强月新、陈星：《当前我国媒体传播力的影响因素研究：以受众为视角》，《新闻大学》2017 年第 4 期。
③ 王琼、王文超：《数据新闻内容生产的探索与商业模式——基于对财新网、澎湃、新华网、DT 财经的访谈》，《中国媒体发展研究报告》2017 年总第 16 辑。
④ 陈端、高伟：《大数据时代的财经媒体运营创新刍议》，《中国广播》2015 年第 6 期。
⑤ 刘建明：《当代新闻学原理》，清华大学出版社，2000。

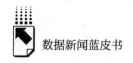

Williamson，2004；朱春阳，2006；刘建明，2010)、力量说（郭明全，2006；Manuel Castells，2009；陆地，2010)、效果说（陈刚，2006；喻国明，2007；李劭强，2011)、综合说（丁柏铨，2018)，其中的"传播能力说"和"传播效果说"影响较广泛。

学界对媒体传播力内涵进行学理研究的同时，亦开始关注其指标构成和测量方法。有学者将"受众人群的多寡、知晓的程度、接受的层次"视为媒体传播力的衡量标准（孟锦，2004)，还有学者认为媒体传播力由传播的信息量（强度)，传播速度、深度、广度与精度，有效阅读率（目标受众率)，有效覆盖率（有效发行）及影响效果等多项衡量指标体现出来。[1] 有学者则认为媒体传播力包括6个影响因子：广度因子（覆盖率)、深度因子（接受度)、强度因子（核心传播力)、精度因子（社会认同)、技术因子、政策因子，具体可采用加权平均算法对"传播力指数"进行量化和测算[2]，金兼斌的研究团队从微信传播特性出发，建立"微信传播指数"（WCI）指标体系，采用8个指标，包括总阅读数、平均阅读数、总点赞数、发布文章数、最高阅读数、最高点赞数、平均点赞数、点赞率。[3]

在信息的传播过程中存在媒体进行议程设置编码和受众选择性解码的过程。媒体在传统编码过程即文字写作中赋予信息某种意涵，但受众一方在解码过程中受自身的兴趣爱好、社会地位、受教育程度等因素影响，对信息的关注、理解与记忆是有选择的，传播效果大打折扣。"媒体的传播力主要体现在对传播手段的掌握与创新上"[4]，权威、直观的数据新闻，运用图表、颜色、数字、线条等多媒介符号，通过可视化的方式直观呈现，用数据、事实说话，在读者脑海中更容易留下深刻印象，有利于达到预期的传播效果。

①　刘先根、屈金轶：《论省会城市党报传播力的提升》，《新闻战线》2007年第9期。
②　张春华：《"传播力"评估模型的构建及其测算》，《新闻世界》2013年第9期。
③　金兼斌等：《新媒体平台上的科学传播效果：基于微信公众号的研究》，《中国地质大学学报》（社会科学版）2017年第2期。
④　陈力丹：《"提高新闻舆论传播力、引导力、影响力、公信力"——学习十九大报告关于新闻舆论工作的论述》，《新闻爱好者》2018年第3期。

（三）研究问题

由上述文献回顾可知，当前学界关于媒体传播力构成指标和测量方式，尚处于初步探索阶段，未达成共识。学界普遍将媒体传播力视为一种信息生产和扩散的能力，但在客观上可从效果或用户的角度进行观察。循此思路，本报告以 2018 年我国媒体在财经数据新闻生产领域密切相关的样本为切入点研究财经数据新闻的传播力，探讨财经数据新闻的内容类型（IV1）、可视化形式（IV2）、数据来源（IV3）三个变量是否会对财经数据新闻产品的传播力（DV）带来影响。具体研究以下四个问题。

RQ1. 财经数据新闻的内容类型是否与用户点赞、评论、转发、用户评论态度等认知与传播行为具有相关性？

RQ2. 财经数据新闻的可视化表现形式是否与用户点赞、评论、转发、用户评论态度等认知与传播行为具有相关性？

RQ3. 财经数据新闻的数据来源是否与用户点赞、评论、转发、用户评论态度等认知与传播行为具有相关性？

RQ4. 财经数据新闻用户点赞、评论、转发（收藏）这四种不同程度的参与行为彼此之间是否具有相关性？

二 研究方法

（一）数据来源

本报告的研究样本主要根据财经数据新闻栏目的团队规模及其在业内的影响力进行，包括 DT 财经、财新网、新浪《图解天下》栏目《财经图》版块、澎湃《美数课》、新华网《数据新闻》栏目"政经事"版块、人民网《图解新闻》以及网易《数读》七家媒体在 2018 年所发布的财经数据新闻作品。其中，财新网是中国最早做数据新闻的媒体；新华网和人民网是我国新型主流媒体在数据新闻领域的拓荒者；DT 财经是国内目前深耕财经数

据新闻的媒体①；澎湃和新浪在财经数据新闻领域的尝试也可圈可点。

本报告采用内容分析法，并根据此前学者研究传播力的相关指数（刘先根，2007；金兼斌，2017），对这七家媒体自 2018 年 1 月 1 日至 2018 年 12 月 31 日的 328 个文本数据进行采集，处理无效样本并进行相关分析。本报告分别从新闻数据来源、可视化新闻内容、可视化新闻表现形式、用户点赞数、用户评论数、用户评论情感倾向、用户转发（收藏）数七个维度进行编码表的设计。

1. 人民网

人民网于 2013 年 5 月 10 日推出了由人民网要闻部出品的"图解新闻"频道。其主要以图片、视频以及 H5 交互的形式呈现，没有大量的文字配合。"图解新闻"频道设立时政、社会、国际、军事、交互、百科、人物、数字 8 个版块，报道题材以时政新闻、社会新闻、国际新闻为主，涉及财经领域的数据新闻较少。②

本次编码选取 2018 年 1 月 1 日至 2018 年 12 月 31 日"图解新闻"官网发布的财经数据新闻为样本进行编码，共计 16 篇，内容涵盖政策信息、宏观经济、地方经济、产业经济和国际经济，不涉及贸易投资、企业经济及金融经济等其他领域。

"图解新闻"官方网站内未开设点赞、评论、收藏等互动渠道，故本次编码未采集到相关受众反馈数据。

2. 新华网《数据新闻》栏目"政经事"版块

财经新闻是传递国家经济政策信息、引导舆论、服务社会的重要新闻类型。在经济金融领域出现的各种新事物、新信息，主流媒体都有责任让公众知晓。新华网于 2012 年对数据新闻开始探索至今，始终"以数据传递独特新闻价值"为理念。作为新华网《数据新闻》栏目中一个专注政治经济领域信息报道的版块，"政经事"以解读国家经济领域的方针路线、政策信

---

① 王琼、王文超：《数据新闻内容生产的探索与商业模式——基于对财新网、澎湃、新华网、DT 财经的访谈》，《中国媒体发展研究报告》2017 年总第 16 辑。

② 兰洁：《从图解新闻看可视化新闻创新——以人民网为例》，《新闻战线》2018 年第 1 期。

息、宏观经济发展为主，定位是"用数据看懂政经事"。"政经事"在政治经济等泛财经硬新闻"软化"方面做出尝试，将政治经济议题转化为可视化呈现，满足了受众对这方面信息的大量需求。

本次编码以 2018 年新华网《数据新闻》栏目的"政经事"版块发布的财经数据新闻为样本，2018 年间，"政经事"共发布与经济类密切相关的数据新闻作品 40 篇，主要涉及经济政策、宏观经济、区域经济等多个领域。

"政经事"版块包含"点赞"与"评论"部分，其中，"评论"部分还有"顶"这类可供互动的设置。在主页面中可以直接看到多篇数据新闻的发布时间与所获点赞数。

除此以外，"政经事"的数据新闻产品可以分享在不同的平台，主要的分享平台有新华微博、微信、新浪微博、人人网以及腾讯微博。在详情页面中设有二维码浮窗，扫描后可直接同步到手机，实现在手机端分享数据新闻作品。

3. 财新网《数字说》栏目

财新网是 2010 年成立上线的财经网站，隶属于财新传媒集团。财新网在不断发展过程中，逐渐形成了原创财经新媒体的媒体定位，全时段输出原创内容，网页端和移动端结合，为政、学、产界精英提供必需的财经资讯及基础金融信息服务。2017 年 11 月 6 日起，正式启动财经新闻全面收费。财新数据新闻中心成立于 2013 年，隶属财新网，辟有"数字说"频道，作品发布于网站与移动端。2018 年 6 月，财新数据新闻中心获得全球数据新闻奖（Data Journalism Award）之"全球最佳大型数据新闻团队"（Best Large Data Journalism Team），这也是中国媒体首度获得这一重磅奖项。

本次编码以 2018 年 1 月 1 日至 2018 年 12 月 31 日财新官网《数字说》栏目发布的数据新闻为样本，过去的 2018 年财新网《数字说》共发布数据新闻作品 149 篇，财经报道内容涉及经济政策、宏观经济、产业经济、企业经济等多个领域。

财新网《数字说》的数据新闻产品会在网站和移动端 App 平台发布，对作品的点赞、评论、转发等数据的编码，集合了两个平台的全部数据。在

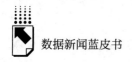

网页端、App 端设置有评论、分享到微信微博（转发），没有设置对文章的点赞选项。其中，App 端和网页端数据互通，直接显示评论数，分享到微信微博（转发）的数据则无法获取。因此，编码员将网页端和 App 端的可获取数据计入编码中。

4. DT 财经

成立于 2015 年的 DT 财经隶属于第一财经新媒体公司，是以财经数据新闻内容生产为主业的新媒体平台，专注于财经新闻的内容生产和商业数据的深度挖掘。不同于其他媒体的数据专栏，DT 财经的特点就是深耕财经新闻领域，以数据表达为方法，以可视化为工具。[①]

本次编码以 2018 年 DT 财经官网发布的数据新闻为样本，2018 年 DT 财经共发布数据新闻作品 79 篇，涉及产经、企业经济等多个领域。由于 DT 财经数据新闻同时在微信官方公众号、微博、网易新闻、腾讯新闻和今日头条客户端等不同平台进行发布，同一数据新闻作品在不同平台发布时间有所不同，故而本次编码在作品时间的选取上，以官方网站发布时间为基准。与此同时，DT 财经在不同媒体平台发布的数据新闻作品内容相同，但标题会根据平台做相应的调整以适应不同媒体客户端的传播特性。

由于 DT 财经的数据新闻产品会在不同媒体平台发布，对作品的点赞、评论、转发等数据的编码，集合了这些媒体平台的全部数据。其中，在今日头条和新浪微博会直接显示点赞、评论、转发数据，而腾讯新闻和网易新闻只显示其评论的数据；微信公众号显示了评论和点赞的数据，由于微信公众号的改版升级，以往的推荐功能变为"好看"，因此，编码员将点击"好看"的数据计入点赞的编码中。

5. 澎湃《美数课》栏目

澎湃《美数课》于 2015 年开设，宗旨为"数字是骨骼，设计是灵魂。与新闻相关，又与新闻无关"。本次编码选取 2018 年 1 月 1 日至 2018 年 12 月 31

---

① 王小乔：《数据，让新闻精彩呈现——DT 财经在数据新闻领域的探索与实践》，《传媒》2016 年第 14 期。

日澎湃新闻《美数课》专栏发布的财经数据新闻为样本，共计44条，涉及产业经济、企业经济、宏观经济等多个领域，其中内容涉及产业经济的数据新闻共24条，占比约54.5%，金融经济、政策信息类数据新闻鲜有涉及。

澎湃《美数课》开设了点赞、评论和收藏模块，但网页上仅显示点赞数、评论数及评论内容，故本次编码只涉及点赞和评论的数据，并将收藏模块的数据合并入转发数据中进行统计。

6. 网易《数读》栏目

作为我国最早成立的数据新闻板块，网易《数读》是网易新闻下的数据新闻栏目，有电脑网页版和手机微信版。但网页版2015~2018年的内容几乎为空白，故本次对网易《数读》的抽样主要集中于其微信官方公众号上。基于其"用数据说话，提供轻量化的阅读体验"的创设主旨，领域涉及社会、民生、国际、环境、经济、政治与其他等方面，该栏目采用"数字+文字"的报道方式，用不同形式的可视化图表呈现。[①]

网易《数读》网页版根据数据新闻议题的不同，划分为国际、经济、政治、民生、社会、环境和其他七个版块，有最新文章和跟帖最多两种排序方式，但其中经济类分版块持续更新截止到2014年，且仅于2018年更新一篇。故本次编码以2018年1月1日至2018年12月31日"网易《数读》"公众号发布的124篇数据新闻为基础，从中筛选出23篇财经类数据新闻样本。在"网易《数读》"发布的23篇财经类数据新闻中，与产业经济相关的报道占69.57%，与宏观经济相关的报道占17.40%。而且由于文风轻松，观点贴合实际，每篇文章的平均阅读量在一万次以上。

由于微信公众号的改版升级，以前的推荐功能变为"好看"，故将点击"好看"的数据计入点赞的编码中。为了便于评论数量的编码，故不包括作者回复部分。

7. 新浪网《图解天下》栏目"财经图"版块

新浪于2012年6月4日创办《图解天下》频道，其创办宗旨是让数据

---

① 苑宁：《数据新闻可视化叙事研究——以网易"数读"为例》，《新媒体研究》2018年第22期。

说话，进行可视化叙事。新浪《图解天下》用多元的数据可视化技巧来呈现新闻，用科学的方法来进行数据挖掘、数据统计和数据呈现，从而使新闻报道更具真实性和客观性。其传播平台从 PC 端延伸到手机移动端，运用手机 H5 的方式生产传播新闻，不断创新数据新闻可视化的方法。新浪《图解天下》频道分为新闻、财经、科技、体育、教育五个版块，在浏览模式上有缩略图和列表可供选择。其中，"财经图"版块最近的更新停留在 2018 年 9 月 13 日的《一图看懂中国的银行史》。

本次编码以 2018 年 1 月 1 日至 2018 年 12 月 31 日新浪"图解天下"中的"财经图"发布的数据新闻为样本。2018 年，新浪《图解天下》共发布财经类数据新闻 25 篇。新浪《图解天下》在呈现方式上都为长图，数据较少，更多是图文的展现，故数据来源较少，并且由于与微博数据与热点密切相关，评论数量上两极分化严重。

（二）因变量、自变量测量

本报告认为对媒体传播力的考察，可以围绕媒体产品的特点，从点赞量、评论数、转发量、用户态度等相关指标来进行。在本报告所采集的七家主流媒体财经数据新闻文本中，可视化报道的数据来源、内容类型和所采用的可视化形式是因变量，用户对可视化产品进行的点赞、评论、转发数量和评论情感倾向则是自变量。表 1 为财经数据新闻内容分析编码。

表 1　财经数据新闻内容分析编码

新闻可视化内容类型	经济政策	宏观经济	地方经济	产业经济	国际经济	贸易投资	企业经济	金融经济
	1	2	3	4	5	6	7	8
新闻可视化表现	表现形式类型		静态信息图	图文交互	短视频交互	VR交互	多媒体交互	
			1	2	3	4	5	
	表现形式多样性	根据同时采用上述表现类型的数值进行编码，一种类型为1，最大赋值为5						

用户点赞行为		评论(跟帖)行为		转发(收藏)行为		用户评论态度	
有	1	有	1	有	1	正向	1
否	0	否	0	否	0	中立	0
数量	数理统计	数量	数理统计	数量	数理统计	负向	-1
数据来源数量		数理统计					

　　财经新闻,通常包括狭义的财经新闻和广义的泛财经新闻。狭义的财经新闻,"以投资者为核心受众、以投入产出为主线,通常反映证券市场和各类金融投资市场的新闻"。而泛财经新闻则在以上范围之外进一步包括了消费市场新闻、民间理财、创业故事、财富心理、消费习惯、消费文化等极其宽泛的内容。[①] 根据财经新闻的相关定义,结合国内主流财经类网站实践以及样本所涉及的数据新闻,在"新闻可视化内容类型"变量中,将"经济政策信息"类新闻赋值为1,"宏观经济"类新闻赋值为2,"地方经济"类新闻赋值为3,"产业经济"类新闻赋值为4,"国际经济"类新闻赋值为5,"贸易投资"类新闻赋值为6,"企业经济"类新闻赋值为7,"金融经济"类新闻赋值为8。

　　根据郎劲松等对数据新闻的界定[②],在"新闻可视化形式"变量中,将"静态信息图"形式赋值为1,"图文交互"形式赋值为2,"短视频交互"形式赋值为3,"VR交互"形式赋值为4,"多媒体交互"形式赋值为5。

　　根据皮尔逊相关分析对数据的要求,本报告进一步整理数据,对"可视化形式"这一变量进行相关分析,一种表现形式的新闻作品赋值为1,同时使用两种表现形式的新闻作品赋值为2,同时使用三种表现形式的新闻作品赋值为3,最大赋值为5。

　　根据财经新闻可视化作品中标注新闻来源的数量进行编码,数据来源只有一个的赋值为1,数据来源有两个的赋值为2,数据来源有三个的赋值为

① 杨黎:《财经新闻:从专识到常识、从窄众到大众的演绎》,《中国广播电视学刊》2012年第8期。

② 郎劲松、杨海:《数据新闻:大数据时代新闻可视化传播的创新路径》,《现代传播》(中国传媒大学学报)2014年第3期。

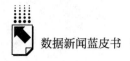
3，数据来源有四个的赋值为4，数据来源在五个以上（含五个）的按实际数量进行赋值。

本报告对用户进行的点赞数量、评论数量、转发数量进行了数理统计，根据皮尔逊相关分析对数据的要求，本报告进一步整理数据，将"点赞、评论、转发"这三个变量进行分析，有"点赞、评论、转发"分别赋值为1，"没有点赞、评论、转发"分别赋值为0。为了进一步探讨用户态度与数据作品之间的相关性，本报告采集了用户对财经数据新闻作品的评论内容，并根据评论的态度倾向进行编码，用户评论"正向"（支持文章观点）的赋值为1，用户评论"中立"（持保留态度）的赋值为0，用户评论"负向"（否定文章观点）的赋值为-1。

四名编码员接受培训，编写随机选择的七家样本媒体的数据新闻作品，这些新闻来自栏目的其他版块，不属于研究样本，但与研究文本具有相似的报道特征。本报告共进行了几轮编码和讨论来培训编码员，识别和解决编码差异，修改操作定义并建立测量有效性。

本报告在培训之后进行了预测试，四名编码员独立编码随机选择的6%（n = 23）样本，得出 Cohen 的 kappa 值从 0.672 到 1。从 0.61 到 0.80 的 kappa 统计数据通常被认为是有效的，而 0.80 以上的数据被认为是几乎完美的、可靠的（Landis & Koch，1977）。

本报告主要采用数理统计以及多元阶层相关性分析，将财经数据新闻的传播力作为因变量，将受众的点赞、评论、转发数量和评论情感倾向作为重点解释变量，探寻变量之间的相关性及财经数据新闻的内容生产对媒体传播力存在的可能影响。

三 研究发现

（一）财经数据新闻的可视化内容生产

1. 财经报道内容聚焦

2018 年，七家主流财经数据新闻栏目（版块）所报道的内容涉及"经济政策""宏观经济""国际经济""贸易投资""区域经济""金融经济"
"企业经济""产业经济"8 大类,基本涵盖泛财经领域内的相关重大议题,
其中,对产业经济领域的报道颇受各家媒体的青睐,占总样本的 36.6%,
位居泛财经领域之首;对经济政策、宏观经济、区域经济领域的解读,也是
目前财经数据新闻工作者聚焦的版块(见表2)。即使是综合性的数据新闻
版块,产业经济、宏观经济也是财经数据新闻的焦点领域,2018 年新浪
"财经图"的 25 个样本大多涉及产业经济和企业经济;在《网易数读》发
布的 23 篇财经类数据新闻中,与产业经济相关的报道占 69.57%,与宏观
经济相关的报道占 17.40%。

表 2   财经数据新闻报道内容涉及领域

财经数据新闻报道内容类型	作品篇数(篇)	百分比(%)
经济政策	58	15.4
宏观经济	43	11.4
区域经济	52	13.8
产业经济	138	36.6
国际经济	25	6.6
贸易投资	7	1.9
企业经济	34	9
金融经济	20	5.3
总计	377	100

本报告在对 377 个样本标题进行分词和词频处理后,发现"中国""图
解""发展""经济""全球""互动""十年""北京""上海""消费"成
为出现在前十位的高频词(见图1)。

2. 可视化表现形式偏好明显

在 377 个总样本中,财经数据新闻可视化报道所采用的可视化形式包
括了静态信息图、图文交互、VR 交互、短视频和多媒体交互类型,从统
计数据来看,以图片、静态简单数据图表、表格、复合型静态图表等组成
的静态信息图是目前财经数据新闻可视化报道的主流表现形式(见图2),

图 1　财经数据新闻标题高频词

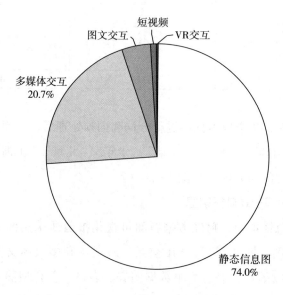

图 2　可视化作品表现形式

有超过20%的财经数据新闻作品适应多媒体交互的阅读需求；图文交互、手机交互、PC交互等动态可视化表现方式使用占比较小。总体来看，各类媒体在进行财经数据新闻报道时，所采用的可视化方式仍然比较初级，对动态交互的使用不是很充分。对于客观展现庞杂的经济数据，动态交互图表可以通过多维度视角立体呈现，对增强传播效果具有巨大影响，但相对而言，交互效果越好的数据新闻作品，制作周期越长。当新闻时效性与数据新闻制作难易程度发生冲突时，媒体人自觉地偏向了时效性强但制作相对简单快捷的静态信息图。

3. 复合数据来源广泛

从7家抽样媒体的377个内容样本来看（见图3），其单个数据新闻可视化作品中有一个数据来源的为141条，占可视化作品总量的37.4%，有两个以上复合数据来源的作品为170条，占总量的45.1%，有五个以上复合数据来源的为43条，占总量的11.4%。而在数据新闻作品中，没说明数据来源的情况也偶有发生，共有23条，占总样本量的6.1%。

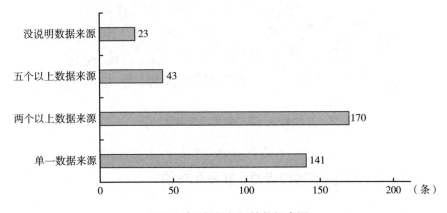

图3　财经数据新闻的数据来源

377个财经数据新闻的样本来源广泛，前十位数据来源分别是国家统计局、天猫、新华网、京东、DT财经、新华社、同花顺、人民日报、高德地图（见图4）。除此之外，还包括来源于《人民日报》、中国新闻网、《中国证券报》、雅虎财经等其他主流媒体，来自诸如外交部、商务部、中国人民银行等国家部委公开数据以及来自诸如皮尤数据研究中心、CBNData、彭博社、皮书数据库等专业数据研究机构。在财经数据新闻生产过程中注重数据来源的广泛性，能在新闻源头增强新闻内容的客观性[1]，强化新闻报道的可信度。

图4　高频数据来源词云

（二）财经数据新闻的点赞、转发和评论

1. 关于用户点赞（好看）的描述统计

在7家抽样媒体的377个样本中，被用户点赞（好看）的作品为148条，占总样本的39.3%；有超过总量一半的作品（229条）没有被用户点

---

① 金梅珍、董光宇：《新闻网站"两会"数据新闻的特征——以人民网、新华网为例》，《青年记者》2016年第33期。

赞（好看），这其中不乏因为媒体自身没有设置点赞（好看）界面而无法计入统计的情况。每个可视化作品的平均点赞量为 60 个，点赞数量最多的作品为新华网"政经事"版块发布于 2018 年 3 月 13 日的《图说国务院机构改革方案》，点赞数为 1088 个（见表 3）。

表 3　平均点赞量描述统计

单位：个

	个案数	最小值	最大值	平均值
点赞数量	377	0	1088	60

在点赞量超过均值 3 倍的可视化作品中，用户最关心的议题涉及经济政策解读、宏观经济、区域经济发展以及产业经济领域的作品（见表 4）。

表 4　点赞数量超过均值三倍的可视化作品

单位：个

发稿时间	作品标题	点赞数量	涉及领域
2018/3/13	图说国务院机构改革方案	1088	经济政策
2018/3/8	听外交部部长谈新时代的中国外交	952	经济政策
2018/3/5	数读:2018 年政府工作这样干	598	经济政策
2018/12/30	我们分析了 633 个中国城市,发现五分之二都在流失人口	585	宏观经济
2018/3/5	新时代,聆听政府心里话	530	经济政策
2018/3/20	总理答记者问,强调了这些事	518	经济政策
2018/8/10	2017 中国文物艺术品拍卖:成交价屡破纪录,结算仍成问题	469	产业经济
2018/1/16	一分钟读懂《紧紧抓住大有可为的历史机遇期》	467	宏观经济
2018/4/21	划重点!《河北雄安新区规划纲要》发布	453	区域经济
2018/1/9	图说十九大精神:新时代,乡村全面振兴开启新篇章	453	产业经济
2018/2/28	雄安新区大事记	418	区域经济
2018/4/15	定了! 海南:新时代全面深化改革开放新标杆	405	区域经济
2018/4/9	这两份报告透露了不少亚洲经济体发展的秘密	383	国际经济
2018/3/23	图说我国知识产权:创新成就发展	370	经济政策
2018/11/14	四十年·变革之旅:跨越 40 年的"轨"迹	367	宏观经济
2018/3/5	数读政府工作五年成绩单	366	宏观经济

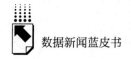

续表

发稿时间	作品标题	点赞数量	涉及领域
2018/4/9	重磅报告来袭！新兴经济体发展增速明显提升	311	贸易投资
2018/1/30	聚焦 2018 四川两会：用实干践行发展诺言	311	区域经济
2018/12/28	马斯克感叹中国航天发射数超美国，但他发射的卫星比中国都多	290	产业经济
2018/1/30	"数读"2018 广东政府工作报告	256	区域经济
2018/1/30	图解安徽"两会"关键词：热词引领"皖美安徽"	249	区域经济
2018/1/30	划重点！省政府工作报告谋划这样的"福建格局"	244	区域经济
2018/8/8	图解|北京奥运十年：体育产业的结构性变化	241	产业经济
2018/1/29	图说 2018 年云南省政府工作报告·展望篇	241	区域经济
2018/10/19	盘点|房企转向：卖房仍是营收大头，但经营"去地产化"	240	产业经济
2018/8/28	娃娃机生意经|有没有好奇过抓娃娃机怎么又重新火起来了？	240	产业经济
2018/1/26	新时代　新篇章　为湖北打 CALL	239	区域经济
2018/12/21	图解|足协公布"工资帽"细则，中国球员薪资超标了吗	238	产业经济
2018/12/14	六张图|直播班刷屏背后，城乡教育差距有多大	223	产业经济
2018/9/29	国际化推进多年后，银联努力打开国际市场	217	金融经济
2018/8/15	七张图看土耳其里拉大贬值，既因外患也因内忧	203	国际经济
2018/6/28	一图读懂《中国与世界贸易组织》白皮书	202	经济政策
2018/8/26	一图到底|上海说要打造电竞之都，现在怎么样了？	200	产业经济
2018/10/10	我们用 18 个行业的平均工资，估算了新个税法对工资单的影响	196	经济政策
2018/9/19	九张图|世界人工智能大会在沪举行，中国 AI 领域发展如何？	191	产业经济
2018/12/13	图解|上海"生活成本"超香港？实属偷换概念	183	区域经济

2. 关于用户评论（跟帖）的描述统计

在 377 个样本中，被用户评论（跟帖）的作品为 308 个，占总样本的 81.7%；仅有 69 个作品没有被用户评论（跟帖），占总样本的 18.3%。实际编码过程中，人民网和新华网并未设置评论版块，考虑这个因素，在作品页面设置了"评论"或"跟帖"栏的作品，用户参与评论的积极性是非常可观的。总体而言，评论数量上两极分化严重，每个可视化作品的平均评论（跟帖）量为 82.6 个，评论数量最多的作品为新浪网《图解天下》栏目"财经图"版块发布于 2018 年 5 月 18 日的《全名单|百位企业家联名力挺联想　商业正气必须得到捍卫》，用户评论数为 20000 条（见表 5）。

表5　平均评论数量统计

单位：条

	个案数	最小值	最大值	平均值
评论数量	377	0.00	20000	82.6

在评论数量超过均值2倍的可视化作品中，事关宏观经济走向、与民生密切相关的行业经济发展以及国家经济领域大政方针政策的解读等依然是网民发表评论、积极参与互动的重点内容（见表6）。

表6　评论数量超过均值2倍的可视化作品

单位：条

发稿时间	作品标题	评论数量	涉及领域
2018/5/18	全名单|百位企业家联名力挺联想　商业正气必须得到捍卫	20000	企业经济
2018/9/5	2018年居民存款猛降万亿元　一图看清谁动了你的钱？	1871	宏观经济
2018/12/28	大数据给你分配了一个完美情人，要吗？	932	产业经济
2018/5/22	让生也不生了　放开生育有用吗？	334	经济政策
2018/9/28	"鸡王"争霸赛：数据描绘的中国炸鸡地图	331	产业经济
2018/5/28	夜生活只有加班？你可能是住在一个假上海|城市夜生活①	261	区域经济
2018/8/23	无印良品：盛行上海，潜行北京	237	企业经济
2018/8/7	清华北大毕业就能落户上海　各城延揽人才奇招不断	218	经济政策
2018/5/6	图解|2017年恒大俱乐部亏损近10亿，中超球队普遍超支	150	产业经济

从用户评论态度倾向来看，377个样本中，有165篇作品的用户评论态度倾向中立，其对数据作品持保留态度，有121篇作品的用户评论态度更偏正向，对数据作品传递的财经新闻信息持肯定和支持的态度，另有91篇作品的用户评论偏于负向，其对数据作品中涉及的财经新闻事件或表现形式呈现出较为负面或否定的态度（见图5）。

3. 关于用户转发（收藏）的描述统计

在377个样本中，被用户转发（收藏）的作品为50个，占总样本的

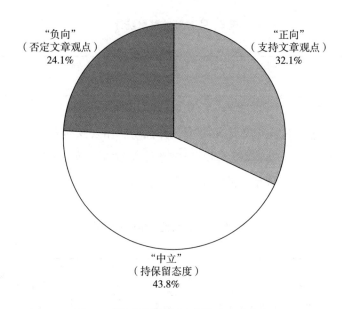

图5 财经数据新闻用户评论态度倾向

13.3%。不同媒体对于更为积极主动的用户扩散行为采取不同的界面设置方式，因此，在实际编码过程中，本报告将转发或者收藏合并为一项进行统计。每个可视化作品的平均转发（收藏）量为1.42次，转发（收藏）数量最多的作品为DT财经发布于2018年8月29日的《重新认识地铁上的北京——2018北京城市大数据活跃报告（精华版）》，用户转发量为51次（见表7）。

表7 平均转发（收藏）数量描述统计

单位：条

	个案数	最小值	最大值	平均值
评论数量	310	0	51	1.42

在转发（收藏）数量超过均值10倍的可视化作品中，"自己人效应"凸显，"与己相关"的区域经济、与民生密切相关的产业经济发展可视化内容更能引起用户深层次的认同与共鸣，从而带来转发或收藏这些更积极主动的信息扩散行为（见表8）。

表8　转发（收藏）数量超过均值10倍的可视化作品

单位：次

发稿时间	标题	转发数量	涉及领域
2018/8/29	重新认识地铁上的北京——2018北京城市大数据活跃报告(精华版)	51	区域经济
2018/9/28	帝都精致选房指北:住在哪个圈才算立稳人设?	42	产业经济
2018/12/24	大型裁员现场,究竟谁笑到了最后……	37	产业经济
2018/5/28	夜生活只有加班? 你可能是住在一个假上海∣城市夜生活①	29	区域经济
2018/9/28	上市的海底捞说一二三线城市还有大把机会,但数据结果表示……	28	企业经济
2018/8/15	京城互联网人生:浪在望京东,出家西二旗	23	区域经济
2018/12/6	2018年中国绿色物流发展报告	19	产业经济
2018/11/5	双11诞生地靠什么吸引数百万新杭州人?	18	区域经济
2018/9/28	中秋阳澄湖大闸蟹配给:北京远超江浙沪,河北只分到蟹毛	18	产业经济
2018/9/28	"鸡王"争霸赛:数据描绘的中国炸鸡地图	18	产业经济
2018/9/19	魔都火锅江湖:从人间烟火到风花雪月	18	区域经济
2018/8/23	无印良品:盛行上海,潜行北京	17	企业经济
2018/9/28	北京南站,你其实可以比上海虹桥更优秀	16	区域经济
2018/9/28	我们研究了1.5万场活动,对你换个大城市生活可能有用	15	区域经济

（三）财经数据新闻的内容生产与传播效果的相关性分析

为了更好地回答本报告提出的研究问题,本报告作者对2018年主流媒体财经数据新闻的377个文本的内容类型、可视化表现形式、数据来源等变量进行了皮尔逊相关性分析,并采用双尾显著性检验对研究问题进行确认。

1.财经数据新闻的可视化形式

如表9所示,数据分析结果发现,财经数据新闻可视化表现形式与"是否有点赞"呈现显著相关（r = .326**, p = 0.000）,与"是否有转发"呈现显著相关（r = .132*, p = 0.010）,与"是否有评论（跟帖）"呈现显著相关（r = .211**, p = 0.000）,与"用户评论情感倾向"呈现显著相关

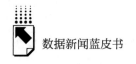
（r = .310**，p = 0.000），与"转发量"呈现显著相关（r = .453**，p = 0.000）。

上述相关性数据显示，财经数据新闻可视化的呈现形式对财经新闻作品的传播力有积极、显著影响。采取适当的可视化表现形式，讲好财经故事，对推动作品对用户的传播效果、提高财经新闻媒体的传播力和影响力具有积极作用。

2. 财经数据新闻的数据来源

如表 9 所示，数据分析结果发现，财经数据新闻的数据来源数量与"是否有点赞"呈现显著相关（r = .169**，p = 0.001），与"是否有评论（跟帖）"呈现显著相关（r = .266**，p = 0.000），与"评论情感倾向"呈现显著相关（r = .157**，p = 0.002）。这进一步回答了此前所提出的研究问题，即数据是财经新闻与生俱来的特性，财经数据新闻作品可在正确使用数据、渠道可靠的多样化数据来源的条件下，对用户的主动点赞、评论行为产生直接的影响，进而提升财经数据新闻的传播力。

3. 用户点赞、评论与转发的相关性

点赞、评论、转发是用户参与程度由浅入深的三种不同行为。点赞是受众对所接收的新闻信息主动表示赞成或满意的一种形式；评论的表达则是受众对所接收的信息在主观层面更主动、更深入的认知反馈；转发或收藏则是受众在自我认同所接触的信息之后，希望他者也能知晓的更为积极的信息扩散行为。

如表 9 所示，数据分析结果发现，财经数据新闻用户"是否有点赞"行为与用户"点赞数量"呈现显著正相关（r = .515**，p = 0.000），与"评论情感倾向"呈现显著正相关（r = .322**，p = 0.000），与"是否有转发"呈现显著相关（r = .165**，p = 0.001），与"转发量"呈现显著正相关（r = .316**，p = 0.000）。

与此同时，财经数据新闻用户"是否有转发"行为与"转发量"呈现显著正相关（r = .133*，p = 0.010）；"是否有评论"行为与用户"转发量"呈现显著正相关（r = .121*，p = 0.019）；用户"评论情感倾向"与用户"转发量"呈现显著正相关（r = .150*，p = 0.004）。

这些数据说明在财经数据新闻用户不同程度的参与行为，彼此之间具有相关性，在财经数据新闻的传播过程中，与受众产生互动的第一步是获得受众的认同和喜爱，基于此，才可能引发更深层次的评论、共鸣行为。

表9　皮尔逊相关性分析

		表现形式多样性	是否有评论（跟帖）	评论数量	评论情感倾向	是否有点赞（顶）	用户点赞数量	是否有转发	转发量	数据来源数量
表现形式多样性	皮尔逊相关性		.211**	−.017	.310**	.326**	−.193**	.132*	.453**	.123*
	显著性（双尾）		.000	.745	.000	.000	.000	.010	.000	.017
是否有评论（跟帖）	皮尔逊相关性	.211**		.038	.051	−.195**	−.526**	−.066	.121*	.266**
	显著性（双尾）	.000		.467	.328	.000	.000	.199	.019	.000
评论数量	皮尔逊相关性	−.017	.038		−.067	−.037	−.028	−.005	.000	−.062
	显著性（双尾）	.745	.467		.194	.469	.590	.925	.998	.230
评论情感倾向	皮尔逊相关性	.310**	.051	−.067		.322**	.055	.053	.150**	.157**
	显著性（双尾）	.000	.328	.194		.000	.286	.302	.004	.002
是否有点赞（顶）	皮尔逊相关性	.326**	−.195**	−.037	.322**		.515**	.165**	.316**	.169**
	显著性（双尾）	.000	.000	.469	.000		.000	.001	.000	.001
用户点赞数量	皮尔逊相关性	−.193**	−.526**	−.028	.055	.515**		−.034	−.024	−.085
	显著性（双尾）	.000	.000	.590	.286	.000		.515	.637	.099
是否有转发	皮尔逊相关性	.132*	−.066	−.005	.053	.165**	−.034		.133**	−.016
	显著性（双尾）	.010	.199	.925	.302	.001	.515		.010	.763
转发量	皮尔逊相关性	.453**	.121*	.000	.150**	.316**	−.024	.133**		.029
	显著性（双尾）	.000	.019	.998	.004	.000	.637	.010		.574
数据来源数量	皮尔逊相关性	.123*	.266**	−.062	.157**	.169**	−.085	−.016	.029	
	显著性（双尾）	.017	.000	.230	.002	.001	.099	.763	.574	
个案数		377	377	377	377	377	377	377	377	377

注：＊在0.05级别（双尾），相关性显著。
＊＊在0.01级别（双尾），相关性显著。

四　讨论

本报告从媒介产品内容生产层面，尝试探寻我国主流财经数据新闻在融

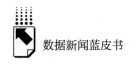
媒时代的传播力。本报告结果显示，在影响主流财经数据新闻的传播力因素中，新闻数据来源、数据新闻的选题内容、可视化表现形式均对媒体传播力产生了不同程度的影响。

（一）贴近公众利益，回应公众诉求

经济基础决定上层建筑，泛财经新闻几近涵盖公众的衣食住行全领域，涉及的经济领域广泛，亦是新闻生产中的重要组成部分。泛财经新闻在内容生产过程中亦会创造拟态环境，运用议程设置与把关，具有社会瞭望塔的作用。

为进一步探究财经数据新闻的报道内容偏好，本报告通过对 377 个样本的标题进行分类，选取 ROSTCM6 文本挖掘软件作为分析工具。ROSTCM6 是由清华大学沈阳教授研发编码的一款内容挖掘软件，可以对文本进行词频、语义、情感、聚类等分析。

网络中较大的节点有"中国""报告""十年""图解""预测""消费""魔都""全球""数说""发展""民企"等。表示区域范围的词中"中国"最大，其次是"魔都""全球"。这说明 2018 年财经数据新闻以中国的报道为主，以国际为辅，而在国内各地区中又以"魔都"上海的报道为最多数。"十年"则展示出现阶段财经数据新闻喜欢以十年为时间节点，"如奥运十年""天猫双'11'十年"等。"报告"节点比"预测"要大，说明 2018 年财经数据新闻以数据阐释报道为主要形式，预测次之，预测性报道数量较少。"图解""数说"则体现了财经数据新闻图表和数据的特性。"消费"、"民企"和"发展"等其他点度值较高的节点则体现了 2018 年财经数据新闻主要关注的热点。

网络中包括 6 个子群，核心位置的子群涉及"绿色""发展""增速""亚行""市场""上市"等错综复杂的节点关系，周边小的话题子群主题鲜明，但彼此之间较为孤立，在网络中处于边缘位置，每个代表了一类独特的话题，如有河北省规划、新税改革、网约车恶性事件等。

对国家经济相关政策的解读，对宏观经济发展、国际经济形式的分析等议题普遍存在数据庞杂、意义重大的特点，通过数据梳理和可视化的表现形

式，我们能够更好地提升用户对国家政经大事、要事的接受和理解力，从这个角度来说，财经新闻同样具有公共性和公益性，在满足社会普遍信息需求方面具有服务公众的作用，更应在内容选题上贴近公众利益，回应公众需求。

泛财经数据新闻外延的扩大过程也打破了传统财经媒体产品的消费人群边界，读者从专业人群向普通大众延展，事关国家经济发展的各类重要议题能够以更清晰、通俗易懂的形式传播。借助对大数据的分析进行相关性预测，财经数据新闻以其贴近生活、贴近群众和贴近实际的基本理念实现了较为理想的传播效果。

（二）用数据讲好财经故事，发掘新闻价值

通过对数据的开放和共享来增强新闻报道的可信度和透明度，这是数据新闻最有魅力的特性。泛财经新闻涉及金融、证券、商业、产业、贸易投资等各个经济领域，相较于数据新闻的其他领域，财经报道内容始终以数据为中心，更能发挥"透过繁杂数据讲好财经故事"的优势。"数据新闻不是图形或可视化效果，而是用最好的方式去讲述故事。只是有时故事是用可视化效果或地图来讲述。"[①] 数据是基础，在财经数据中展现新闻故事张力，是体现新闻价值的先决条件。

从本报告所采集的样本相关性分析可以看出，数据源的权威性、可信度以及数据来源的多样性对用户的主动点赞、评论行为产生直接影响，与财经新闻内容传播力之间存在显著正相关的关系。7 家媒体样本中，新浪"财经图"的作品并未标注数据来源，传播效果相对其他财经媒体或版块要大打折扣。数据质量的优劣以及能否分析、挖掘数据背后的新闻故事是影响财经数据新闻是否具备传播力和影响力的重要因素。

从数据来源的质量看，2018 年财经数据新闻作品所使用的数据主要来自国家部委和主流媒体机构自身的数据库和公开数据、第三方专业数据研究

---

① 〔英〕西蒙·罗杰斯：《数据新闻大趋势：释放可视化报道的力量》，岳跃译，中国人民大学出版社，2015。

机构、互联网公司和高校的大数据实验室，总体上具备多种权威数据来源。基于数据开源（open source）和共享理念的数据新闻，以其"开放进步"正重塑全球新闻业的新业态，而我国政府数据愈加开放的环境有利于数据新闻生产者从中发现具有公共价值的选题，财经新闻媒体要善于抓住政府公开数据渐次开放的发展机遇，从海量庞杂的非结构化数据中深挖具有财经新闻价值的核心数据，增强信源可信度，强化数据深加工，对数据进行科学分析。这也是提升财经数据新闻传播力的基础所在。

（三）创新生产流程，丰富多维用户体验

卡兹教授认为，受众接触媒介是为了满足他们特定的需求，这些需求具有一定的社会和个人心理的起源。数据新闻优化了传统文字报道的形式，更符合快节奏下受众阅读的需求。受众在数据新闻中获得满足，并影响着日后的媒介接触行为。本报告所采集的样本相关性分析鲜明地展现了财经数据新闻可视化表现形式与点赞数量、评论数量、评论情感倾向、转发量等各层次参与行为有显著正相关，采用适合展现不同类型数据的不同可视化形式对推动作品对用户的传播效果具有积极作用，适当的可视化呈现是实现新闻价值的必然路径。

尽管 2018 年我国主流财经数据新闻实践采用了多元的可视化形式和视觉传达效果，尽力满足受众阅读需求，但静态图表占据了大多数，更富动态展现和交互设计的内容形式仍然较少。究其原因，一方面，静态信息图表的确是保证新闻真实性和时效性最简单的方式；另一方面则是技术力量有限，难以将更复杂的报道形式常态化。

随着智能终端全方位普及，数据新闻发展开始呈现从产品化到工具化、交互化的趋势。当下财经数据新闻，更需要赋予用户主动参与、自主选择的交互途径。[①] 创新生产流程，借力 Tableau、镝数、Echarts 等成熟的可视化技术工具，紧跟技术迭代，化"繁"为"简"，实现新闻作品与用户之间的"交

---

① 贾肖明、曾婷芳等：《数据新闻的发展、误区规避及趋势探析——基于"21 财经 App"数据新闻的实践研究》，《中国记者》2017 年第 7 期。

互"功能，同时搭建适合用户"轻阅读"体验的复合媒体发布平台，将直接有助于提高主流财经数据新闻的传播力和影响力。以 DT 财经、财新网、网易等媒体为例，这些媒体均在各自的 App 或微信公众号、微信小程序等平台同步官网新闻作品，更能适应"以社交平台和公共参与"为核心特征的新传播形态。

参考文献

［1］郭晓科：《大数据》，清华大学出版社，2013，第 31~31 页。

［2］刘虹骅：《2013—2018 年国内经济新闻研究综述》，《新闻采编》2019 年第 4 期。

［3］刘志昊：《数据新闻在时政新闻报道中的应用——以新华网"数据新闻"频道时政新闻为例》，《青年记者》2017 年第 26 期。

［4］孟锦：《舆论战与媒介传播力关系探微》，《军事记者》2014 年第 10 期。

［5］彭兰：《场景：移动时代媒体的新要素》，《新闻记者》2015 年第 3 期。

［6］沈正赋：《新媒体时代新闻舆论传播力、引导力、影响力和公信力的重构》，《现代传播》（中国传媒大学学报）2016 年第 5 期。

［7］汪金福、马轶群：《媒体融合时代数据新闻的关键要素——新华网数据新闻路径探索》，《新闻战线》2016 年第 13 期。

［8］文卫华、李冰：《大数据时代的数据新闻报道——以英国〈卫报〉为例》，《现代传播》（中国传媒大学学报）2013 年第 5 期。

［9］喻国明：《大众媒介公信力理论初探（上）——论我国大众媒介公信力的现状与问题》，《新闻与写作》2015 年第 1 期。

［10］战迪：《新闻可视化生产的叙事类型考察——基于对新浪网和新华网可视化报道的分析》，《新闻大学》2018 年第 1 期。

［11］张春华：《传播力：一个概念的界定与解析》，《求索》2011 年第 11 期。

［12］张东新：《论数据新闻在财经报道中的运用》，《新闻传播》2018 年第 11 期。

［13］张志安、曾子瑾：《网络时政新闻的亲近性文本研究——以三家央媒 2016 年全国"两会"报道为例》，《新闻大学》2016 年第 3 期。

［14］郑红平：《数据新闻在财经报道中的发展及对记者的启示》，《西部广播电视》2015 年第 11 期。

［15］中国传媒大学党报党刊研究中心课题组：《新时代提升党报"四力"的意义与方法研究——"人民共和国党报论坛"第十四届（2017）年会综述》，《中国记者》2018 年第 2 期。

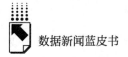

[16] Ball – Rokeach S. J. (1998), "A Theory of Media Power and a Theory of Media Use: Different Stories, Questions, and Ways of Thinking", *Mass Communication and Society* 1 (1 – 2): 5 – 40.

[17] Ball – Rokeach, S. J. and DeFleur, M. L. (1976), "A Dependency Model of Mass – media Effects", *Communication Research* 3 (1): 3 – 21.

[18] Lindlof, T. R. (1995), "Qualitative Communication Research Methods", *Beverly Hills*, CA: Sage.

[19] Livingstone, S. (2008b), "Engaging with Media: A Matter of Literacy?", *Communication, Culture & Critique* 1 (1): 51 – 62.

[20] Mayer – Schonberger, V. , and Cukier, K. (2013), *Big data: A Revolution that Will Transform How We Live, Work and Think*, Boston, MA: Houghton Mifflin Harcourt.

[21] Orgad, S. (2005), "From Online to Offline and Back: Moving from Online to Offline Relationships with Research Informants", in Hine, C. (ed.), *Virtual Method: Issues in Social Research on the Internet*, Oxford: Berg, pp. 51 – 66.

[22] Press, A. and Livingstone, S. (2006), "Taking Audience Research into the Age of New Media: Old Problems and New Challenges", in White, M. and Schwoch, J. (eds), *Questions of Method in Cultural Studies*, Oxford: Blackwell Publishing, pp. 175 – 200.

B.8
数据新闻教育研究报告*

余根芳　吴小坤**

摘　要： 数据新闻作为一种社会发展、技术革新驱动下的新型新闻报道形式，目前正逐渐受到学界和业界的关注。与此同时，数据新闻教育和人才培养作为数据新闻持续发展的源泉和动力，也应得到重视。基于此，本报告通过采访高校相关教师、定向发放调查问卷、查阅资料等方式，试图从多维度解读我国数据新闻教育发展状况、现有困境以及未来发展前景。

关键词： 数据新闻　教育　人才培养

一　引言

《教育部　中共中央宣传部关于提高高校新闻传播人才培养能力实施卓越新闻传播人才教育培养计划 2.0 的意见》指出，要修订完整人才培养方案，健全课程体系，加强教研室（组）建设，促进跨学科、跨专业、跨院系横向交叉融合。[①] 数据新闻作为一种基于数据的抓取、挖掘、统计、分析和可视化呈现的新型

　＊　本报告系《中国数据新闻行业发展报告 2019》（白皮书）系列成果之一。
＊＊　余根芳，华南理工大学新闻与传播学院硕士研究生；吴小坤，华南理工大学新闻与传播学院教授。

　①　《教育部 中共中央宣传部关于提高高校新闻传播人才培养能力实施卓越新闻传播人才教育培养计划 2.0 的意见》，http：//www. moe. gov. cn/srcsite/A08/s7056/201810/t20181017_351893. html，2018 年 9 月 17 日，最后访问日期：2019 年 6 月 15 日。

新闻报道方式①，正是新闻传播学科中典型的跨学科、跨专业的教育模块。它除了对新闻理论、新闻敏感性有一定的要求外，还涉及数据分析、数据可视化、网页呈现等其他专业技能。然而，我国现有的数据新闻教育是否能真正实现学科间的融合发展，满足"新文科"建设背景下对数据新闻人才培养的发展需求呢？

出于探究的目的，我们对全国不同地区的 14 位与数据新闻教学相关的高校教师进行了深度访谈，涵盖了南京、上海、广州、内蒙古、山西、云南、福建、重庆、山东、辽宁、安徽、湖北 12 个地区数据新闻教育水平有所差异的 14 所院校。同时，通过数据新闻大赛参赛群和数据新闻交流群定向发放调查问卷，我们收集到 437 份有效问卷，包括 352 名高校学生和 85 名在职人员，旨在了解不同群体的数据新闻学习投入和意向。除此之外，辅以相关资料进行补充和说明。总体而言，采访对象具有一定的代表性，样本数据体量较大，目标较为精准，一定程度上能够描绘目前我国数据新闻教育的发展状况和该领域的困境，展望数据新闻教育的未来发展前景，为我国数据新闻教育发展提供建设性意见。

二　我国数据新闻教育发展现状

近年来，随着数据新闻和大数据技术的蓬勃发展，各高校逐渐吸纳人才，积极将数据新闻引入课堂。采访涉及的 14 所高校中，有 13 所开设了数据新闻相关的课程或者已经将其规划在教学任务当中，另有一所高校目前没有意向开设数据新闻课程，437 个调查样本中，有 55.46% 的人表示所在学校已经开设了数据新闻课程。高校作为数据新闻教育的主要阵地，承担着人才培养的主要职责，但数据新闻的教育并不囿于课堂。

面对这样一种强调理论和实践双重作用的教育内容，高校开设的数据新闻课程同学界和业界组织的数据新闻工作坊、数据新闻大赛、相关网络学习课程以及其他人才培养机会共同构成了良好的数据新闻教育生态系统，为我

---

① 方洁、颜冬：《全球视野下的"数据新闻"：理念与实践》，《国际新闻界》2013 年第 6 期。

国的数据新闻人才培养做出了巨大的贡献。我们将从教育主体、受教育对象、课程建设、培养模式、教育投入、优秀教学案例六个方面解读我国数据新闻教育的发展现状。

(一)教育主体

在我国，除了高校开设的数据新闻相关课程外，我们还可以通过工作坊、数据新闻专业技能培训、网络课程、研修班等方式了解或接触数据新闻。这种多维度的学习方式决定了数据新闻的教育主体不仅包含高校教师，还有从事这方面的媒体人员、业界专家、教育机构和个人、商业公司等，教育主体趋向多元化。

部分接受访谈的高校教师表示，他们在数据新闻课程教学期间会聘请业界人士进行短期的作品评析、专业知识解答、技能培训等，实现学界和业界的接轨。2018 年西安交通大学面向对数据和可视化感兴趣并有志于从事数据新闻相关工作的人员开展的数据新闻工作坊，主要由西安交通大学的两名教师、捷泰天域的产品经理、沃德社会气象台工作人员进行授课①，搭建学界和业界的交流平台。Echarts 的作者林峰在网易云课堂上发布的"Echarts 基础教程"课程，从可视化基础、图表、组件三个部分解读 Echarts，参与学习的人数达 1.2 万名。这种主体多元的数据新闻教育方式融合了学界知识和业界实践水平，告别了传统的点对点教学模式，符合数据新闻的发展需求。

(二)受教育对象

现阶段，数据新闻教育对象涉及的人群种类丰富，涵盖的范围也有逐渐扩大的趋势。

我们在对 437 个样本进行数据分析时发现，了解或接受数据新闻教育的 388 位调查对象（见图 1）并非全部出自新闻学、传播学专业，艺术设计、

---

① 《西安交通大学数据新闻工作坊通知》，http：//xmtxy.xjtu.edu.cn/info/1013/2493.htm，最后访问日期：2019 年 6 月。

计算机、社会学等有其他专业背景的调查对象也会有意识地学习数据新闻相关课程和知识。同时，针对我国数据新闻工作坊主要培训对象为教师、学生、记者、设计师、程序员这一情况，并结合对 14 位高校教师的访谈，我们了解到高校教师和媒体工作人员作为数据新闻教育主体的同时也扮演着受教育者的角色。他们为了掌握前沿的数据新闻相关信息和技术，更新知识储备，也会不定期参加数据新闻培训。

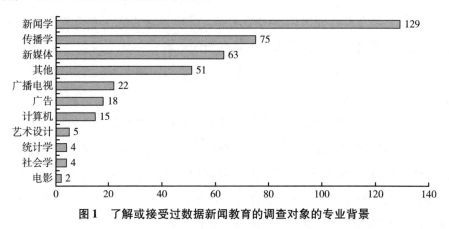

图 1　了解或接受过数据新闻教育的调查对象的专业背景

除此之外，数据新闻教育的触角开始向政府工作延伸，涉及数据统计分析和外宣的政府工作人员也加入数据新闻教育对象的行列中。如 2018 年北京市统计局总局为提升统计业务人员数据解读运用能力和外宣技巧，组织处级新闻发言人、新闻联络员、统计分析人员、各区局队新闻宣传骨干参加数据新闻写作专题培训①，了解数据新闻的发展和写作技巧。2019 年广东佛山市南海区委宣传部组织各部门和镇街的新闻发言人、新媒体记者等参加数据新闻与新媒体应用培训班。②

① 《市局总队举办"数据新闻的发展与写作技巧"视频培训会》，http：//www. beijing. gov. cn/zfxxgk/110037/gzdt53/2018 - 08/08/content _ 23b8e65527a24204814b7fd61829d4b1. shtml，2018 年 8 月 6 日，最后访问日期：2019 年 6 月。
② 《区委宣传部举办数据新闻与新媒体应用培训班》，http：//xcb. nanhai. gov. cn/cms/html/10098/2019/20190413100718121618433/20190413100718121618433_ 1. html，最后访问日期：2019 年 6 月。

（三）课程建设

随着数据新闻的发展和社会对于数据新闻重要性的意识提高，高校和其他学习机构逐渐将其引入教学体系当中。各个院校会根据自身的学科建设、办学特色、人才队伍、媒体资源进行本土化教学，因此，在课程建设上存在一定的差异和特色。

1. 课程命名与开课形式

在采访涉及的13所已经或即将开设数据新闻课程的高校中，一些学校直接以"数据新闻"命名课程，也有以其他方式命名的，如"可视化新闻设计""数据分析与信息可视化""新媒体数据分析与应用"等，还有部分院校将数据新闻作为一个重要的组成部分穿插在其他新闻学课程中。考虑到课程的难度系数和教学效果，大多数院校向高年级学生开设数据新闻课程，通常教学时间为一个学期，每周安排两个课时。前期阶段，学校会开设一些基础课程作为铺垫，帮助学生更好地吸收数据新闻相关知识。如山东女子学院在初期开设了"新闻采访与写作""视听语言与叙事""大众传播研究方法""设计基础""非线性编辑""图形图像编辑"等课程。[1]

高校是以何种形式开设这门课程？关于这个问题，我们通过调查问卷了解到437个样本中有超过一半的人（n = 238）表示所在学校已经开设了数据新闻课程，其中44.54%的调查对象所在学校以必修形式开设该门课程，55.46%的人则表示是以选修形式开设数据新闻课程的。另外，所在学校数据新闻课程采用纸质教材的有91人，采用电子教材的有56人，没有教材的为91人。通过数据分析，我们发现，高校以必修形式开设数据新闻课程的更多采用纸质教材进行授课，占其人数的55.66%，以选修形式开设的则更倾向于不使用教材，占50.00%（见图2）。

2. 偏向型教学设计

数据新闻教学涵盖了新闻写作、数据挖掘、数据分析、数据可视化、网

---

[1]　山东女子学院孙源南访谈实录，访谈日期：2019年5月11日。

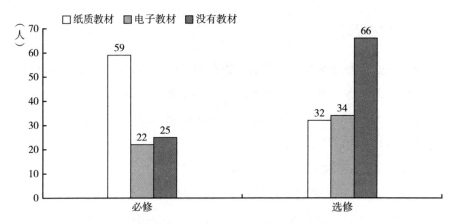

图2　调查对象所在高校是以何种形式开设数据新闻课程以及使用何种教材

页呈现等专业技能的训练，然而在短期的教学中完成从理论到实践的全面提升对老师和学生而言都是巨大的挑战。因此，出于对课堂教学质量的考虑，开设数据新闻课程的高校通常会根据校内师资队伍、学校办学特色、专业结构等因素进行偏向性的课堂教学。如重庆交通大学人文学院开设的数据新闻课程主要面向广告学专业，基于学生自身的图形设计功底，这门课程倾向于完成信息图的制作。① 南京大学新闻传播学院开设的"可视化新闻设计"课程主要教授新闻写作、AI、Echarts、Excel 等相关软件的操作知识②，对于编程语言方面的学习涉及较少。华南师范大学的任课教师莫丹丹是美术专业出身，在教学中则更多地侧重于可视化设计方面，主攻信息图部分。③

3. 教学方式：独立授课与跨学科并行

目前我国数据新闻课程授课方式主要包括两种，一种是由一位老师承担所有教学任务的独立授课方式，另一种是若干名来自不同专业背景的老师进行跨学科教学，授课方式不同的主要影响因素包括所在地区发展状况、高校办学特色、师资力量和课程安排导向等方面。

---

① 重庆交通大学方诚访谈实录，访谈日期：2019 年 5 月 8 日。
② 南京大学白净访谈实录，访谈日期：2019 年 5 月 7 日。
③ 华南师范大学莫丹丹访谈实录，访谈日期：2019 年 5 月 10 日。

独立授课的教学方式要求任课老师具备一定的综合素质，即老师在掌握新闻学的基础上能够运用可视化工具并编写代码。华南师范大学、南京大学、暨南大学、南京大学等高校开设的数据新闻这门课程是由一位授课老师独立完成教学的。

跨学科教学主要邀请不同专业背景的老师分别从新闻理论、数据挖掘与分析、可视化及网页呈现三个维度进行教学，发挥各自的专业特长，最大限度地向学生传授相关知识和技能。在采访中我们发现，这种跨学科教学方式存在两种实现途径。一种途径是由三位老师协作，共同负责一门数据新闻课程，如上海财经大学人文学院的这门课程主要由新闻学老师、统计学老师和院里具有计算机背景的老师共同负责，同时也会向外界聘请设计学老师承担相应的教学工作。[1] 另外一种途径是以课程群的方式实现跨学科教学，针对数据新闻的教学内容开设各个维度的课程，实现立体化教学。如云南民族大学文学与传媒学院将数据新闻规划成"数据新闻概论""数据挖掘与分析""信息可视化"三门课程，分别由网络与新媒体专业、计算机专业老师以及校外工程师进行授课。[2]

4. 数据新闻相关网络课程有待突破

近年来，随着大数据技术的蓬勃发展和数据新闻的落地，网易云课堂、中国大学 MOOC、学堂在线等网络课程学习平台正在逐步引进和更新与数据新闻相关的网络课程。有学者指出，MOOC 数据新闻教学模式可实现工具资源的多元化，增大课程覆盖面[3]，但相对于欧美国家较为成熟且系统的数据新闻网络学习环境，我国针对数据新闻教育和人才培养的网络课程在数量和质量上较为滞后，为数据新闻教育"量身定制"的网络课程更是少之又少。整体而言，平台上已发布的相关网络课程更多是从计算机等理科学习背景出发，对于想要学习数据新闻的人而言，入门困难且成本过高，开设的精准数据新闻网络课程数量较少，学习人数也有待提高，未形成气候（见表1）。

---

① 上海财经大学何睿访谈实录，访谈日期：2019 年 5 月 9 日。
② 云南民族大学苏涛访谈实录，访谈日期：2019 年 5 月 10 日。
③ 代玲玲、倪万：《MOOC 方式下的数据新闻教学》，《青年记者》2016 年第 20 期。

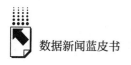

表1　网络课程平台数据新闻相关课程部分节选

单位：人

课程平台	教育机构	课程名称	选课人数
网易云课堂 https://study.163.com	武汉学院	零编程制作数据新闻	239
	我赢职场	网页 web 前端开发之 HTML 知识	5709
	林峰	Echarts 基础教程	12000 +
	小蚊子数据分析	Tableau 数据分析实战（基础篇）	1031
	医学方	R 语言可视化及作图	214
	Map Club 研究员	QGIS 3. x 入门教程——数据可视化	331
学堂在线 http://www.xuetangx.com	浙江理工大学	数据新闻与可视化	1724
	中国传媒大学	媒体大数据挖掘与案例实战	3740
	清华大学	大数据与城市规划	19000 +
	宁波城市职业技术学院	网页制作（HTML5 + CSS3）	3966
中国大学慕课（MOOC） https://www.icourse163.org	北京林业大学	Web 前端开发	21046
	浙江财经大学	Web 前端设计	2536
	武汉交通职业学院	Web 网站开发	3333
	广东工贸职业技术学院	网页设计基础	6068
	厦门大学	城乡规划新技术 GIS 应用	4853

值得称赞的是，针对数据新闻创作过程中存在的数据获取、图表呈现等需求，国内涌现了一批专业的数据平台及可视化图表在线工具，如 Echarts、镝数、百度图说、Hanabi 等，一定程度上缓解了学生、新闻从业人员等数据新闻创作者的代码压力。其中，镝数作为一个典型代表，致力于打造零代码数据写作社区，兼具了数据获取、可视化图表在线制作等功能。镝数平台提供的数据涵盖政治经济、社会民生、生产能源、科学技术、教育文化、国际交流六大主题，囊括 100 多种行业，同时还提供数据报告、新闻长图、手机海报等可视化模板，为数据新闻的教学发展及创作提供了巨大的帮助。

（四）培养模式

尽管数据新闻的热度和所受关注度正由中心向四周扩散，地方高校也在积极引进和推动数据新闻教育，但由于开设数据新闻课程需要一定的资本和投入，所以现阶段仍有很多高校处于观望阶段。那么面对这一基本现实，我国现有的数据新闻人才培养模式主要包括哪些?

1. 课堂授课模式

正如上一部分提到的,高校逐渐将数据新闻课程引入课堂,根据自身的办学特色、学科队伍和专业设置实现数据新闻教育和人才培养。传统的课堂教学模式采用"老师教学生"的方式完成人才的培养,然而在数据新闻高校教学中可能存在"后喻文化"现象,而非单纯的知识传承。因为与行业并行发展的数据新闻教育[①],时常面临着知识体系和技术层面的更新,学生在课堂之外了解或接收的数据新闻相关知识可能会反哺授课老师,两者之间形成有效的互动,最终双方都"亦"教"亦"学地成长。[②]

2. 数据新闻工作坊模式

我国数据新闻工作坊主要由高校教育机构、媒体单位等牵头举办,培养对象包括教师、学生、记者、设计师、程序员等,并且会根据每次活动的宗旨挑选相应的人员进行培训,时间一般为一周以内。

目前而言,数可视在这一领域正做着卓越的贡献,其深耕于培育数据内容人才以及数据可视化市场。在数可视成立的三年时间内,其举办了100多场培训讲座,主办或协办了10余次数据新闻训练营,积极组织了数据新闻工作坊、线下沙龙等交流活动。[③] 其在2019年举办的第一届白杨数据新闻工作坊主要面向新闻从业人员和新闻专业学生,以"学生+机构从业者"的小组形式在五天内合作完成数据新闻作品,实现两个群体理论与技术的能力互补,"实战为主,授课为辅"的亮点突出。[④] 另外,数可视于2018年11月联合腾讯新闻发起了"知数"数据新闻生态扶植项目,致力于提供创作平台并激励优质数据新闻产出。截至目前,"知数"项目已累计收到投稿作

① 黄志敏、王敏、李薇:《数据新闻教育调查报告》,《新闻与写作》2017年第9期。
② 张昆、王宇婷:《"后喻文化"背景下的新闻教育》,《新闻与写作》2017年第4期。
③ http://www.data-viz.cn/,最后访问日期:2019年6月。
④ 《如何找到一个合适的数据新闻选题?第一届白杨数据新闻工作坊在中传开课》,https://mp.weixin.qq.com/s/7xG-u262hnVLg5WYtJCnYQ,2019年4月11日,最后访问日期:2019年6月。

品 1250 余篇①，为数据新闻生态圈的建设发挥了重大的作用。

与此同时，各大高校也会不定期举办数据新闻工作坊，为学生、老师、从业人员提供专业的学习机会。我们通过访谈了解到，暨南大学新闻与传播学院在正常教学之外，以人才培养为目的设立了"融合新闻""产品设计""公共传播"三个方向的工作坊②，供学生自主选择，扩展数据新闻教育的广度和深度（见表2）。

表2　第一届白杨数据新闻工作坊课程安排

时间	内容	主讲人
第一天	分组、选题指导	黄志敏
	选题讨论、数据搜集	方洁
第二天	数据分析及文案指导	方洁
第三天	数据新闻文案实战提升	霍默静
第四天	数据新闻作品调整及改进	黄志敏
第五天	作品点评	黄志敏、方洁、霍默静

3. 专业方向模式

数据新闻教育最理想的状态是训练出既具备新闻敏感，又能够掌握数据挖掘与分析、可视化工具、网页制作的全能型人才，学生能够独当一面，自行完成数据新闻作品的创作。目前，中国传媒大学和上海财经大学已经先后开设了专门的数据新闻方向，清华大学也与美国南加州大学签订了"数据传播"双硕士学位项目合作协议，力求培养兼具数据科学知识和媒体运营能力的全方位人才。

4. 大赛培育模式

2019 年，数可视教育公益基金主办的中国数据可视化创作大赛、西安交通大学新闻与新媒体学院主办的第四届中国数据新闻大赛等学科竞赛受到

---

① 《腾讯新闻·数可视"知数"二期九月获奖作品展——用数据讲故事，以理性探真相》，https://mp.weixin.qq.com/s/OZSlsHV0nvMIKNUMjCGgGA，最后访问日期：2019 年 6 月。
② 暨南大学刘倩访谈实录，访谈日期：2019 年 5 月 15 日。

高校学生和业界人士的积极参与和认可。云南民族大学的 S 老师表示，除了常规的数据新闻教学之外，他们还鼓励学生去参加相关的数据新闻比赛。[①]以参加比赛为基本动力，通过小组合作或个人独立完成的方式创作数据新闻作品，学生可以在动手实践的过程中自发地探寻和掌握数据新闻相关的知识和技能，以项目制推进的高强度作业帮助实现数据新闻人才的快速培育。

（五）教育投入

我们在高校教师访谈和在线调查均设置了有关数据新闻教育投入的问题，旨在了解目前高校、教师、学生和相关工作人员在数据新闻教育方面的支出。教育资金的投入程度是影响数据新闻教育的重要因素[②]，由此可以从某一维度反映目前我国数据新闻的发展状况。

1. 高校教育资金投入

我们通过教师采访了解到，高校在数据新闻课程建设方面有所投入，但资金注入水平相对较低。开展数据新闻相关课程的高校在师资培训方面会有相应的补助，比如，任课教师去参加工作坊会有交通和住宿补贴，但针对数据新闻课程的专项经费投入除了几所学校有所涉及外，其余的高校则相对空白。课程开设过程中，除了一些高校会购买可视化工具和其他软件，相关支出在 3000～5000 元不等，其余大部分院校则使用免费开源的软件和相关网站公开的数据。一方面是因为部分学校所属图书馆已经购买了大量数据库，学院建有大数据平台和实验室，可以通过资源共享的方式支撑数据新闻的正常教学；另一方面是因为一些院校对于数据新闻的认知和发展停留在初级阶段，还未进行重视。

2. 教育对象学习投入

高校教师作为数据新闻教育主体的同时，自身也存在培训和教育的需求。他们会在课余时间个人支出一定的费用用于数据新闻的学习。如山东女

---

① 云南民族大学苏涛访谈实录，访谈日期：2019 年 5 月 10 日。

② 方洁、胡文嘉：《全球数据新闻教育：发展特征与未来趋势》，《国际新闻界》2017 年第 9 期。

子学院的 S 老师表示自己在空余时间会学习 python、tableau 的课程，也会参加一些工作坊，个人花费大概在 8000~10000 元。重庆交通大学的 F 老师平常会参加一些网络课程，在线下培训机构学习 python 和计算机编程语言，个人花费在 5000~6000 元。暨南大学的 L 老师会学习数据挖掘、可视化工具和设计方面的课程，总体花费在千元不等。

在统计 437 位调查对象数据新闻学习花费和支出时，我们发现无论是学生群体还是在职人员，都有约半数的人表示在数据新闻学习过程中有所投入，其中，学生 171 人，在职人员 45 人，各占其所属群体的 48.58%、52.94%。学生花费支出集中在 1000 元以下，共 146 人，占比为 41.48%，极少有学生会在数据新闻学习方面支出高额费用，花费在 3000 元以上的共 7 人，仅占学生群体的 1.99%（见图 3）。在职人员因为工作的需要、独立的财务支配能力等因素，相较于学生群体花费的金额较多，支出在 3000 元以上的共有 9 人，占群体总人数的 10.59%，但总体也还是重点分布在 1000 元以下（见图 4）。

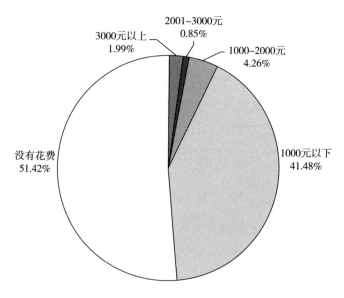

图 3　学生群体学习数据新闻费用支出

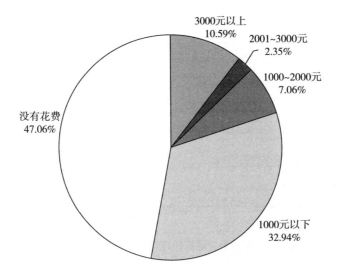

图4 在职人员学习数据新闻费用支出

171位高校学生和45名在职人员具体将资金投入数据新闻教育的哪些部分？针对这一问题，我们也进行了调查和统计。学生群体在上网课、买软件、买数据三个方面支出分布较为均匀，都约占三分之一的比例，他们对于线下培训班的需求较小，这也与高校正在逐步开设数据新闻课程有关。对于在职人员而言，他们投入最多的是网络课程培训，在买软件和买数据方面花费也较多，另外，相较于学生群体，在职人员在线下培训班上花费的钱更多（见图5）。

结合高校、教师、学生、在职人员在数据新闻教育方面的投入情况，我们可以发现目前国内高校对于数据新闻教育的投资较少，教育对象存在数据新闻教育的需求且有所投入，基于自身条件和学习目的等因素，教育投入存在差异，但整体处于较低水平。

（六）优秀教学案例

综观国内开展数据新闻教学的高校，一些已经在课程设置、跨学科建设、人才培养、学业界融合等方面取得了较好成果，可作为我国数据新闻教学的典范，为我国数据新闻未来发展提供经验。

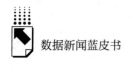

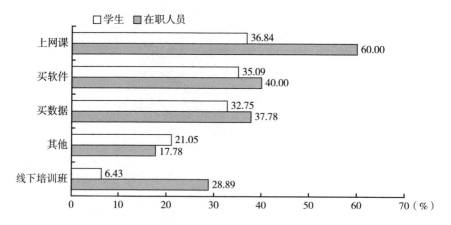

图5　调查对象在数据新闻学习中的具体支出项目

中国传媒大学新闻学院于2014年秋季率先在全国创办了数据新闻报道实验班，并于2019年新增了新闻学（数据新闻报道方向）的普通类本科招生专业，面向全国招生。目前负责中传数据新闻报道方向教学工作的几位老师主要研究领域各有不同，且互为补充①，为跨学科融合教学提供了强大的基础。其中，沈浩教授在国家信息中心和南海大数据应用研究院联合发布的《2017中国大数据发展报告》中被评为"十大最具影响力的大数据领域学者"之一，其在慕课平台"学堂在线"上分享的"媒体大数据挖掘与案例实战"数据新闻课程已有3000多人参与了学习。与此同时，中国传媒大学或联合业界机构开展了数据新闻工作坊，如白杨数据新闻工作坊，还创建了"白杨数新观察"公众号，用于发布专业知识和数据新闻作品，搭建实践和交流的平台。此外，中传学生曾多次在数据新闻大赛中获得荣誉。②

还有一些高校虽未设立专门的数据新闻专业，但通过数据新闻课程或结合课下的实践拓展实现了优良的人才培育。如华南理工大学新闻与传播学院

---

① 《自主招生专业：新闻学（数据新闻报道方向）》，http：//sj. cuc. edu. cn/2019/1024/c5511a148678/page. htm，最后访问日期：2019年12月。

② 《我院师生在中国数据可视化创作大赛及中国数据新闻大赛中喜获多项奖项》，http：//animation. cuc. edu. cn/2019/0702/c4071a126430/page. htm，最后访问日期：2019年6月。

针对数据新闻开设了数据挖掘与分析、数据新闻理论与实务、信息图设计三门相关课程，同时还配备了网页设计与制作、网站建设与运营、网络信息检索与利用、数据库技术基础教程、传播学研究方法、调查统计与分析、社会学、政治学等一系列研究方法课程①，从理论基础到实践操作，课程体系较为完整、结构化。南京大学开设了"可视化新闻设计"课程②，同时强调理论与实践相结合，学生们完成的数据新闻作品也会发布在澎湃、腾讯等媒体平台上。其中，南京大学新闻学院近一年来以"真数"在澎湃有数平台上共发布了28篇数据新闻③，并多次获得数据新闻比赛的奖项，实现了与业界的接轨。复旦大学新闻学院针对本科生开设了"数据分析与信息可视化"课程，由新闻、传播和广电三个专业的老师进行跨学科教学，面向研究生开设了"数据分析与信息可视化"课程，由X老师一人承担教学任务。④同时，复旦大学新闻学院积极拓展学生关于数据新闻交流实践的平台，如2016年学院与财新数据可视化实验室以及中美教育基金会联合举办的第二届"高校数据新闻报道比赛"⑤，开办数据新闻工作坊等，2018年复旦大学新闻学院还联合澎湃新闻、复旦大学上海新媒体实验中心开办了复旦大学数据未来实验室⑥，一定程度上也将为数据新闻的教学提供帮助。

三 数据新闻教育现有困境

目前我国数据新闻教育发展正处于前期阶段，这样一个多学科共同融合、强调理论与实践并行的教学版块，对于该领域的实践者要求也较高。通

① http://www2.scut.edu.cn/communication/4189/list.htm，最后访问日期：2019年7月。
② 南京大学新闻传播学院白净访谈实录，访谈日期：2019年5月7日。
③ https://m.thepaper.cn/sparker_3347192，最后访问日期：2019年6月。
④ 复旦大学徐笛访谈实录，访谈时间：2019年5月8日。
⑤ 《第二届高校数据新闻报道比赛在复旦举行颁奖典礼》，https://xw.qq.com/new/20160429054207/NEW2016042905420700，最后访问日期：2019年6月。
⑥ 《"镜相"非虚构工作室与复旦大学数据未来实验室正式揭牌》，http://xw.qq.com/new/20160429054207/new2016042905420700，最后访问日期：2019年6月。

过采访与数据新闻教学相关的高校教师和问卷调查，我们了解到目前在落实数据新闻本土化教育过程中正面临一些困境，同样也蕴藏着无限的可能。

（一）课程安排紧张，难以实现专业人才的培养

除了开设专门的数据新闻方向的学校外，大部分院校将数据新闻作为课程体系的一个模块，因此，数据新闻课程的教学时间通常为一个学期，每周两个学时。授课老师在较短的时间内完成新闻写作、数据挖掘、数据分析、可视化呈现、网页制作等内容的传授，本身就是一个巨大的挑战。倘若想要学生进一步了解、实现深度教学更是难上加难。部分受访老师表示，短短一学期的教学，能够实现的可能是学生对数据新闻相关理论和技术概括性的了解，要求他们在此过程中深刻掌握要领具有一定的挑战性。如果学生自身对数据新闻缺乏兴趣、课下学习缺乏主动性或者没有相关的学习途径，那么这门课程就只能是"蜻蜓点水"。

高校教师作为数据新闻的又一培养对象，通常也会以参加工作坊、培训、学术沙龙的形式进行学习和交流。受访老师表示虽然十分乐意接受这样的学习机会，但其本身承担着一定的教学任务和科研压力，还有家庭等因素，很难在教学期间抽出较长的完整时间去参加培训。同样，部分教师参加时间较短的培训时会感到在有限的时间内难以消化、吸收课程内容，对于技能的提升效果不大。如何平衡时间和效率也是高校教师师资培训中的一大难题。

（二）学生专业知识有所欠缺

我们在采访中了解到现阶段数据新闻教育的开放程度并不大，多数是针对新闻传播学院的某些专业开设的选修或必修课程。尽管中北大学的 R 老师表示该校新闻传播学专业自 2019 年开始实行文理兼招的政策，争取将文理科生源比例控制在 1:1 的范围内①，然而现阶段国内大多数新闻传播专业仍然是文科生居多，因此，学习这门课程的同学绝大多数属于文科背景。数

---

① 中北大学任占文访谈实录，访谈日期：2019 年 5 月 7 日。

据新闻教学中要求学生具备一定的数据敏感和分析能力，同时要对网页代码有一定的了解，然而437位调查对象在评估自己的计算机技能时，88.10%的受访对象认为自己的计算机知识处于中下游水平，只有少数人接触过绘画或设计方面的知识。因此，如何在教学过程中转变学生固有的定性思维，培养其对数据的敏感性、量化思维、审美和操作代码的能力是老师教学中一大难点。

（三）跨学科教学易形成断层

针对教师独立授课难度较大、效果不够理想的情况，有条件的学校通常会考虑跨学科教学，聘请来自不同专业的老师进行联合教学，发挥各自的专业优势，完成新闻理论、统计分析和可视化三个模块的教学任务。

这种授课方式的理想条件是几位老师都清楚其他老师的教学内容，共同为数据新闻服务，融为一体。然而，在对实施跨学科教学的院校相关教师的采访中，我们发现，这种理想的状态与现实情况之间存在一定的偏差。各个老师会根据自己的专业方向进行课堂教学，但在这一过程中存在"术业有专攻"的现象，如云南民族大学S老师表示，在数据新闻课程群的教学中，其他两位老师尽管能力十分出色，但由于缺乏新闻学专业背景，所教授的内容与这门课程真正需要用到的技术和知识有所出入。[①] 对于学生而言，这几个部分是构成一个完整数据新闻作品的重要元素，需要的是连贯且高效的课程设置。因此，在跨学科的授课方式下实现老师之间的无缝衔接，磨合彼此的观点，避免形成断层也十分具有挑战性。

（四）师资和经费是数据新闻发展的一大阻力

目前我国的数据新闻教育正处于前期发展阶段，相关的师资力量较为匮乏。采访中，部分老师表示从他们现有的师资队伍中培养一批数据新闻人才这种方式较为困难。基于新闻传播的学科属性，目前院系里大部分老

---

① 云南民族大学苏涛访谈实录，访谈日期：2019年5月10日。

师来自文科专业或者艺术专业，缺乏理工科学习背景，想让他们在较短的时间里完成系统化的数据新闻培训并能够接下教学任务不太可能实现，同时，脱产式的培训也意味着老师要放下手头的科研任务、教学安排以及其他工作，处理好家庭因素，这似乎也是一大阻力。另外一种方式就是引进人才，但目前而言，地方院校对数据新闻的教学实践大多停留在浅尝辄止或观望的状态①，高校领导层对于数据新闻的认知和兴趣度并不高，花费巨大的精力和财力引进人才，能否快速实现学科整体水平的提高是他们现阶段关注的要点。

同时，我们通过对高校教师的访谈发现，除了个别学校有充足的经费支撑数据新闻教育的发展，大部分院校还停留在常规的课程教学模式。然而，想要实现数据新闻教育与业界接轨并引领学科发展，一定程度上必须投入大量的经费用于人才培养和硬软件建设，而这一点在目前我国数据新闻教育市场上还较难实现。一些想要开展数据新闻教育的高校也是止步于经费支出和师资力量。

四　数据新闻教育未来发展前景

中华人民共和国教育部在2019年公布的全国普通高等学校本科专业备案和审批结果中批复35所高校开设网络与新媒体专业，203所高校开设数据科学与大数据技术专业②，国家教育部门对新媒体和大数据技术的支持在一定程度上促进着数据新闻教育的发展。同时，我们通过教育主体、受教育对象、课程建设、培养模式、教育投入、优秀教学案例六个方面系统地梳理了当前我国数据新闻教育的发展状况，也意识到目前数据新闻教育面临的困境和难点。正因为如此，我们才更加坚信数据新闻的未来发展具有无限可能。

---

① 赵鹿鸣：《填平鸿沟：数据新闻教育与业界对接》，《中国报业》2018年第6期。
② http://www.moe.gov.cn/srcsite/A08/moe_1034/s4930/201903/t20190329_376012.html，最后访问日期：2019年6月。

（一）数据新闻教育市场潜力巨大

437 位调查对象中绝大部分认为在当今社会，数据分析与可视化应该是一项必备的能力，占比高达 86.50%。尽管 77.57% 的人表示未来不会从事数据新闻相关的工作或者还在犹豫中，但他们当中绝大部分仍然认可在当今社会数据分析和可视化应该成为必备的一种能力，这也表明是否进入行业内工作与认可数据新闻之间没有多大的关联，大多数人对数据新闻教育市场持积极态度（见表3）。

表3　调查对象如何评价数据新闻相关技能的必要性

单位：人

		是否认为数据分析与可视化是一项必备力		总计
		是	否	
未来是否会从事数据（新闻）相关的工作	是	90	8	98
	否	77	20	97
	还在考虑	211	31	242
总计		378	59	437

我们还对调查对象接触数据新闻的目的和动机进行了统计和分析（见图6），发现无论是高校学生还是在职人员，他们接触数据新闻的首要动机

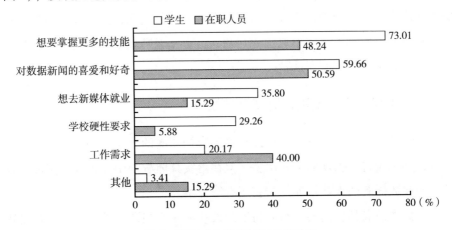

图6　调查对象数据新闻学习动机

都是出于对数据新闻的喜爱和好奇以及想要掌握更多的技能，这一定程度上说明了他们接受数据新闻教育具有主动性和主观性。与此同时，我们从高校教师那里了解到，学生阶段接触或学习数据新闻的毕业生进入社会后从事数据新闻工作的并不多，但是他们在数据新闻学习过程中所掌握的思维方式和技术为其工作提供的帮助是巨大的。

现阶段释放的利好消息正暗示着大众对于数据新闻教育的认可度并不低，且具有继续增长的趋势，因此，未来的数据新闻教育市场潜力巨大，发展空间较为乐观。

（二）打破学科壁垒，推进"新文科"建设

数据新闻作为"新文科"所倡导的跨学科学习的典型代表，为新闻传播学科的发展增添了活力和生机。目前，我国大部分高校开展的数据新闻课程主要面向新闻传播学院的学生，对外开放的程度较低。即使一些学校将这门课程设为公共选修课，也只有少数其他专业的学生参与进来，如上海财经大学开设的数据新闻课程有少量的社会学和商务英语专业的学生来选修。然而，在问卷调查中，不少其他专业的学生对数据新闻表现出浓厚的兴趣。这种供需关系的不平衡在某种意义上对我们有所启发，数据新闻教育的发展应积极向"卓越新闻传播人才教育培养"建设方向靠拢。因此，可以提高数据新闻课程的开放力度，扩大数据新闻教育的辐射范围，注入来自不同专业的新鲜血液，使学科之间形成优势互补，这对于老师教学、学生实践以及数据新闻的后续发展都有所裨益。

（三）突破教育困境，提高教学效率

尽管社会层面和教育主体已经觉察到数据新闻的重要性和未来发展的可能性，并积极将数据新闻引入课堂，但在落实具体教学中是否真正实现了教学目的和数据新闻人才培养的初衷还有待考察。

正如受访老师谈到的，目前高校开设的数据新闻课时较短，数据新闻教学中涉及的内容繁多，如何平衡两者之间的矛盾，在短时间内完成高效的数

据新闻知识和技能的传授是一个难题。此外，对于学生而言，从课堂中学习数据新闻是否能够提升他们的数据新闻能力？

我们在分析学生自我数据新闻能力评定时发现，所在学校开设了数据新闻课程的学生在评价自我的数据新闻能力时稍微高于所在学校未开设该课程的学生，平均评分为2.83（见表4），但这两个群体对自我数据新闻能力的评价都处于中下水平，目前对该项能力均不太满意。综合一线教育工作者和受教育对象的反映情况，我们认为突破数据新闻课程安排紧张，难以实现专业人才培养的困境，提升教学效率是未来数据新闻教育必须解决的问题。

表4　调查对象自我数据新闻能力评估

如何评估自己的数据新闻能力(很好 = 5,好 = 4,一般 = 3,不太好 = 2,完全不会 = 1)			
所在学校是否开设数据新闻课程	平均值	个案数	标准差
否	2.59	199	.835
是	2.83	238	.729
总计	2.72	437	.787

（四）线上线下联动，全面人才培养是未来发展方向

通过对数据新闻相关网络课程的梳理，我们发现目前数据新闻线上教学资源相对匮乏。然而，在高校教师采访中，我们了解到，授课老师作为数据新闻教育对象之一，存在培训的需求，但是出于自身的工作任务、科研压力、家庭情况等因素，很难抽出完整的时间参加异地培训，因此，他们希望能有针对师资培训的线上数据新闻学习机会。

我们在分析437位调查对象数据新闻培训意向时也发现了这一现象，即在职人员更倾向于在线学习，占其群体人数的54.10%，而学生群体无论对现场课程还是在线学习态度基本持平，即支持线下培训或在线学习的各占一半。学生群体和在职人员对于数据新闻培训的预期支出略有差异，但大体集中于0～1000元的水平（见图7）。

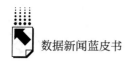
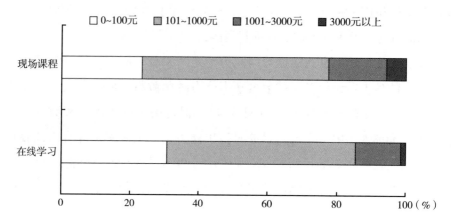

图7 支持现场课程/在线学习培训方式人群的数据新闻培训期望支出分布

同时，在回答希望对数据新闻教育涉及的哪些方面进行培训时，学生和在职人员对数据新闻教育所涉及的各项能力如新闻写作、数据爬取、数据分析、数据可视化、网页呈现等都有较高的需求（见图8）。

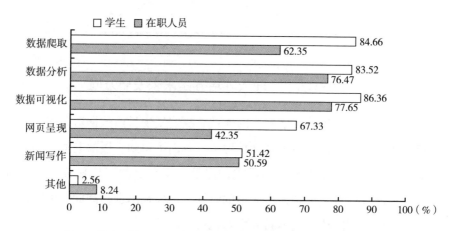

图8 学生和在职人员认为哪些数据新闻技能需要进行专业培训

基于此，我们认为，在推进数据新闻课程进校园的同时也应加大对相关网络课程的投入，面对市场的需求和意向，数据新闻课程的培训费用应以千元以下为定价标准。同时，高校、媒体机构和其他教育组织在开展数据新闻教学活动中应避免"技术为王"的心态，认识到新闻的主体性地位，人文关怀仍然是新闻话语的基本价值取向。① 正如南京大学新闻传播学院教授白净在采访中所说，"数据新闻首先它是新闻，不是由一堆数据做一个可视化的图表，所以它必须要注入新闻。其次，新闻里面要有数字，而且这些数字不是点缀，数字是主要内容，要用数字来说明新闻，最后去做可视化"。②未来的数据新闻教育理应实现线上线下联动，加强全方位的人才培养。

五　结语

本报告通过高校教师访谈、问卷调查、资料查阅等手段，完整地梳理了我国数据新闻教育的发展现状、面临的困境以及未来的发展前景。尽管目前我国数据新闻教育处于初步阶段，教学布局、人才培养、学科融合、经费投入等方面有待改进，但市场和社会大众对于数据新闻教育的发展充满信心和期待，未来的数据新闻教育蕴藏着无限的可能和机遇。着眼于当下，我们要关注的是如何迎难而上，借助本土资源解决数据新闻教育现存的难点和痛点，力求我国数据新闻教育实现质的发展。

---

① 刘涛：《理解数据新闻的观念：可视化实践批评与数据新闻的人文观念反思》，《新闻与写作》2019 年第 4 期。
② 南京大学新闻传播学院白净访谈实录，访谈日期：2019 年 5 月 7 日。

案例研究篇

Case Study

B.9
用数据传递独特新闻价值

——新华网数据新闻可持续发展报告

马轶群　杨艾艾*

摘　要： 在大数据和媒体融合双重背景之下，作为时代记录者和传播
　　　　者的新闻媒体机构开始接连对自己发出生存和发展的拷问。
　　　　面对一场涉及思维方式、产品形态、生产流程和传播渠道的
　　　　新闻变革，如何以"数据"为原料，"烹饪"出调动多种感
　　　　官的数据新闻"大餐"，是时代留给新闻人的全新课题。作
　　　　为国内最早开展数据新闻探索的媒体机构，新华网以"用数
　　　　据传递独特新闻价值"为理念，在数据梳理、表现形态、传
　　　　播路径等方面大胆创新，着力打造高品质的数据新闻产品，

* 马轶群，新华网融媒体产品创新中心总监，主任编辑，研究方向为数据新闻、媒体融合；杨
艾艾，新华网融媒体产品创新中心编辑，研究方向为新闻可视化、融媒体产品创新。

并通过开源和顺势而为，在互联网虚拟世界中探索融媒体产品形态创新，满足用户对于纵深信息的需求。

关键词： 数据新闻　传感器新闻　数据开源　媒体融合

数据新闻作为精确新闻的延伸，被视为未来新闻的发展趋势。它借助众多可视化手段展示数据之间的关联，不仅将数据之间存在的复杂关系直观地呈现给用户，增强了报道的可读性、交互性，通过数据分析，我们更能发掘出数据背后不易洞见的故事。

2012 年，在门户网站纷纷推出数据新闻栏目时，作为传统媒体代表的新华社网站新华网率先探索数据可视化新闻制作，并在全国重点新闻网站中构建了信息图、图文、交互、动新闻、创意视频——"五位一体"的融媒体报道格局。

当国内数据新闻领域呼唤领军者的时候，新华网担起这面大旗，凭借创新思维和扎实实践，实现了"用数据传递独特新闻价值"的初心。2015 年，新华网数据新闻栏目获得第二十五届中国新闻奖名专栏奖；2017 年，其凭借红军长征全景交互地图《征程》斩获第二十七届中国新闻奖一等奖。

一　坚守初心　探索创新

随着移动网络迅猛发展、云计算技术普及，日新月异的互联网催生了"大数据"。由此，数据资源被高度重视——大数据时代拉开帷幕。在大数据和媒体融合双重背景之下，作为时代记录者和传播者的新闻媒体机构开始接连对自己发出生存和发展的拷问。面对一场涉及思维方式、产品形态、生产流程和传播渠道的新闻变革，如何以"数据"为原料，"烹饪"出调动多种感官的数据新闻"大餐"，是时代留给新闻人的全新课题。经过近十年的努力，"数据新闻"这一基于数据挖掘分析和可视化呈现的全新报道方式已

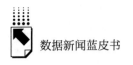

成为全球新闻界创新报道的利器。

新华网不断创新报道形式，顺应媒体融合发展之势，广开数据之源，务用户体验习惯变革之实，构建可持续发展的新闻报道之路。作为国内最早开展数据新闻探索的媒体机构，新华网以"用数据传递独特新闻价值"为理念，在数据梳理、表现形态、传播路径等方面大胆创新，着力打造高品质的数据新闻产品，截至目前，已制作了3200余个产品，内容涵盖时政、财经、社会、人文等题材。

（一）数据分析与挖掘：新闻生产变革的原动力

"大数据"已经渗透到当今社会生活的方方面面，成为深入研究某一领域和发现、解决社会问题的重要资源，越来越多的报道选题方向和策划灵感来自数据本身。

比如，新华网数据新闻策划制作的交互式产品《音曲繁美——1890—2010，世界流行音乐回响》，梳理并分析了包括蓝调、爵士、摇滚等十种主要流行音乐流派及其之下146种子类别的演进路径和关键节点，并辅以视觉和听觉素材，以期引领用户寻找多彩旋律背后之启迪。该产品的制作难点在于如何将庞大的流派衍生图谱在时间轴中进行可视化表现，并点明各阶段音乐的特征和其时代背景。经过尝试，我们发现，传统的线性时间轴显然不能清晰地表达庞杂的曲风融合关系，因而选择圆环状的全息图，使用极坐标定位146种音乐之间的分裂和融合路径。作者由星空得到灵感，亮化处理繁杂的曲线，并添加滑动按钮，使用户可以自如选择不同的流派图谱进行查询和对比，便于音乐爱好者深入分析。在历史事件的表达方面，团队选择截取谷歌实验室音乐时间轴的部分图像，使用"铆钉"状图线明确指向各个事件。而为了创造"既闻其名又闻其声"的用户体验，团队在保证版权的情况下，截取各时代各曲风的代表性歌曲样例，引导用户通过聆听音乐来感受对应年代的事件场景。音乐按钮的设计灵感则是源于旧时唱片商店的CD货架，将同一事件中的音乐"串联"在一起，产生集中效果。该产品被流行音乐爱好者奉为神作。

又如，2019年春节期间，新华网数据新闻推出大型交互产品《家宴》。该产品抓取最受欢迎的美食菜谱网站的UGC数据共9327组，同时引用中国传统菜肴专家数据，通过分析菜品食材、调料、颜色、味道和地区习惯等数据，诠释"团圆"二字在中国食物中的体现。如何以理性数据讲"团圆"故事，是该产品需要解决的核心问题。故事从地域、寓意、食材、颜色、火候层层深入：春节家宴菜肴虽然出处多样，各地各有讲究，但都在食物中赋予了对新生活的美好寓意；家宴包含的食材丰富，味道多样，表达了节日里中国人强烈的满足感；丰富的菜品使得餐桌五颜六色，其中，焦黄色更胜；而家宴的美好统统归于菜品制作的火候，这也是创造美好生活的要义，精工细作，精诚之至，慢工出细活儿。产品设计阶段，首屏以古老童谣引入，增加故事的趣味性和场景感。网页选取中国传统纹样和配色，烘托传统佳节气氛。可视化开发方面，根据菜谱数据特点，其分别选取网络关系图、热力图、颜色分布图等恰当呈现信息，嵌入各章节。此外，本项目作为春节专题产品，加入标志性的《舌尖上的中国》配乐作为背景，烘托温暖幸福的节日气氛。

除了常见的"数字"信息，大量的数据隐藏在文本背后。新华网数据新闻产品《打虎拍蝇记》，共集纳了十八大以来700余名落马官员的数据。可以说，数据挖掘、梳理和分析是该产品获得成功的必要条件。通过查阅中纪委网站新闻稿件795篇，检索文档3130篇，筛选图片1900张，我们最终整理出10余个数据包，涵盖每个贪官的基本信息、职业信息、首次通报时间、落马原因、落马地点等项目。用户可从所在地域、时间、级别等多个维度筛选查看并比较2012年以来落马官员的相关信息——"打虎拍蝇"何时是高潮，何时何地最集中，哪个年龄段和级别占比最大。该数据产品在2014年12月21日上线半小时内，点击量即突破5万，一周内访问量突破200万；多家重点新闻网站、各大门户网站、微信公众号纷纷转载，成为2012年到2014年中央高强度反腐重要成果的总结和展示。

不难想象，上述新闻产品如果没有大量的数据作支撑，就无法了解最为全面的信息，报道的说服力将大打折扣。数据作为数据新闻的核心驱动力，正在推动着新闻生产的又一轮变革。

（二）透过数据讲好故事：为新闻传播赋予新价值

受融媒体发展快节奏、轻阅读的产品特点影响，故事性强的新闻更能给用户留下深刻的印象。数据新闻产品将数据有机融入故事，在从数据中挖掘新闻故事的同时，用讲故事的方式呈现数据之美，同时发现、探讨数据之间的关联，阐述数据对应的事实。

新华网数据新闻推出的数据交互产品《一个家庭 65 年变迁》是将叙事与数据相结合，选取了新中国成立 65 年来 18 个有代表意义的年份，以一个家庭 65 年的生活变迁为主线贯穿始终，融入发生的国家大事，并辅以当年GDP、人口、人均占有生产生活资料、家庭所拥有的家用电器等与百姓生活息息相关的数据，以一个根据真实资料的虚拟家庭作为载体和缩影，将"家"和"国"的概念融合，不仅以小见大，更"接地气"，让用户拥有超强的代入感。在这里，数据为故事勾画了更为宏观的图景，故事也为数据做了最生动的注脚。有网友这样评价，"一家人的故事唤醒了几代人的集体记忆，数据新闻也可以有温度、有感情，让人感动"。

数据与故事性的结合，让新闻叙述更生动自然，增强了趣味性、可读性和亲和力，在打动用户的同时，也更易于传播。如果说"叙事驱动"为新闻吸引了更多关注的目光，那么透过数据的叙事，则给新闻传播带来了全新的价值。

（三）可视化技术应用：为用户带来新体验

荣获中国新闻奖的《征程》通过三维模拟技术，以基于卫星遥感图像的虚拟景观地图呈现了长征过程中不同地区的地形特点及天气特点，可以说，是迄今为止通过融媒体创新进行差异化表达的最具互联网特色的长征主题产品。作品共分漫游长征路、全景看长征、重走长征路三大部分，融入了互动、问答、直播、VR 等形态报道，让网民跟随漫游路线，了解长征中的重要事件，在网上身临其境地重走长征路，重温长征艰难，弘扬长征精神。为丰富产品内容，编辑梳理了大量长征途经地的相关新闻；为增加参与感，编辑产品中设置了趣味问答环节。此外，产品中纳入《红色追寻》系列网络直播内容，让网民以三个年轻人亲历的视角，再次体验 80 多年前红军的艰苦历程。同时，创作团队凭借技术创新通过 DEM 数字高程模型地理数据渲染出不同的地表景观，最终将长征过程中的崇山峻岭、激流险滩体现得淋漓尽致；通过粒子系统的重力模拟了一整套天气系统，并实现了天气间的自然转化。单纯的文本报道已不再适应融媒体传播和用户需求，数据新闻的重要特征——可视化是化解枯燥文字的利器。俗话说："一图抵过万语千言。"时至今日，抵过万语千言的已不再是简单的一张图，而是新闻地图、轻应用、手游、交互图表、全景专题、短视频乃至虚拟现实等多种可视化手段的结合应用。

新华网制作的数据新闻产品《30 年·30 国教育经费大观》，深入分析了 30 个国家从 1983 年到 2013 年的人均教育投入、人均 GDP 以及当年毛入学率之间的内在关系。团队运用 Tableau 可视化分析软件以及 E - charts 交互图表，客观准确地展示了同年度不同国家入学率及其点位变化，以及单个国家在 30 年中的入学率及点位走势；产品采用卡片式单页网站模式，以设问形式引导用户不断加深思考，并辅以正反事例，将数字规律代入现实之中；为突出我国在教育投入方面的积极努力，产品专门讨论了中国在 30 年世界教育发展中的地位，历数我国在过去几十年为教育所做的积极努力。该数据新闻产品发布后，被多家网络媒体广泛转载，并有多家教育领域的官方机构致电请求引用数据，具有良好的社会反响与舆论引导作用。

新闻数据的可视化技术应用，利用视觉符号将新闻事件中的信息或新闻数据进行提炼和重组，将数据的内在逻辑转化为图像语言，将数据支撑的故事进行多样化呈现，让用户得以在视觉感知的辅助下更为直观和深入地掌握信息，获得异于常规新闻报道的阅读乐趣，使新闻产品更具吸引力，由此提高了用户掌握信息的效率，使得用户对信息的掌握更富细节性，更能洞悉本质。

综上所述，数据的分析与挖掘创新了从素材采集到内容加工环节的手

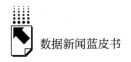

段；数据与叙事的有机结合为新闻内容的呈现提供了全新的角度；可视化技术则使广大用户在阅读新闻产品时获得了前所未有的体验。新华网数据新闻从素材采集、内容加工、呈现手段等各个环节不断实践创新，为新媒体大发展时代下的新闻报道探索可持续发展之路。

二　不忘初心　创新未来

对于创新与可持续发展之路如何才能走得更好更远，新华网数据新闻始终不忘初心，稳扎稳打，审时度势，内外兼顾，规划未来。

（一）创新关键词之一："顺势"

1. 技术飞速发展，顺势而为，在互联网虚拟世界中探索融媒体产品形态创新

融媒体形态的创新主要建立在设计和技术两个层面，这也是互联网虚拟世界中必不可少的工种，前者服务于人，后者服务于机器，在融媒体报道整个获取、加工、传播过程中不可或缺。观察当前流行的各类融媒体报道，我们不难发现形态创新处于增速阶段，跟报道文字内容创作不同，设计风格和技术处在不停更替升级的状态，证据就是新形态产品不断出现，老形态产品门槛不断降低、效率不断提升，任何一种吃设计风格和技术老本的做法都无法长久。

单从设计角度上看，融媒体的形态创新目前以视觉体验为主，包括平面设计、影视后期、二维三维动画、手绘漫画四大类，这是融媒体产品体验差异化的一大主要来源。近年来设计种类在逐渐细分，例如，平面设计的报道中，除了传统的数据图表，又增加了信息图（Infographic）和数据可视化（Data visualization）两种产品，从网页设计中分离出来 UI 设计以及从动画设计中分离出来的 MG 动画（Motion Graphic）风格的设计水准更高，不仅使得视觉体验更佳，内容表现也更加丰富和深入。为此，数据新闻部积极尝试新风格，使用更专业的设计师，让融媒体产品内容和形态相互促进，也对

现有的媒体从业设计师提出了更高的要求，鼓励探索新软件、新功能、新风格，重点培养跨种类设计的多面手设计师。

从策划内容上看，融媒体的形态创新常常牵扯多人合作，尤其对产品起到关键作用的前期策划人员来说，思维需要从常规的报道思路转化成融媒体产品思路，同样的题材，写成长篇通讯、数据图文案、影视脚本、动画脚本、交互页面文案区别是非常大的，内容不仅要跟形态匹配，并且文字风格要跟设计风格匹配，内容还要发挥设计和技术优势等。编辑力量的产品意识培养是当下创新工作的一大重点。

我们看到，现在市面上出现的各种新形态无一例外与新技术密切相关，无论是创意短视频、直播、VR、AR、MR 还是各种利用新技术的交互页面。在技术角度这一层面，数据新闻部团队一直重视前端工程师团队的建设，保持开阔视野，积极拥抱新技术，关注行业内外的相关新科技动向。

2018 年 9 月，新华网构建了"媒体创意工场"，引进全球顶级的 MOCO 设备，搭建了国内最大的 MR 混合现实演播厅。数据新闻成为工场可视化栏目的重要组成部分。其通过流程优化、技术升级、平台再造，实现各种媒介资源、生产要素有效整合、高效利用，大大提高了视频产品生产效率，解决了视频特效制作周期长与视频产品时效性要求高之间的矛盾，为短视频产品即时化、常态化、机制化生产提供了坚实保证。数据新闻的融媒体产品形态正向视频化、移动化、知识化、智能化方向倾斜。

值得一提的是，随着各类短视频 App 的兴起，创意短视频成为融媒体产品中的"新贵族"。为致敬改革开放四十周年，新华网数据新闻推出创意微电影《我梦想，我奋斗，我奔向》。影片以不同时期的重大变革、生活细节为切口，通过一镜到底的拍摄方式将四十年间的事件一一串联。独特的内容、独到的创意、独家的技术，三者完美的结合使这部匠心独具的作品得以在百花中独领风骚。主演刘烨化身为"时间"，在他的娓娓道来中，十一届三中全会召开、农村经济体制改革、香港澳门回归、北京奥运会、"一带一路"倡议提出、雄安新区设立、共享经济发展等重要历史画面依次呈现，从而使观众身临其境地体验了一次与众不同的历史回忆与时间穿越。影片全

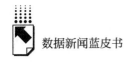

程运用了全球顶级的 Motion Control 设备 Milo Long Arm 以及世界最长的 MOCO 拍摄轨道，完美实现了拍摄中 14 个不同场景之间的无缝衔接，镜头运动轨迹不中断，最终达到真正一镜到底的效果。本片在内容策划时翻阅了大量历史资料，从无数大事件中整理筛选出典型事件，用巧妙的方式衔接起来，并在 8 分钟影片中融入了 40 个彩蛋。另外，拍摄阶段场景中的每一个道具，每一位演员的服饰妆容都兼具时代特点，以专业电影级的制作水准，真实还原了当年的每一个细节。

2019 年"两会"，在李克强总理做政府工作报告当晚，新华网推出"两会"创意微视频《全息交互看报告》，第一时间对政府工作报告进行全息式数据解读。视频推出后被各大媒体网站终端平台以及社交媒体广泛转发，得到广大网民点赞，产生强烈社会反响。网民评价"创意无限，构思独特！""很具体，很充实，很直观，很好看！"截至目前，总浏览量已突破 1.15 亿。该视频采用新华网"媒体创意工场"先进的 MR 混合现实智能演播厅系统，用两分半钟的时间将百姓日常生活、城市乡村风貌、基础设施建设等画面真实还原，并在一个空间内实现流畅时空转换，同时在不同场景画面中将政府工作报告的核心数据密集可视化呈现，给用户带来"时空穿梭"般的沉浸式体验，使其"全息全景"地感受到新一年自己的生活即将发生的新变化，进而增强对政府工作报告的理解和认同。视频将现场原声、虚拟场景、可视化数据从不同角度进行多重强化，让单位播放时间内有更丰富的载体承载更多的信息内容，高度浓缩的信息传输在使传受的衔接更为紧密的同时，也给用户带来更好的体验。再加上李克强总理同期声的巧妙运用，更加凸显了报道的真实性、权威性。该视频牢牢把握了时效性要求，在李克强总理做政府工作报告后的"黄金时段"即上线传播，迅速抢占了传播制高点。产品的快速推出得益于新华网近年来在推进融合发展过程中的持续探索与实践。产品在体量上虽只有两分半钟，却内涵丰富，符合移动互联网时代传播规律，在到达率、阅读率、点赞率上表现抢眼。在传播效果考量上，将用户注意力资源和全新体验等纳入通盘考虑，体现了追求实效的传播理念。

2. 对接用户对于纵深信息的需求，顺势而为，形成融媒体深度报道，增强新闻价值

深度报道旨在曝光不为人知的重大社会问题，这些问题或者是刻意隐藏，或者是淹没在错综复杂的背景和事实之中。从 20 世纪 90 年代起，国外前沿的新闻团队即开始尝试将数据分析和可视化设计技术引入工作中，取得了较好的传播效果和社会效应，也引领了整个新闻领域的创新潮流。

以我们策划制作的系列图文数据产品《中秋特辑：团圆的月光照不到的角落——数说社交孤独症（上）（中）（下）》为例。美国一项由杜克大学发起的调查数据显示，从 20 世纪 80 年代到 21 世纪的这 20 年中，美国人均亲密朋友的人数从 3 个减少到了 2 个。科技与物质越来越丰富的今天，社交孤独现象却越发明显。该产品以此现象引出了社交孤独的话题，通过国内外的数据剖析现象背后隐藏的社会问题，如虚拟社交比重增加、独居比例上升和邻里交流减少。产品希望探究社交孤独的影响因素并找出高危人群，研究发现，社交孤独与年龄有着密不可分的关系，所以该产品选择以年龄为分层，以数据分析、采访、照片相结合的方式分别探索社交孤独对于老年人、中青年人和小孩的严重程度和影响。作为一个偏心理、情感类的选题，为保证用户更好地产生共鸣，我们更倾向于呈现结论和现象的可视化，而不是呈现过于理性的研究和分析过程。除此之外，产品希望融入采访、照片等新的形式更好地表现主题。在高危人群的展示中，加入空巢老人的故事和照片，使得数据不再冰冷，内容更加感性，当用户反观"存在社交孤独的老人死亡风险比正常社交老人高 26%"这一数据结论时，更具有冲击力。为了研究结论更加容易被理解，产品将美国研究结论结合中国国情，找出最合适的对照体。一组 1985 年和 2004 年的美国人朋友数量与教育程度关系的数据告诉我们：无家庭成员陪伴且受教育程度低的人更容易产生社交孤独。结合国情，产品选择中国的特殊群体——留守儿童作为社交孤独的典型进一步阐释。产品最后不忘关注并非"高危"的人群——中青年的社交状况。产品不仅用中、美、日多国的数据展示和剖析社交孤独现象，引起用户对空巢老人、留守儿童群体的关注，还倡导广大

用户合理对待虚拟社交，丰富现实社交，关注家庭、邻里、社会的和谐，用真实的情感治愈社交孤独。产品真实生动的实例和令人警醒的数据引发广大网民的强烈共鸣。

3. 尊重多种态度并存的社会现象，顺势而为，用数据直击痛点，引发关注

伴随数据新闻的迅速发展和用户需求的不断提升，数据新闻产品正朝着形态多样化、内容纵深化的趋势改变。图解、图文、轻应用、交互、游戏、动画、多媒体专题等，回顾这些年来国内数据新闻的百花齐放，形态似乎已成为其产品分类的不二标准。然而，当我们策划选题之时，越来越感觉到除基本的道德伦理是非观以外，人们对事物的态度、观点、认知已经变得更加多样、更加包容，甚至更具个性化。往往在那些剖析社会现象探究内因的"走心"作品中，我们也越发难以用单线条的观点令绝大多数人信服，一方面，我们无法回避自己对这种社会现象矛盾却真切地认同；另一方面，拥有这种矛盾心态的人群已十分普遍且共存得有声有色。这种冲突的碰撞、彼此的交叉，甚至不经意间的转化、延伸，恰恰满足了人们对思想自由、求同存异、不拘一格，以及争辩理论，从高层次探讨到八卦吐槽的向往和需求。

我们也不得不承认，互联网快捷无界的资讯传播不仅拓宽了大众视野，更以一种"大音希声"的姿态改变着人们的思维模式和心理状态。连"男""女"都已不能包含当今人类认同的所有性别选择，那么"是"与"否"又岂能作为人生态度仅有的选项？这也正是《奇葩说》等辩论类节目点击量爆棚的关键原因之一。

于是，在每一位新闻人默认"内容为王"的今天，我们努力体现时代性、把握规律性、富于创造性，顺势而为，大胆创新，精心策划出一个通过文字、数据、投票、评论等多种表达方式呈现多方观点，以内容命名的产品类型——"数据辩论"。

（二）创新关键词之二："开源"

1. 数据开源之"传感器新闻"

在我们生活的时代，传感器已经无处不在，智能手机搭载的传感器就是

日常生活中最容易获得的一种传感器,自制传感器搜集数据的门槛也在逐年降低。通过传感器,我们可以搜集到空间、地形、位置、温度、湿度、速度等数据,将物理世界数据化、抽象化。

2018年3月5日,李克强总理在人民大会堂做政府工作报告。与此同时,我们邀请的30位社会各界人士来到新华网影视传感评测实验室观看网络直播。在总理做报告的100多分钟内,新华网Star生物传感智能机器人以一套科学"读心术"描绘出观众的"情绪曲线",精准分析出"心潮澎湃"的瞬间。基于此,新华网生产出国内首条生理传感新闻(SGC)——《更懂你》。人机交互在新闻报道中的应用再延伸直接"触碰"人们内在的真实情感。生物传感机器人实时捕捉政府工作报告中那些"直击人心"的话、自动计算实时收集观众的情绪生理变化,最终通过人机交互等技术转化为直观的数值,同时自动生成体验报告——观众的兴奋值、情绪波峰等。这是情感交互技术在时政新闻领域的首次应用。通过体检该产品,在听取政府工作报告的过程中,观众始终保持很高的关注度,在一些关系到国计民生、影响到百姓生活的内容上兴奋度明显上升。在听取"坚决打好三大攻坚战""提高新型城镇化质量""提高保障和改善民生水平""加强政府自身建设"等方面的工作建议时,观众持续处于兴奋状态。他们不仅关注国家经济发展、结构调整,也关心政府在提高人民生活水平上出哪些实招。不仅如此,根据兴奋频率,我们分析出报告中备受关注的关键词:改革开放、创新、民生、三公经费、高铁……每当总理读到这些词语时,观众情绪明显高涨。情感交互技术能借助科技手段,获得此前媒体人很难获取的用户生理和心理数据,洞察真实体验,大大拓展了信息采集的深度和广度,在评估效果、精准分发上打开了新的空间。

传感器为我们提供了量化地观察世界的途径,经由传感器搜集的数据可以作为政府开放数据及调查报道数据的补充,满足数据新闻报道中日渐增高的数据需求。同时,传感器搜集到的数据具有高精确性的特征,可以为新闻观点提供坚实的数据支撑,使我们的报道更加科学、更加深入、更加精准。

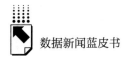

2. 数据开源之"数据库"

作为报道的骨骼，数据是记者在工作中必不可少的元素，数据质量的优劣直接影响报道的价值与深入程度。近年来，数据开放逐渐成为中西方新闻媒体的重点工作之一，有不少媒体也建立起面对媒体同行，甚至公共大众的数据库，例如，专注调查报道的美国非营利性新闻网站 ProPublica 于 2014年前建立了自己的"数据商店"，他们通过有偿或无偿地向大众提供在深度报道中使用、自行收集整理的数据。他们不仅创造了超过 20 万美元的收入，也通过免费数据库的下载大大加强了在传媒和数据领域的影响力。

2015 年以来，我国相继出台了《关于运用大数据加强对市场主体服务和监管的若干意见》《关于促进大数据发展的行动纲要》等政策文件，对政府信息资源开放共享提出明确要求和具体部署，作为主流媒体，应主动促进数据开放、提高数据质量，率先建立一个服务大众、具有品牌效应的数据平台。

"开放数据库"着眼于三方面内容：政府数据、大数据公司等多渠道数据源；本栏目自身报道整理过的数据；社会大众提供、补充的有效数据。

（1）梳理和聚集政府、大数据公司等多渠道数据源，建立"数据导航"

如今，数据类别多、来源广，而对于包括新闻工作者在内的很多工种都需要一个能够打破数据源之间壁垒的统一平台，其中包括政府数据、商业数据、非政府机构的报告。这个"数据导航"将以农业、商业、经济、能源、教育、医疗等社会类别做基础分类，融合以上三方面数据资源，在统一框架之下建立逐层深入的数据分类，而导航的最终页将直接导向具体的数据源，如政府某个数据的下载页面或者商业数据网站的购买页、第三方报告的浏览页等等，从而建立一个全面、权威、实时更新的数据导航。

（2）总结和开放用于本栏目自身报道整理过的数据

新华网"数据新闻"自 2012 年启动以来做的 2000 多篇专业报道，其中包括以日为单位的日常项目，也包括进行数月的长线项目，使用和处理过的数据规模巨大，但这些数据在构成现有报道之外可以发挥更大的价值。我们计划在每篇报道之后的数据源上直接链接到数据本身，将数据公开，而同时对于经过数据记者特别挖掘、整理的数据，我们将建立独立的报道数据库，这样有利于公众对数据新闻报道的深层理解，也利于媒体同行之间的数据沟通。

（3）提倡社会大众提供、补充有效数据

在基于前两点的平台之上，我们会收集大众对于数据导航及报道数据库的反馈，包括大众希望得到而未能得到的数据、用户拥有而未被收纳在内的数据，但对于这种数据来源的真实度要有严格的审查与鉴别。这样有益于形成一种长效、可持续的"活水"机制，促进数据库面对公众的监督，不断更新。

结　语

顺应时代，对接需求，不断追求技术创新，不断将数据取之于人用之于人，数据新闻方能实现可持续发展。展望未来，5G 已来，新华网数据新闻团队将不断融合新技术、新应用，发掘数据价值，让数据新闻发展顺应时代要求，满足用户需求。

B.10
大数据融合创新的实践路径探析

——浙江日报报业集团数据发展案例报告

李璐 徐园*

摘 要： 以数据为产业创新的核心动力之一，浙报集团深入布局大数据基础设施和技术平台建设，实现内容转型和业务拓展的互为促进，为媒体融合视角下主流媒体提升传播力和影响力提供了有效参考。

关键词： 大数据 媒体融合 数据化运营 浙报集团

媒介的本质在于连接，而连接的基础是数据。在社会化传播时代，数据产生是全方位、实时、海量的，媒体产业链上的协作变得去中心化，需要网状、并发、实时的协同机制。面对传媒业的这一变化和特点，浙江日报报业集团（以下简称"浙报集团"）以数据为产业创新的核心动力之一，深入布局大数据基础设施和技术平台建设，积极撬动内容的数据化生产，拓展大数据产业经营，取得可持续发展。

一 从战略高度构建大数据技术平台

互联网重构了媒体格局和舆论生态，信息的组织形态、传播逻辑发生根

---

* 李璐，浙报集团战略规划部行业分析师，国家新闻出版署出版融合发展（浙报集团）重点实验室研究员，研究方向为战略管理、内容产业创新等；徐园，浙报集团战略规划部研究员，国家新闻出版署出版融合发展（浙报集团）重点实验室负责人，主任记者，研究方向为新媒体创新、媒体融合等。

本性改变，数据的范畴不断扩大。以语言和文字形式存在的内容是全世界各种信息处理中最重要的数据，也是全世界通信领域和信息科技产业的核心数据。① 信息技术与传媒业的深度融合，促进传媒领域的产品升级和服务转型，重塑媒体产业格局，最终带来一场智能革命。

在这样的产业逻辑转换背景下，浙报集团制定了从以单一提供资讯为主的传统媒体集团向提供综合文化服务的互联网枢纽型传媒集团转型的战略目标，确立了打造"融媒体智能化传播服务平台"（以下简称"媒立方"）（见图1）的战略决策。

图1 "媒立方"平台组成

"数据驱动新闻，智能重构媒体"，是浙报集团对"媒立方"的高度概括和应用目标。"媒立方"集舆情研判、统一采集、中央厨房、多元分发、传播效果评估于一体，其中，内容数据库包括国内1003家数字报刊数据、异构化资源数据、互联网新闻数据、政府门户数据、新闻图片库与历史老照片等10余类数据源，构建一体化底层数据源，运用大数据存储计算能力、敏捷多轮的数据加工体系实现数据任意节点与流程间的无缝流转。在此基础

---

① 吴军：《智能时代：大数据与智能革命重新定义未来》，中信出版集团，2016，第3页。

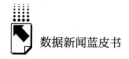

上，通过自然语言处理、机器学习等技术，构建起热点追踪类、辅助创作类、传播力分析类、个性化推荐类服务。

目前，"媒立方"已上线模块包括全媒体指挥监测中心、策划中心、采编中心、资源中心、可视化中心、运营中心和管理配置等。同时，系统还在研发音视频中心，构建浙报集团自有的视频资源库，实现跨地域视频快捷剪辑，以及稳定流程、低延时、高并发的实时音视频直播，满足多终端播放需求。

随着"媒立方"进入常态化运行，这一平台日益支撑起浙报集团在用户、内容、服务上的全新业务关系链转换。"媒立方"获得国内新闻界最高科技奖项"王选新闻科学技术奖"特等奖、浙江省信息经济技术进步奖等荣誉。同时，以"媒立方"成果为基础，浙报集团研发完成了浙江省首个媒体云"天目云"，持续推进县级融媒体建设进程，已与浙江省内外 100 多个县（市、区）达成技术输出意向合作。

二　数据撬动内容生产

以"媒立方"上线运营为契机，浙报集团进行了一轮组织架构调整和生产流程优化，充分利用大数据技术以及基于该技术的智能化服务推进媒体融合发展。

（一）创新组织架构与生产流程

为高度耦合采编需求与大数据技术平台建设，浙报集团成立数据与舆情分析部室，不仅为业务人员提供数据服务，同时连接技术部门与业务部门，负责搜集采编需求与业务人员对技术平台使用情况的用户反馈。

内容生产机制方面，以"中央厨房"为核心，建立日常采编机制和三会制度，通过早会、午会和晚会，统筹指挥配置报、网、端、微采编资源。三会期间，数据部门通过数据监测、热点发现与分析为采编部门的策划会议提供数据支撑与服务，形成一次采集、多端分时序差异化发布、全流程数据服务的采编制度。浙报集团全媒体指挥监测中心如图 2 所示。

图 2 浙报集团全媒体指挥监测中心

注：浙报集团全媒体指挥监测中心在浙江日报传媒大厦最高的 22 层，这里的大编辑平台是浙报集团"中央厨房"物理空间的核心部分，于 2016 年 12 月 19 日试运行。这里有一块特别壮观的显示屏，屏幕上滚动着上万网站频道的新闻资讯和舆情热点，并实时反映浙报集团新闻产品的动态传播效果排名。

（二）建立数据可视化品牌

目前，大部分媒体对于数据可视化的探索已较为成熟，除了对数据进行可视化设计外，还运用不少新技术进行补充。2018 年是杭州"小红车"（公共自行车）运营服务十周年，十年来，"小红车"给杭州市民的生活带来了很大的改变，更在节能减排方面做出了突出贡献，"小红车"也享誉全球，走向世界。2018 年 6 月 5 日，浙江新闻客户端推出数据新闻产品《世界环境日｜小红车相伴十年　看你为减排做了多大贡献》，以地图、折线图、矢量设计图案、词云等数据可视化方式为用户展现了小红车十年的发展历程及对节能减排做出的贡献，形式丰富，令人耳目一新。该产品梳理了小红车发展的 10 年历史数据，数据量之大、产品包含的新闻信息量之多，都在同类新闻中首屈一指。这款新媒体产品推出后，在浙江新闻客户端点击量达 20 余万，受到了一致好评。对 14420 字文本进行分析得出"小红车"词频如图 3 所示。

图3 对14420字文本进行分析得出"小红车"词频

该作品的核心创作团队来自《浙江日报》《话图侠》栏目。作为浙江新闻客户端首个可视化读图栏目，《话图侠》自2014年8月推出以来，以图形呈现新闻情境，以数据洞悉事态轨迹，探索出一条可视化新闻的新路径。2017年，《话图侠》进入浙报集团创新孵化，获得资金、资源上的配套支持。图4为《话图侠》获得世界新闻设计大赛（SND）四项铜奖。

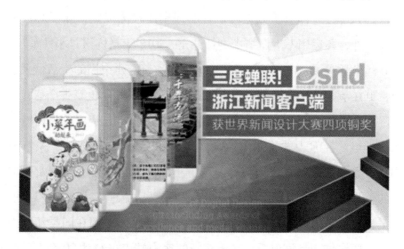

图4 《话图侠》获得世界新闻设计大赛（SND）四项铜奖

与"策采编发"新闻流程不同，数据新闻要求设计师和程序员必须在讨论选题阶段就与采编人员一起参与新闻生产，共同承担查找来源、清洗数据、提供方案的分工合作。《话图侠》主力团队28人，其中，主力策划8人，主要来自浙江日报全媒体编辑中心数字编辑部；另有新媒体设计20人，包括平面设计、动画设计、插画设计、三维设计、前端开发等。团队对于可视化新闻内容生产，已经形成一套成熟的生产机制，流程如图5所示。

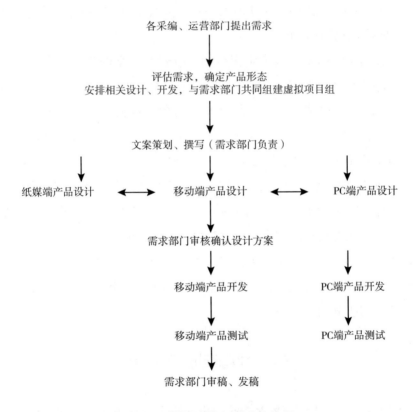

图5 《话图侠》日常生产流程

（三）成立数据新闻实验室

数据专家将大数据的特征概括成三个 V，即大量（Vast）、多维度

（Variety）和及时性（Velocity）。优质数据从哪里来？如何拓宽数据来源？如何拓展数据新闻的边界？浙报集团旗下媒体《钱江晚报》成立"24小时新闻实验室"（以下简称"24小时实验室"），不断拓展数据内容产品的边界。

2016年12月，"24小时实验室"先后与阿里巴巴、腾讯、滴滴、蚂蚁金服、爱奇艺、饿了么、杭州市旅游委员会等机构达成合作，实现与行业企业的优质数据资源共享。综合媒体的选题策划、数据维度设计以及数据可视化呈现等内容生产能力，"24小时实验室"先后发布了多篇有深度、有可看性的数据可视化新闻报道。

《滴滴给100座城市画了张夜行图，杭州是典型的22点之城》一稿，根据滴滴出行大数据解读高温下杭州人通勤和休闲的活动轨迹，发现早晚高峰以外的出行第三高峰；《了不起2017》等年终数据盘点，从吃、住、行、游等多方面解读杭州人的生活细节，挖掘出"杭州早高峰比晚高峰堵一倍""平均每个杭州人在便利店消费10次"等现象。

"24小时实验室"不仅致力于把不同社会机构的数据和新闻结合，也深度挖掘媒体自身的数据。作为浙报集团旗下一家有30多年历史的本土都市类媒体，《钱江晚报》拥有丰富的内容数据资源，可为各类研究项目提供数据和一线采编支持。"24小时实验室"通过与中国人民大学、浙江大学等高校合作，共同开展包括房产广告传播研究、民生新闻报道等在内的学术研究课题，进一步反哺业务发展。

三 数据驱动运营传播

至2018年底，浙江新闻客户端用户累计达到1920万人。随着移动互联网人口红利即将耗尽，移动资讯产品及企业逐渐以用户数字资产概念代替流量概念，引入互联网行业评价体系，以用户质量为导向正在逐渐成为新的业务理念。

2018年底浙报集团发布的新三年（2019～2021年）规划，着重于提高活跃度和用户质量要求。从过去对数量和流量的考核，转向对用户质量和活跃度的考核。同时，加大对个性化推荐技术的投入，不断深化基于用户数据的个性化传播链研究，努力做到"千人千面"、精准推送。

（一）数据监测：优化运营支持

浙报集团自主研发的"互联网传播评价体系"，通过梳理不同媒体形态传播特征、传播规律和指标方向，利用大数据和云计算框架，结合文本挖掘、自然语言处理、传播影响力模型分析等技术，形成对传播节点能力的动态评估。目前，内容影响力指数已成为采编部门全媒体考核的重要依据。

2018年底，浙报集团新媒体发展中心数据发展管理部（以下简称"数据发展部"）成立，作为浙报集团数据运营的核心部门，面向集团新媒体产品、新媒体用户和新媒体业务，开展专业的数据挖掘、分析与解读工作。基于数据监测工具与评价体系，数据发展部定期分类别（客户端方向、两微方向、PC端方向）分析浙报集团新媒体发展状况，对重要产品予以独立分析，日常发布新媒体数据变化榜单及报表。

（二）用户增长：跨部门小组协同攻坚

随着用户生命周期、核心用户占比、用户转化率等精细化指标逐渐被提升到与下载量、注册量、流失量等流量指标同等重要的位置，浙报集团亦面临用户增长难题：浙江新闻客户端的相关数据分散在各个业务环节，没有建立起以数据驱动产品和运营的基础能力。如何以一种"高效聚合"的模式实现以数据驱动产品迭代的目标？

2018年3月，浙报集团成立浙江新闻用户活跃增长创新工作小组（以下简称"创新小组"）。该小组由国家新闻出版广电总局出版融合发展（浙报集团）重点实验室提供平台支持，抽调产品、技术、数据、运营等骨干人员组成，以产品活跃增长为核心指标，以用户质量和用户数字资产为导向，协调集团各部门共同攻克产品活跃难题（见图6）。"创新小组"建立之初便设立了用户增长与活跃提升等4项主要目标。针对业务优化目标，对

产品和用户数据进行抽取、清洗、整合、梳理，在推送功能优化、用户激励体系等项目中充分应用数据分析的结果。

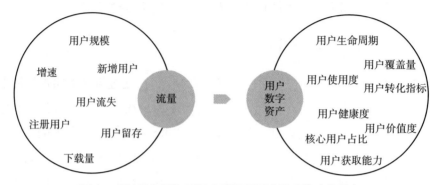

图6　"创新小组"以用户质量及用户数字资产为导向

经过近10个月的高效运转，"创新小组"初步实现数据驱动产品全方位的迭代，取得了项目实效。以产品活跃度增长为例，日活方面，浙江新闻客户端2018年9月平均单日活跃用户数相比同年3月增长了126%。月活方面，据第三方平台易观数据横向比较，产品月活位列全国同类媒体新闻资讯榜第四名，稳居省级同类产品榜首位置。互动行为方面，截至2018年12月，产品每月评论、分享、收藏点赞等互动数据比同年3月成立前增长近3倍。

四　数据赋能创新发展

随着自身数据资源积累和采集能力的增强，浙报集团集聚了一支互联网和大数据专业人才团队，具备提供定制化和扩展性数据服务的专业技术和人才条件。近年来，浙报集团发挥新媒体技术先发优势，从内部采编、技术、运营的融合，走向与社会资源的大融合。通过信息共享、资源整合等路径，浙报集团将各行业的零散数据连接起来，结合大数据分析和智能工具，在城市发展、社会治理、为民服务等方面发挥精准分析、整体研判、协同指挥的作用，形成了业务创新发展的新势能。

（一）"数说浙江"：挖掘城市大数据

城市是一个非常综合和宏大的概念，它所涉及的信息量巨大、因素众多：经济、人口、气候、企业、高校、景点等，而这些都可以用大数据的方式来进行提炼、表达、补充和解释。浙报集团于 2018 年 9 月上线"数说浙江"项目，围绕多维度城市大数据进行内容建设与信息共享，联手百度等互联网平台共建多维数字城市展示窗口，赋能城市传播决策，探索"大数据＋AI＋互联网"下的全新数字城市形象传播之道。值得一提的是，"数说浙江"也是"百度数说城市"的首个落地区域。

"数说浙江"对有关浙江省、市的经济、人口、地域等多维度的大数据进行充分挖掘和客观呈现，以数说内容模块、城市数据摘要、数说城市榜单等可视化、结构化的展现方式让用户直观、快速地了解城市。2019 年，"数说浙江"将持续发力，以数说浙江·城市赋能概念再度深化，分层、分模块进行参数分解、指数建模，创新新增互联网大数据评判依据，为浙江省及各地市进行数字城市画像，并通过数说新媒体形式生动展现浙江省及 11 地市的综合发展情况，提升城市认知度和影响力。

（二）"数"读舆情：建立大数据智库

浙江在线舆情产品是依托浙报集团成立的专业舆情服务项目，是浙江在线新闻网站的重点培育项目，最早于 2005 年以舆情监测服务起步。2011 年 4 月，浙江在线舆情监测中心正式成立，专业从事网络舆情监测、预警、分析、研判工作。多年来，其一直是中宣部、省委宣传部、省委外宣办舆情直报点。目前，浙江在线舆情中心已形成一套完整的网络舆情监测体系，利用自主研发的"讯鱼"平台及第三方的软件工具平台，实时关注舆情热点，生产动态监测报告。

2017～2018 年，项目出品的报告有"最多跑一次"改革、浙江省"人才强省"工作等省委省政府重点工作，制定了"监测、预警、研判、处置、修复"等规范化的舆情应对环节，提供一站式解决方案。

目前舆情产品已经逐步呈现数字化、智能化的趋势。浙江在线舆情项目向浙江省内各个支站、地方频道落地，做好地方舆情数据库的建设，完成了从"舆情1.0"到"大数据舆情2.0"的跨越，形成"舆情应对＋学术研究＋业务培训"的全产业链条。2017年浙江在线舆情产品依托出版融合发展（浙报集团）重点实验室，挂牌成立子实验室——大数据舆情实验室。

五 持续开拓大数据产业

数据是资产的概念已经成为行业共识，成系统和规模的大数据应用技术将成为传媒行业转型的核心突破点。近年来，浙报数字文化集团股份有限公司（以下简称"浙数文化"）以大数据为底层，以数字娱乐、数字体育和大数据为拓展，全力推进文化产业与大数据、智能技术融合发展，形成"四位一体"的发展格局。

（一）"富春云"互联网数据中心

作为"浙数文化"大数据产业生态圈的核心，"富春云"以外包出租方式为用户的服务器或其他网络设备提供放置、代理维护、系统配置及管理、出口宽带的代理租用和其他应用服务。同时，利用自有服务器及媒体云计算平台，为客户提供公共云服务和其他基于云计算技数的产品与服务。

2018年，"富春云"项目已完成4000组机柜的建成投产，预计2019年可建设完成全部6900组机柜，将成为目前华东地区单体规模居前的互联网数据中心。同年，"富春云"与浙江移动、网易等公司达成合作，同时积极探索推进医疗影像云、媒体云等行业云建设。项目的两项技术："数据中心EPC快轨模式发包技术"和"IDC全线业务支撑管理技术"被中国数据中心工作组授予"2018数据中心科技成果奖——杰出奖"和"2018数据中心科技成果奖——优秀奖"。

（二）赋能数字政府建设

为数字政府建设赋能，特别是涉及网络和数据安全方面，"浙数文化"作为有国资背景的上市公司参与更具备优势。"浙数文化"于2015年组建浙江政务服务网事业中心，承接浙江省政府网站和浙江政务服务网的运营，并研发政务服务线上功能，开发政务服务App产品，参与浙江省数字政府建设。

围绕"最多跑一次"等重大民生工程，"浙数文化"以浙江政府服务网事业中心为服务主体，做好对浙江政务服务网技术、运营等方面的支撑工作，用户规模、日均流量持续快速增长。截至2018年末，浙江政务服务网完成注册用户突破2000万等各项数据目标，落地11个地市89个区县。2018年，其参与了杭州市"城市大脑"项目的建设研发，加快对外输出复制。

互联网产业迅猛发展，大数据、云计算、人工智能等方面的新技术层出不穷，5G产业也取得重大突破，带来更多产业机会。作为全国第一家媒体经营性资产整体上市的省级报业集团，浙报集团从过去发行量42万份，到今天集聚近6.6亿注册用户、5000万活跃用户以及3000万移动用户，媒体产品形态上也逐步形成集纸媒、音视频、Web、App、弹窗与户外大屏联播等全媒体矩阵。伴随浙报集团整体数据量和数据处理能力的提升，大数据对传媒产业的创新性、时效性和个性化效果日益显现。大数据和机器智能工具将成为像水和电一样的基础资源，为主流媒体连接用户、政府、企业和多种服务资源，以及实现精准化和个性化的增值服务持续赋能，并在此基础上实现内容、技术、人才、管理和经营的深度融合和一体化。

B.11

数据新闻生产的"供给侧改革"

——财新传媒数据新闻案例报告

黄晨 刘佳昕 王喆 孙茜*

摘　要： 财新传媒在数据新闻领域怀有持续创新的精神，不断地自我革命，始终保持着新闻生产领域的"供给侧改革"。从图表新闻、计算机辅助报道，到融媒体报道、大数据新闻，财新传媒数据团队赋予新闻数据越来越多的产品功能，为专业读者提供决策服务，逐步进入商业化探索阶段。

关键词： 数据新闻　财新传媒　计算机辅助报道

近十年来，媒体行业经历着一波接一波的变革浪潮。尤其是近五年，从网页到移动到分发平台再到自媒体的冲击，令传统媒体甚至新媒体应接不暇。面对变革，我们通常没有选择的权利，唯有直面且力图创新，才能争取不被淘汰掉。

创新如何实现？向前走，在途中不断遇到、接纳、融入新的元素，这适用于所有的创新过程。当然，有的成功，有的失败。财新传媒（以下简称"财新"）的数据新闻业务2011年起步，至今已有八年。其间，财新在数据

---

* 黄晨，财新传媒数据新闻编辑；刘佳昕，财新传媒数据可视化前端工程师，代表作《平装烟盒》；王喆，财新传媒数据新闻记者，代表作《电子迷雾》；孙茜，财新传媒数据新闻记者，代表作《水平面下的阿尔茨海默病》。注：本文案例中出现的姓名均为撰稿人姓名，不是项目作者姓名。

新闻领域秉承持续创新的精神，不断地自我革命，始终保持着新闻生产领域的"供给侧改革"。这从时间上可以分为以下五个阶段。

一 第一阶段——图表新闻：数据资源，视觉呈现

2012 年首次看到纽约时报的《雪崩》时，它对于中国媒体的震撼是巨大的，震撼在于它呈现了一种全新的生产形式，而其中很多环节是中国媒体当时完全不具备实现能力的。财新 2011 年创立的《数字说》栏目，作为日常报道栏目仍在运营中。这个栏目最初的创新动机是以数据图表为特色覆盖财经新闻。财经新闻天然有丰富的数据资源，但是信息量过大会导致读者抱怨"看不懂"，对这样的题材，就特别适合用数据图表呈现。具有视觉冲击力的可视化手段极大地丰富了报道形式，为财新在当时从传统媒体向新媒体转型的阶段中增添了一个极具辨识度的标签。现在信息图早已经不是新鲜事物，但是在当时，传统媒体的互联网转型刚刚兴起，包括但不限于财经媒体都觉得这是一种新鲜、有趣并且有号召力的形式，所以相当新锐。回顾那个阶段的作品，很多就像小学办"黑板报"的思路，主要侧重于视觉的美化，还不能称为真正的数据可视化。在这条线上，财新一直坚持对新闻内容的专业理解和用专业的可视化方式来呈现作品。

二 第二阶段——计算机辅助报道：
引入技术，生产创新

2014 年的作品《青岛中石化管道爆炸事故》中，要把灾难报道的图集和地理信息结合起来，如果没有计算机技术，是无法实现的。2016 年的年终策划是关于当年的洪水，我们使用一张带有水印的中国地图体现当年中国南北方的降雨量。要去还原一个自然灾害事件，我们不仅采用了地图、降水量、图片、视频的形式，还引入了 VR 体验。

对于传统媒体，计算机技术以往是运用在平台建设或者是作为内容发布

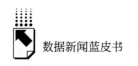

的技术支持而存在。很多媒体有 IT 部门负责网络建设，技术部门负责移动端开发，这都是服务于新闻的数字化平台建设。但在计算机辅助报道中，计算机技术是参与新闻内容生产的，创新就在这里。所有成果的创新归根结底是生产者、生产工具和生产方式的创新。

传统媒体的基本角色就是记者和编辑。对我们而言，有一个记者和一个编辑就可以完成一篇报道。不管是 10 个记者还是一组记者，其实角色都是一种，即文字内容的生产者。在计算机辅助报道的形式下，这两种角色缩小成了整个生产过程的一部分，新增的是视觉设计师（Designer）和技术开发人员（Developer）。根据美国新闻学院里的教学方式，这两种职能往往可以在同一个人身上实现，这可能对以文科生为主的中国新闻学院的人才培养体系提出挑战。因为我们在当时面临的主要困难就是，没有专门去做新闻内容的开发人员，我们要去跟互联网公司争夺这样的人才，一方面，行业间的薪酬差距是显著的，另一方面，找到对内容生产感兴趣的程序员和设计师也不容易。时至今日，国内很多新闻学院已经开始培养并输送数据新闻领域的毕业生，很多有国外新闻学院背景的学子也带回了新鲜的经验，这都使得专业人才的可得性大大提升。

三 第三阶段——融媒体报道：融人融技，以传带宣

融媒体，是一个红极一时的概念。事实上，融媒体报道并不是一种彻头侧尾的颠覆性的创新。因为传统媒体在内容生产上的优势非常明显，只不过 21 世纪初在以新浪为代表的网络媒体平台的冲击下溃不成军。由于在新媒体技术上的弱势地位，本来有内容先发优势的传统媒体忽略了自身的"融基因"。2016 年，财新曾经发表过一个欧洲难民危机的融媒体系列报道。2015 年 11 月，海滩男孩被全世界热议。在那之后，财新派出记者，在德国、土耳其和希腊分别跟访了三组难民。采访过程中，有文字、有图片、有视频，这些都是传统媒体最擅长的：记者去现场，发回各种形式的素材。只不过纸媒时代，我们是用一张报纸、一个杂志的版面来呈现它，

除了视频。今天我们有了计算机技术之后，所要做的还是把这些素材融合在一起，只不过不是在纸上，而是在移动端上。在融合中，我们可以用到纸媒无法发表的视频，还可以用地图叠加数据的方式来描绘欧洲各国接收难民的情况。当时新出现的一个挑战就是，当传统媒体还在想怎么做互联网转型的时候，中国的移动互联网浪潮提前到来。因为到了2016年的时候，移动端已经成为新闻分发传播的主力。中山大学传播与设计学院院长张志安提出一个词"以传带宣"，这是一种非常准确的说法。如果一个作品没有传播，内容再好也无法到达读者，中国则已经进入"没有移动端＝没有传播"的阶段。所以当时这部作品是移动端的一部横屏浏览作品，它更像一个电视浏览环境，但是其中有交互，读者可以自己掌握节奏，也可以自己去探索数据交互。

基于之前积累的经验和技术，把素材顺畅融合并最终体现在移动端上是我们在融媒体报道方面做出的创新。如前所述，一种创新的呈现形式，根本上是生产的创新，也就是跨团队融合。在这个作品中，我们突破团队界限，数据可视化团队由于在财新内部是一个小分队，所以主导来做这个创新的事情。在任何一个大机构里，跨部门跨条线协调的成本都很高，这是令很多记者宁愿报道形式不那么丰富也没有动力去跨部门要求资源的原因。我们在这个项目中的跨团队融合要去跟条线记者、视频记者、摄影记者开展以项目为单位的合作。融合的团队，因项目建立而成立，随项目上线而解散。团队当中有些成员并不是数据新闻团队的固定成员，他们会根据项目的需要来到团队。从产品的策划和团队的协调以数据新闻团队为主导，这是一种创新。财新在融合的合作模式上，目前已经形成专业生产方式，而且还在以这样的方式产生新的报道。在2017年11月世界气候大会上，财新记者在非洲做了一个关于泥炭地的报道。在记者出发前的策划阶段，我们已经做出一些手绘原型，记者到现场按预案做采访和拍摄。这是对既有流程的颠覆，以前是记者已经结束采访了，数据新闻团队再做后期拣选，合适的就挑进来，不合适的就去掉。而往往有些需要的东西记者无法再补。现在出发前就要让记者带着精确的任务去完成采访和报道。

四　第四阶段——大数据新闻：科技助力，深度挖掘

大数据和数据挖掘是近两年的热词。很多人觉得它很神奇，也有很多高校同学经常联系我们，说希望能够加入我们的团队，"因为对大数据感兴趣"。但实际上，大数据并不掌握在媒体手里，它掌握在 BAT 等互联网企业手里。媒体所能做的是提出数据需求，从互联网企业获得数据结果，进行新闻呈现。这里所说的结果是指，即使获得了企业的数据支持，也并不如想象那样，大数据"哗哗"导入你的个人电脑里了。首先，大数据之大就在于它不是一个几千条甚至几万条的数据表格，其次，互联网公司对原始数据有极其严格的保密措施，能够提供给媒体的只能是脱敏之后的统计结果。2017年财新做了一个大数据可视化的尝试，即关于安邦循环注资的报道。虽然这个作品的数据量，在大数据领域来说还是一个很小的量，但是相对于以往作品，数据量大了很多，80 多个自然出资人，100 多家公司，200 多个节点，800 多组关系。要在一个屏幕上呈现，用到的可视化技术是对既有经验一个很大的挑战。虽然数据量不够"大"，但是需要的技术手段和逻辑是一样的。这不是靠一个设计师手绘就能完成的作品，而且这么多数据能够在网页当中运行，对代码性能有要求。这是一个非常重要的尝试。这个作品上线之后，不仅得到了专业读者巨大的关注，也为监管部门提供了帮助。如果没有大数据能力的介入，这样的作品对于新闻机构是不能想象的。这使借助财新建立的大数据团队得以实现，包括大数据的采集、挖掘和分析。

五　财新现在正处于第五个阶段——商业化探索：知识图谱，数据合力

数据新闻虽然因为其新颖的阅读体验迅速被接受，但仍然是新闻报道的

诸多形式之一。它的商业化道路和其他新闻一样，都有无法回避的问题，但我们已经感觉到一些方向。财新的专业读者当中，有相当一部分对于商业深度关系的挖掘和分析、可视化有刚性需求。这类型的新闻不仅能够满足他们作为新闻读者的阅读需求，也符合他们从事专业工作领域的决策需求。财新数据科技有限公司是专注于财经数据的业务版块，财新数据产品中有一个小模块是阿里巴巴、腾讯、百度、海航等财团的知识图谱。这已经超越了普通新闻，赋予新闻数据越来越多的产品功能。数据新闻可以不再是一种被免费提供的服务，至少在财经领域它包含了大量的商业数据信息。财新也希望能够为新闻行业开个好头，为业界同行们积累一些有益的经验。

对于中国数据新闻后续的发展，财新团队正在致力于走出目前"数据新闻=数据可视化"的认知误区。在数据新闻蓬勃发展的美国和英国，所有大型媒体和许多地方媒体，无论是《纽约时报》这样的纸媒代表还是Quartz网站这样的新媒体代表，都拥有或大或小的数据新闻团队，有的甚至在同一家媒体有多个团队。国外媒体里的数据新闻记者常常会参与调查新闻报道，甚至本身就是具有数据能力的调查记者。他们不仅可以最终呈现易读的图表，更依靠强大的数据分析能力让数据成为"信源"。可视化固然是赏心悦目的，但可视化只是读者可观的结果，数据作为发现故事的背后力量时刻不能被忘记。如果认为有美丽的、互动的图表就是数据新闻，会令这个本来非常有深度、对技术要求很高、应用领域宽泛的新闻方向逐渐变成"花瓶"一样的尴尬存在。

六 财新数据新闻案例解析

1.《非平装烟盒》——刘佳昕

"中国大陆是世界上烟盒最漂亮的国家和地区之一"是财新一篇报道里的一句话，这引发了我们的好奇心，最终促成了这个项目。

如何用数据证明"漂亮"？我们首先从寻找烟盒包装数据入手，在中国烟草市场网上有来自全球许多国家的香烟包装图片，且数据维度多元，包含洲、国别、品牌名和重要的包装图案。数据分析师用 Java 完成了 11670 条数据和封面图片的抓取之后，将数据和图片一一对应，形成结构化数据，再利用 Python 的 PIL 模块完成了主要颜色提取和图案元素取样工作，项目的"底材"基本成型（见图 1）。

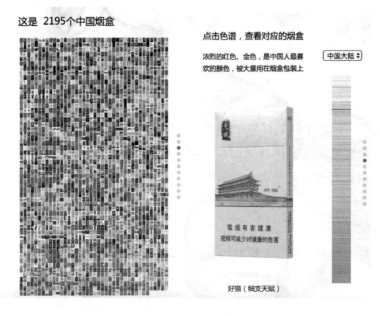

这是 2195个中国烟盒

点击色谱，查看对应的烟盒

浓烈的红色、金色，是中国人最喜欢的颜色，被大量用在烟盒包装上

中国大陆

好猫（细支天赋）

图 1　非平装烟盒

注：左图呈现数据中所有中国烟盒的封面；右图为所有烟盒主色调构成的图谱，移动端点击可见相应烟盒。

数据分析总是令人期待。用图片、颜色和数据把中国烟盒的色彩斑斓展现在屏幕上的一刹那，我们终于量化地验证了"漂亮"。"高饱和""金灿灿"的就是中国烟盒，这与世界卫生组织倡导的"平装烟盒"恰恰背道而驰。我们通过图案元素分析还看到，中国烟盒多以名山大川、珍稀动物的正面形象为香烟命名，而加拿大、澳大利亚等多为冷色调，封面大多被烂肺、呼吸机、吸烟妈妈与骷髅宝宝这种警示性图片占据，对比不言自明。

项目的闪光之处在于，最重要的数据分析和最抓人的视觉呈现占据大部分的篇幅。虽然原始数据量大图片多,但通过分析、内容梳理,努力地让项目变得易读且令人印象深刻,不会因为数据庞杂而给人"很重"、很多"知识点"的感觉。项目的切入角度让读者感到,这就是关于自己身边的话题,项目来源于日常回归到日常,用烟盒本身的样子做出最接地气的可视化。

过程中团队成员集思广益,有很多大胆突破的想法,经历了"从少到多,再从多到少"的迭代过程,有很多不错的想法最终囿于篇幅而被舍弃。不论是数据新闻报道还是融媒体报道,要警惕陷入"看,我什么都会"的误区当中,一切技巧最终服务于主题。用产品语言说就是,我们既要知道我们要做什么,更要知道我们不做什么。

2.《穿透安邦循环注资真相》——刘佳昕

2017年《财新周刊》发表封面报道《穿透安邦魔术》,作者通过公开数据整理分析发现,通过101家公司层层叠叠上溯到86名有相关关系的个人股东,循环注资放大资本。文章涉及公司、股东数量繁多,注资关系错综复杂,文字阐述非专业人士不易建立明确概念。财新数据新闻团队根据这一报道策划了数据交互作品《穿透安邦循环注资真相》,将其中复杂的关系"图示"出来,帮助读者厘清其中脉络。

整个项目是一个纯可视化项目,可视化的重点在于证明"循环"二字。股东背后的间接股东层次多、直接及间接股东和与其有过股权关系的延伸关联企业数量多、相互之间交叉股权变更繁杂。在可视化中把101家公司做成圆形节点,以"安邦"为初始点,从左到右,层层展开,但并不是"从左向右"的单一逻辑关系,正因为其中存在严重的循环关系,因而还有大量"从右向左投资"的关系,所以我们采用不同颜色的箭头加以体现。

作品的亮点在于,从宏观角度,可以一眼发现不同颜色所意味的循环注资;从微观角度,读者可以任意选中一家公司或个人,与之有直接或间接投资关系的节点和连线都会高亮起来。在阅读封面报道过程中,很多出现多次的公司/个人,读者都可以通过点击高亮,直接看清相关关系,降低阅读难

度和减轻记忆负担，从而帮助理解。

作品也存在可提高的方面。一开始一气呵成的关系图放在读者眼前，其实很难找到"立足点"。从哪儿看？看什么？如果能根据作者每一部分的意图重点截取其中一部分信息会更清晰明了，这种情况下，意图明确，也不需要把所有"全称"一一显示出来，视觉负担也相应减少很多。

3.《反腐187张面孔》——刘佳昕

反腐败，是中共十八大之后中国政治生态中最重要的内容之一，也是新闻报道的"富矿"。五年中，反腐题材所涉及的事件、地方、人物纷繁芜杂，大量媒体用天量稿件对这类题材进行过报道。财新在2017年中共十九大前夕推出这篇新闻报道，内容基于财新在时政新闻领域的扎实积累，并以新媒体的呈现形式为反腐题材注入新的活力。作品以练达的图文叙事手法将五年间落马的187名中共高级干部进行多维度呈现。

187个落马者的信息依靠传统的文字、图片、表格方式很难高效梳理。在文字内容中，重点回顾五年中最重要的落马官员和"山西塌方腐败""辽宁贿选案""湖南贿选案"等区域性腐败事件。更重要的，报道以极简的交互操作循序渐进地呈现出187人的落马时间、职级、地域、罪名、刑期等多个维度信息，数据量虽然大，但在精巧的结构设计下，人物以六边形主视觉元素呈现，整体表现新颖又不失规整。渐变色被使用在对官员级别的区分上，在每一种维度下辅助适合的背景以便理解，在场景间以自然转换令信息平滑过渡（见图2）。

另外，报道提供PC端和移动端双版本，充分兼顾中国大陆读者的深度阅读和移动端传播需要。两个版本共享同样的设计思路，但在内容量级上加以区分。移动端是"轻量"表现，信息精炼；PC端增加文字内容，展开充分，并加入音频等元素，令作品更具张力。

作品在十九大前夕发布，不仅因为题材具有广泛的社会意义、交互方式独特新颖得到读者的高度认可，访问量达到"10万＋"级别，更通过"影响大众进而影响决策者"得到相关部门的肯定。同时，其因作为数据新闻领域的年度代表作品而得到学术界的关注。

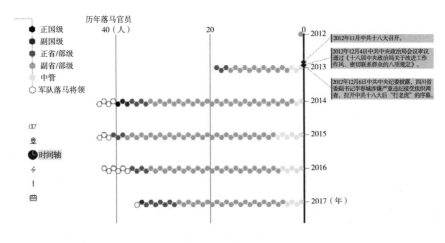

图2 187 张面孔

注：图中每个六边形代表一个落马官员，按照落马时间依次排开，颜色代表落马前行政职位，当前页面重点讲述2013年落马官员。

4.《高铁6小时能到的地方》——刘佳昕

12306 很好地帮助人们决定坐哪趟车，前提是乘客选好了终点。但对于假期的人们，其更多的是知道从哪儿走，想坐多久的车，却不知道往哪儿去。项目就在于解决这个问题。

我们爬取了 12306 官网上的票面数据，从中计算出每两站的"用时"。读者可以随意挑选一个有动车/高铁的城市，交互地图就会用不同颜色的线条将你在3、4、5、6 小时中可以到达的目的沿途可视化出来。比如，起始点如果在北京，它会告诉你，一小时可到天津、两小时到济南、三小时到郑州、四小时到南京等，同时也在沿线标出了读者可以考虑的风景区，非常友好。

除了"好用"之外，这个项目还很有趣，且具有教育意义。读者在浏览地图的过程中会有很多有趣的发现，比如，你看到中国东南部的高铁路线，就会发现比其他地方"每节"短很多，这就意味着，同样一小时在这些地域能走的距离就近很多，这和地理因素相关，因为东南部多山地丘陵。我们做这个项目的初衷也很明确，让读者可以轻松解决自己的问题，同时还可以带着有趣的发现离开。

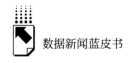

这个项目最初发布于 2017 年国庆节前夕，良好的数据质量和可视化带来了大量的读者，反馈也非常积极。而后，每一次有新的高铁线路开通，比如"西成高铁""京港高铁"开通，我们都会再次更新数据，推送这篇报道，收效甚好。

5.《高铁站离你有多远》——刘佳昕

随着高铁在中国人差旅生活中扮演着越来越重要的角色，人们对高铁站的一些"刻板印象"也越来越深，比如，很新、很大、很远。2018 年 5 月，国家发展改革委联合自然资源部、住房城乡建设部、中国铁路总公司发文，要求高铁车站选址应尽可能在中心城区或靠近城市建成区，再一次证实"高铁站很远"的印象。然而到底有多远？都那么远？为什么会那么远？一系列问题引出这个选题"高铁站离你有多远"。

这是一组以数据可视化为中心的系列报道，第一篇解释前两个问题，把"为什么"留给了第二篇。两篇篇幅都不长，数据虽多，却也好读。数据新闻的稿子做多了，便有了很多可以继承使用的"素材"（数据）。2017 年，我们做了《高铁动车 6 小时能到的地方，你想去哪个?》，625 个有高铁、动车线路的车站便是我们的第一份有效数据。因为我们要讨论的是有高铁经过的新"高铁站"，所以我们利用数据中的列车号信息筛掉了只有动车而没有高铁经过的车站，比如"北京站"，这种老站并不在我们的讨论范围当中。

将各个高铁站和它所在城市的市中心连线，我们得到了直线距离，谁近谁远一目了然。然而，拿到这组数据，我们反思了一个问题，这组数据字面意义上的"距离"，却不是我们想要探讨的"你离高铁站"到底有多远。因为同样 10 公里，对于一线城市，和对于一个县城，给人的感受是不同的。查阅资料之后，我们找到了一种符合我们需求的算法，用直线距离除以城市建成区的"半径"，得到一个指数。它会直接告诉我们，这个高铁站对于当地居民，是"近便"，还是"偏远"，这才是我们真正想要探讨的。

一个有趣的结论从这组数据中得出：大城市的人会觉得近便，而小地方的人会觉得偏远。"为什么"，在第二篇中，我们结合三个有代表性的实例，探讨了高铁站选址过程中的历史原因，给这种现象一个解释。

6.《北京房价的三年》——王喆

2017 年初，北京房价再掀一波疯涨高潮，政策调控空前密集。《北京房价的三年》呈现并探究当时北京房价的变化情况。

作品使用 Python 完成最初的海量原始数据抓取，在数据清洗环节上也下足功夫，除了删除无效记录或字段，清理异常值也同样需要技巧。比如，2017 年的北京还有每平方米均价 1 万元的房子吗？这些异常值排除方法主要是人工筛选外加统计学标准，例如 25 分位、50 分位、75 分位。随后，根据数据分布趋势确定临界点，比如，在"学区周边房价"的三年对比部分，需要按照价格高低来进行点的颜色深浅渲染，如果凭借直观感觉给出价格分界点，区分往往不够明显，因此，进行了直方图绘制和离散化处理，最终在多次尝试后找到较为良好的价格分界，呈现出具有显著对比的两张图。

"披萨"方案是如何诞生的呢？如果将区排布按房价升序来呈现，则房价点所呈现的形态将有可能趋近于一个螺旋。实际房价的区间以及小区价格的散布程度较大，如果将真实数据投射到环形图上，市场主流房价的趋势被弱化。我们人工设置了一个临界值，超出这个值的就在环外显示，为市场主体的趋势预留出呈现空间（见图 3）。

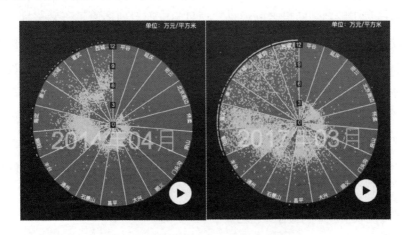

图 3 2014 年及 2017 年北京学区周边房价

注：图中每一个圆点代表一个小区。与 2014 年相比，2017 年圆点向外围扩散，表明房价有所升高。

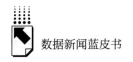

在展现三年间房价涨势对比时，作品尝试在不画蛇添足的前提下让用户对数据有纵深的了解，手机端触控区的设计结合折线图，把趋势有趣地表现出来。

如果进行优化，我们希望做到交互的"无形"。能随时随地为用户提供支持，不需要显式的交互区域和交互提示。比如，将图表区域分为隐藏的四个区，读者手指触发的区域和数据显示的区域保持对角的相对位置，这样便可以节省现有的"触控板"区域。

7.《专利药为什么这么贵？》——王喆

2018 年，《我不是药神》成为现象级电影。基于这个热点背景，该项目在"民愤"声中不盲目迎合，以层层递进的方式冷静讲述专利药为什么贵。药是生活必需品，但大多数人对它知之甚少。在项目前期为读者科普专利药的诞生过程很好地为后面理解专利药的高成本做了铺垫。

交互的形式呈现了专利药如何从实验室的化合物变成药店货架上的药物。代表化合物的元素从左到右移动，读者可直观地看到它们经历了研究期、开发期和许可期的严格筛查，不合格的、失败的产品被一条条划分阶段的线阻拦掉，层层筛选后"存活"下来的药物少之又少，由此，我们感受到专利药从研发到到达患者的艰难。项目不仅形象地还原了研发全过程，而且将成功率、占预算比例以及各个研发周期的时间长度三个细节融合进来（见图 4），体现出长周期、高风险、大投入的特点。从左至右的交互过程很好地控制了阅读节奏，帮助读者理解。

《纽约时报》Upshot 栏目也用过类似的方法讲述阶层流动话题，按照"流动"的顺序依次传达信息，引导阅读顺序和调整阅读节奏。而这类型的可视化仅靠交互指引，去传达一项阅读内容是不完整的，后期总结性信息的补充与叠加，往往是更为重要的。

8.《快来生成你的最佳缴税方案》——王喆

贴近民生的小工具是数据新闻的一种重要形式，也是最"接地气"、最容易获得传播的项目类型之一。2018 年《个人所得税法》修订，备受关注且较为复杂的"专项附加扣除"于 2019 年初正式实施。当读者想要了解子

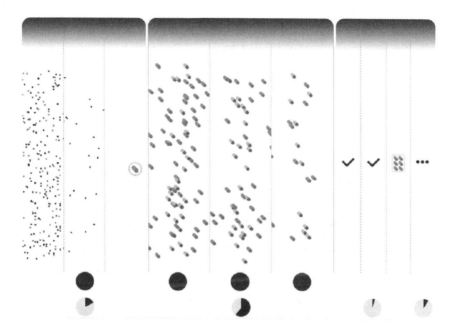

图4　专利药从实验室到药店要经历什么

注：图中每颗药丸代表一种专利药，从左到右可见随着药品经历研究期、开发期、许可期三个阶段，能够成功上市的药品数量有限。

女教育、赡养老人等六项专项附加扣除细则时，用文字梳理呈现官方发布的3000 余字、32 个文件使读者感到阅读压力极大，且不能直观地感受到各项政策对读者自己个税会产生多少金额的变化，充满距离感。计算器的形式则抓住了各个读者关注"自身"的特点，弱化政策的晦涩感和距离感，更好地服务于读者。

　　根据个税专项附加扣除暂行办法和扣除信息表，工薪族尤其是结婚后的夫妻在具体扣除方式上面临很多选择。面对子女教育、房贷等支出时，夫妻两人如何分配以获得最大减税红利？项目不局限于以个人为单位的计算，附加了以家庭为单位的计算，让读者在尝试的过程中，获得家庭最优解。

　　与项目《高铁动车 6 小时能到的地方，你想去哪个？》类似，工具类项目理想状态是被大众收藏、分享与广泛使用，长期维护及更新不可或缺，用

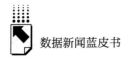
户体验要求更高，个税计算器项目在细节处都处理得很好。

9.《场馆们的后奥运时代》——王喆

2008年北京奥运会的31处奥运场馆后来怎样了？《场馆们的后奥运时代》通过梳理豆瓣同城上发布的含北京奥运场馆名称的活动，展现了十年来场馆的复用类型。

项目用彩色气泡的形式重现2008年至2018年场馆的赛后利用情况，三个角度及颜色的气泡分别代表文化演出、体育赛事以及嘉年华三个类别，气泡大小表示活动总量。随着时间推移，读者可以直观地看到场馆的主要用途及各场馆间活动数量的差异。除了让读者看到利用情况变化的过程，当时间停止在2018年时，补充饼图总结了10年间的利用情况。项目在北京地图上叠加了各场馆周边日间与夜间的人口密度数据，用"山峰"的高度代表人口密度，在三维空间内能够做到兼顾场馆地理位置以及人口密度数值，视觉效果更佳（见图5）。

图5　场馆们的后奥运时代

注："山峰"的高度代表人口密度，"山峰"越高，该地区人口密度越大。

角度转换，用水平的视角查看地图，日间夜间的人口密度"山峰"分别位于平面上下，左右代表地图东西。读者可以通过鼠标悬浮查看场馆名称和日夜人流密度情况，平面上下的山峰起到了柱状图的作用，可以看出场馆的显著差异与特点，赋予项目更多想象力和意境。

除了多维度的数据分析及可视化,大量的场馆照片被应用在项目中,更为直观地展现了场馆们的今日图景,增强了项目的完整性和可读性。

10.《电子迷雾》——王喆

诞生于中国的电子烟已经风靡全球,但电子烟在中国没有被明确归类,处于监管真空状态。多数人并未意识到电子烟潜在的健康风险,行业引来投资热潮,甚至一些名人也参与其中。电子烟的中国市场正在疯狂扩张。

这个项目是对中国电子烟现状和全球监管情况的数据调查。它揭示了电子烟在中国的现状,分析了来自美国约翰霍普金斯数据库 2017 年、2018 年的电子烟数据,可视化全球各个国家对待电子烟的态度和监管方式,呈现出强烈的地域特征。数据显示,发达国家和不发达国家对待电子烟的态度非常不同。亚洲更倾向于一刀切的禁令,而欧美更倾向于管控但不完全禁止,但中国电子烟的监管仍是空白。

一个项目能影响多少读者?带来多大影响?在过去,我们只能通过转发情况、流量、读者评论看到反馈。与以往不同,《电子迷雾》在传统方法的基础上尝试了调查问卷。在项目的开始和结尾设置了一个相同内容的包含三道问题的小问卷,这三个问题考察了读者对公共场所使用电子烟、学生使用电子烟以及电子烟卡通包装的态度。该项目通过阅读前后的比较,检测读者在看完整个项目后对电子烟态度的转变,并以此衡量该项目对读者的影响程度。

经过后台数据的统计与计算后,我们发现,读者的改变是很明显的:

Q1:餐厅邻座有客人使用电子烟

选择"可以"的读者比之前减少了 15%;

Q2:校门口的高中生玩儿电子烟

选择"可以"的读者比之前减少了 6%;

Q3:电子烟的包装盒充满卡通图案

选择"可以"的读者比之前减少了 6%。

项目另一个创新点在于对"格子地图"(见图 6)的使用。当展示全球各个国家电子烟政策的异同以及地域特点时,地图无疑是最好的表现形式。

如果使用传统的世界地图，由于国家面积以及投影方式的影响，读者很容易
进入"面积大"＝"国家多"的误区。为了消除这种视觉上的误区，我们
使用大小一致的小方格代表每一个国家，尽量还原真实地理位置，把它们排
列成世界地图，这样，读者能准确感知不同电子烟政策下国家数量的多少。

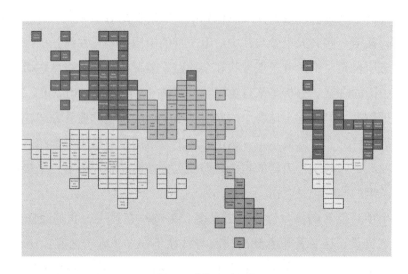

图6　"格子地图"

注：经过地理位置修正的格子地图，每个格子代表一个国家。

　　但是"格子地图"同样具有问题，它增加了读地图的难度，重新排列
组合后的"格子"改变了各个大洲的轮廓。所以我们增加了普通世界地图
转变为格子地图的过程，并且主要的海洋在地图上被标注出来，为读者读图
增加一些参考物，降低阅读难度。

　　11.《冰川消融威胁》——孙茜

　　"82.2%的中国冰川处于退缩状态，与20世纪50年代相比，冰川总面
积减少了约18%。"记者觉得很危急的事情，读者往往无法共情，这是很多
新闻非社会类选题经常遇到的尴尬问题。环境类选题尤其是，问题离自己比
较远，受到的影响也不直观，如何引发读者的兴趣？对于讲述关于环境故事
而言，可视化是个好办法。这个项目通过让读者自主点击地图上的雪山图
标、点击不同的时间查看对比图，引导读者在互动中自己去探索，主动吸收

项目想要传达的信息，而不是被动地给什么看什么。

直观地看到不同年代冰川退化的变化对比图，比提供百分比数字更能有效地给读者留下印象。最后一个冰川融化影响的步骤互动图将读者带入了整个发展过程。读者通过滑动鼠标或者屏幕，一步一步看到碳排放使得高海拔地区温度上升、极端气候出现、冰崩导致洪水灾害、生命由此被带走的过程（见图7）。人们可以意识到，原来整个过程的原因是我们，最后承受结果的也是我们。

图7　冰川消融威胁

注：图中每个元素为冰川消融不同阶段产生的生态影响，随着读者的滑动分步骤一一进行展示，并配有相关音效。

12.《移民去远方》——孙茜

互动类数据可视化的运用场景可以被归结为几个流动——人流、物流、现金流、信息流。这个项目解决的就是"人流"的问题。最大的困难在于需要在一张图上体现大量多重维度的数据，包括移民流出国、流入国、人数、性别等。最终采用D3代码写出可以旋转的3D地球，用人形图标的数量、颜色以及移动的方向来表达相应数据信息。读者拖动地球模型的时候可以直接查看每个国家相应的人口流动信息，可以自主选择想要了解的信息，

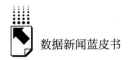

包括指定国家仅移出、仅移入，或者移出与移入的人数总和。

文字与可视化联动是这个项目的又一亮点。点击地球模型，图的左边也会列出所查看国家的详细移民信息以及移民政策变化。同样地，在文字下拉菜单中选择国家的名字，地球模型会自动跳转到所选国家，点击文字稿中划线的国家名也可以达到相同效果。项目仅用一张图就呈现了海量的数据信息，且可视化能够基本独立于文字稿存在，不用过多进行文字描述就可以清晰地表达数据。此类可视化技术可以应用在地域相关的选题中，比如国际贸易、全球留学、气候变化、物种迁徙等。

13.《北京人口》——孙茜

这是一件 SOPA（亚洲出版协会）获奖作品。人口密度大、增长快是北京与所有超大城市面临的问题。北京人口如何增长到目前规模？为什么中心城区聚集越来越多人口？人口控制政策是否有效？这个项目回归简洁明了的可视化交互，更精准、高效地传达出想要表现的信息。

在避免过于复杂的前提下，在一张图上呈现了尽可能多的数据维度。人口激增与控制的交互图，在呈现人口数量随着时间变化的同时，以图中人形图标出现的速度表示人口增长的速度，点击时间节点可以精确查看每一年的人口数量（见图8）。

图8　北京人口

注：左图面积为北京各个区在不同指标下所占比重，各区面积合计为100%。

变形地图被用于呈现北京各个区在不同指标下所占的比重,非常明显,占地面积不足总面积10%的北京六城区负载了北京过半的就业人口,以及贡献了绝大部分的GDP,地图在指标间的切换充分体现出北京各个区面积、职能、人口的"失衡"。

14.《探寻热带最大泥炭地》——孙茜

这个项目基于财新记者的实地考察而成,亮点在于整体思路与设计先于记者出发已完成,所以记者在途中能够依照事先设定的要求拍摄很多视频素材,包括采访以及当地场景(见图9)。作为一个与非数据新闻组记者的合作项目,我们将对具体内容的把控交给了亲临现场的记者,再根据拿到手中的内容进行设计组合。

图9　探索热带最大泥炭地

注:图中心为泥炭地平切展示,点击播放按钮可播放相关视频。

为了避免科普的枯燥,我们以"讲故事"的形式,叙述了泥炭地对于几方群体,包括普通村民、政府官员、科学家等的意义。把他们放到抽象的湿地立方块上,每一面代表了其中一种观点,用一种舞台转换的感觉去展示围绕刚果湿地问题的各种声音,这其中包含科学家对于泥炭地被破坏的焦虑、当地人对贫困的无奈、政府对经济开发与泥炭地保护的矛盾。

我们将漫画、视频、可视化和文字融合,增加了项目的可读性,将刚果

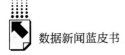

的热带雨林"搬"到了读者的眼前。相较于数据新闻,这个项目更倾向于"可视化新闻报道",它有非常强的"故事性",但"数据性"相对薄弱,使得读者对泥炭地的了解停留在"现状"而非"发展"。增加结构化数据维度,例如泥炭地面积的变化、保护热带雨林泥炭地对经济的影响变化、非洲对于泥炭地及其他环境问题治理的投入变化,都可以更大程度地丰满项目的"数据性"。

B.12
从新一线城市研究所的发展
历程看中国数据新闻
团队的生存挑战

——第一财经数据新闻案例报告

沈从乐*

摘　要： 从数据新闻发展的早期就注意到其生存问题，使得新一线城市研究团队对于数据新闻领域的认识不再局限于数据分析及可视化等技术层面。从通过数据新闻探查市场兴趣，到发展数据咨询业务，从分析师的人海战术，到更高效率的产品服务模式，新一线城市研究所逐渐探索出一条更为有效的商业模式之路。

关键词： 数据新闻　商业模式　第一财经

从创立团队的那一刻起，新一线城市研究所思考的问题就是如何活下来。

作为团队的创始人，笔者接触数据新闻是在 2011 年。与所有最初接触这一领域的爱好者一样，技术层面上的事情最先引起了笔者的兴趣。其间，笔者通过看案例、整理不同类型数据的可视化表达方式，以及尝试动手作图，不断丰富实践经历，笔者甚至还与几个朋友开了博客，将团队的总结记录下来。

但很快，讨论开始转换到了另一个层面：这些国外的媒体机构要做一支数据新闻团队的动力在哪里？越是看那些通过复杂代码、设计与文字组织起

---

* 沈从乐，第一财经·新一线城市研究所主编，研究方向为城市数据。

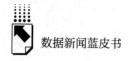

来的作品，就越能明显感觉到，这些作品背后是更长的生产时间、更高的人力投入，以及更低频的产出。在市场化媒体的语境下考虑，这种投入—产出明显倒置的新媒体形态，即使是《纽约时报》《华尔街日报》等媒体巨头，也未必能算得过来账。

从数据新闻发展的早期就注意到其生存问题，使得笔者对这个领域的认识不再局限于数据分析及可视化等技术层面。因此，真正面对在机构媒体内组建一个数据新闻团队的机会的时候，如何建立起可持续的商业模式这根弦一开始就一直紧绷着。

一 通过数据新闻探查市场兴趣

早于新一线城市研究所成立，"新一线城市"的概念在 2013 年就已经由《第一财经周刊》（现《第一财经 YiMagazine》）提出。基础的商业数据分析和现场调研采访将一批"未来有可能成为新的一线城市"的中国城市定义为"新一线城市"。在杂志内部，"新一线"初期以栏目的方式运作，设定固定编辑，相对松散地组织记者围绕不同主题展开报道及数据分析。在这个过程中，新一线栏目每年推出的基于数据的城市分级报告已经在市场上形成了一定的影响力，也接到过零星的数据咨询服务需求。

2015 年 7 月，新一线城市研究所正式组建团队。当时在阿里巴巴入股第一财经的大背景下，第一财经提出了"资讯＋，视频＋，数据＋"战略，结合城市数据研究的新一线城市研究所获得了单独成立数据新闻团队的机会，由此也正式开启了这个团队在商业模式上的探索过程。

从团队创立到 2017 年，近两年的时间可以算得上是第一阶段。第一阶段的代表作品为《在睡觉这件事上，哪些城市比较幸福?》。尽管团队成立时赶上了中国高校培养的第一批数据新闻人才进入市场，但将团队搭建得相对完整也花费了将近一年的时间。第一批团队成员的招募聚焦在对数据新闻感兴趣的新闻传媒类专业背景毕业生中，他们进到新一线之后定岗"数据新闻记者"，工作与内容生产紧密相关。

　　当时的整个团队的工作职责围绕生产数据新闻选题展开，数据新闻记者需要从寻找选题开始，完成数据获取、数据分析和数据可视化的方案，同步外出采访，通过主客观两个方面的素材共同构建选题逻辑，最后完成稿件。其中，数据可视化的执行部分跨部门由杂志设计团队来承担。

　　与传统的媒体人才训练方式类似，初期新一线团队对数据新闻记者的培养也侧重在综合能力上。要独立负责一个选题的内容生产，就要求数据新闻记者既拥有对数据极高的敏感度，能够寻找、采集和分析数据，并能够靠团队自学的方式掌握一定的代码基础用以实施更高难度的数据挖掘工作；同时，这样的工作也要求数据新闻记者仍然维持良好的新闻采访与写作技能，以交叉验证的方式来"讲好故事"。

　　从产出来看，这个阶段虽然新一线城市研究所发表的内容在形态上基本与一般的数据新闻稿件类似，但实际上也在利用这些面向公众发表的媒体内容来摸索与城市数据分析相关的市场兴趣点。因此，在选题的领域和视角上不做过多的限制，也不对稿件的阅读量等流量数据进行考核，以此通过进一步的内部分析来明确未来窄众领域的服务方向。

　　事实证明，最初两年的种种尝试是有效的。从2017年开始，新一线陆续接到不同城市、不同领域的政府研究部门，以及一些商业机构的咨询，了解城市数据是否可以做定制化的咨询报告生产，或者是否可以实现数据采购。从他们带来的反馈看，新一线整合的城市商业及互联网大数据对于当前的政府决策及商业战略决策来讲，是一种全新的视角，可以作为原有城市分析的有力补充。

二　数据新闻与数据咨询相向而行

　　2017年下半年起，团队在维持内容生产业务正常运行的情况下，开始陆续承接政府课题和商业咨询的工作，发展进入第二阶段。第二阶段的代表作品为《下一家盒马会开在哪里？》（见图1）。

　　从数据新闻生产转向咨询报告生产，给团队带来的最大挑战来自工作模式的转变。过去制作数据新闻报道，更多是凭借记者的独立思维能力来完成

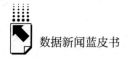

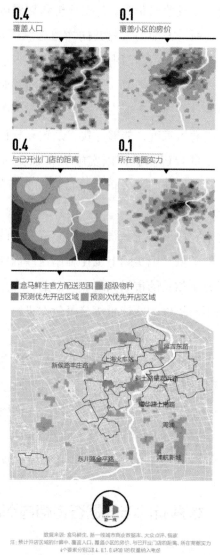

图1 第二阶段代表作品《下一家盒马会开在哪里?》

注:第二阶段的作品中有一定比例侧重探索数据咨询服务市场,比如商业门店选址、城市公共服务配置等议题,通过前置研究测试市场中是否有类似的数据分析需求。

来源:https://mp.weixin.qq.com/s?__biz=MzA3MjIzMzg0Mw==&mid=2649973531&idx=1&sn=d6c290ae71b6c66ca41262b99e9f8209&chksm=8726a507b0512c115a4d7a3ec601b9956895d3af534839f111564a0470746153aff4b6180c00&token=1318224473&lang=zh_CN#rd,最后访问日期:2018年8月18日。

对整篇文章的谋篇布局，但咨询报告的框架系统庞大、逻辑链条长，需要整个团队分工协作才能够完成。此外，数据新闻的生产中，数据可视化占用的关注度和精力较高，而在咨询服务中，严密的数据分析逻辑和叙事架构才是一篇优秀报告的核心，这需要团队成员转变关注点，将重点集中在数据分析与解读部分。

在这个阶段中，新一线团队经历了多次工作模式的整合。最初的方式是延续数据新闻生产中单打独斗的工作状态，将一个项目的不同部分切分，分配到不同的同事手中独立完成，最终再由项目负责人拼接统合。但这种方式意味着每个人都需要投入大量的时间完成前期研究、数据提取与分析、报告解读与撰写等环节，有一定的重复劳动计入，效率不高。在项目配合过程中，逐渐调整到更符合实际情况的流水线工作模式，将分工落实到数据提取、研究分析、报告成文等各个环节，加快咨询报告的生产效率。

要在完成咨询服务业务的同时维持数据新闻的生产，在团队规模扩张受限的情况下是相对困难的。在第二阶段的团队发展中，这两种产出方式出现了明显的生产模式及思维方式的差异。在咨询服务业务比重逐步提升的情况下，数据新闻内容也受到影响，在选题内容和数据处理分析的方式上也更加偏向于提供问题以及发现与解决方案的咨询报告风格。在这种变化下，新一线团队已经很少受新闻热点的影响来生产稿件了。

两种业务相向而行的过程中，原有的数据新闻内容在经历了短暂的生产能力不足而降低更新频率之后，逐步调整为服务于咨询业务的数据报告生产。这类内容业务聚焦于展现团队的分析能力与关注领域，在新媒体端传播的同时成了品牌推广的一种手段。

最为典型的内容产品《城市商业魅力排行榜》，依然坚持每年春季发榜。全团队坚持为每次榜单上线全力投入 3 个月以上的时间来完成数据收集、分析、可视化、报告撰写、相关推广与落地活动组织等工作。对于一支具备强烈的媒体基因的城市数据研究团队来说，这份榜单经过 4 年的连续发布已经在社会上积累了广泛的影响力与热度，又同时全面展现了新一线的数据储备与分析水平，是最重要的自我推广。每年榜单的发布都会给全网带来数亿的传播流量，也在之后为新一线赢得了大量的咨询服务机会。

到 2018 年结束，新一线城市研究所承接了上海、成都、天津、杭州、郑州、大连、呼和浩特等城市政府在发改、商务、城市规划等领域的大数据分析专题，为一些商业公司提供了数据采购与分析服务，全年基本实现了盈亏平衡。

虽然与市场上的咨询公司相比，新一线的咨询服务业务在广度和深度上都还有很大的空间，但作为从媒体中的数据新闻团队发展而来的一支城市数据研究团队，它在 3 年多的时间里完成了商业模式的探索与实现还是值得肯定的。从团队的发展来看，从建立团队之初就明确要寻找"媒体—广告"模式之外的生存路径也是正确的选择。

三 提升效率，转变数据服务模式

基于之前得到的发展，从 2019 年起开辟的新阶段中，新一线城市研究所的目标是对齐市场上的新兴咨询服务团队，结合互联网语境下的服务模式，通过整合现有的数据研究成果，梳理出一个产品逻辑，从分析师的人海战术，转变为更高效率的产品服务模式，突破想象力，形成更有效的商业模式。第三阶段代表作品为《熬最深的夜，蹦最欢的迪，2019 城市夜游指南丨新一酱·知城》（见图 2）。

这个阶段的重点放在产品上，主要是结合当前市场上反馈最为热烈的城市指标模型，将其进行系统化开发，形成一套完整的城市指标体系，并以互联网产品的方式发布，从中获取 B 端和 C 端用户的付费收益。

结合商业模式再造，团队的整体架构也得到了重新梳理。4 位资深的同事分别牵头组成了数据技术组、政府咨询组、商业创新拓展组。其中，数据技术组负责常规的数据挖掘工作和咨询项目中的数据提取工作；政府咨询组重点维护当前的存量和新增的政府咨询项目，维持团队获得稳定的现金流；商业创新拓展组则挑战指标产品的开发，并同步了解市场上商业公司的各类数据服务需求，从中寻找新的模式性机会。

在这样的组织架构下，数据报告内容的生产越发成为各业务组拓展市场的工具。报告的内容生产仍然由团队的多数成员分头承担，但由于背后加入

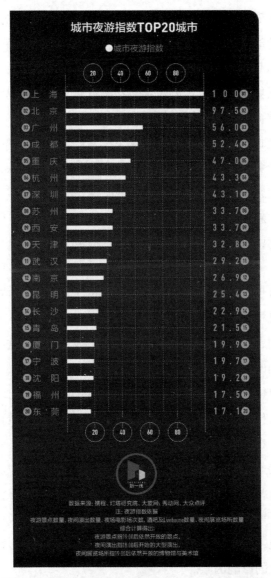

**图2　第三阶段代表作品《熬最深的夜，蹦最欢的迪，
2019 城市夜游指南丨新一酱·知城》**

注：知城指标的发布在第三阶段的作品中占比较高，通过简洁的数据分析结论，探索建立城市不同维度数据指标的可能性，为后续的产品发布做内容准备。

来源：https：//mp.weixin.qq.com/s?＿＿biz＝MzA3MjIzMzg0Mw＝＝&mid＝2649975073&idx＝1&sn＝0e2ceecebe89008a24fda681d2afa26c&chksm＝8726af3db051262b7857da51f55ca9c28dbba3587a5cd4022 314cf985a9c1948f3e8ac8568ff&token＝1318224473&lang＝zh＿CN#rd，最后访问日期：2019 年 8 月 24 日。

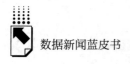

了更多的商业拓展需求，这部分产出在选题设定和分析手法上也将更有针对性。从内容生产的角度讲，新一线内容业务产出逐渐与媒体传统的内容成果远离将是确定的趋势。

回顾新一线城市研究所过去四年的发展历程，我们可以将其总结为从数据新闻团队向数据咨询团队蜕变的过程。

在媒体行业长期处于转型期的情况下，新一线的这条路走得并不容易，但至少能为新业务争取到一定的时间和空间。在商业模式探索过程中，团队依然面临几个问题，尚待随着业务的推进能得到改善。这些问题如下。

其一，数据新闻团队转型做咨询服务必然面临在行业、学科或其他专业领域的跨界问题，要在目标方向的领域站稳脚跟，需要比其他团队付出更多努力。

其二，出身于媒体的咨询团队与市场上的咨询服务团队竞争时，很容易面临团队组织机构不完善，知识结构有偏差，或者在技术、商务、品控等能力上有短板等问题。受限于主管机构的人力或财务结构，这些挑战未必能通过团队自身得到改善。

其三，在媒体转型期，大型机构媒体的转型策略仍将"媒体—广告"模式的调整改善作为重心，在这个背景下，数据新闻团队转行做咨询服务的方向未必能与所在机构的整体改革方向步调一致。其中，不一致的地方就容易产生一些不利于团队发展或阻碍快速发展的因素。

这些问题有些可以通过团队自身的调整和努力逐步改善，有些则需要通过与所在机构长期沟通磨合来逐步达成最佳的平衡。对于新一线城市研究所这样的团队来说，它的最大优势来自其媒体基因，而背后的媒体机构也将是它未来发展最大的影响因素。

环球视野篇

Global View

B.13
美国数据新闻研究报告

王琼 金晶*

摘　要： 本研究围绕美国数据新闻发展状况，对七支具有发展优势的美国数据新闻团队进行了深度访谈。访谈发现：相关从业者对数据新闻的界定和理解较为一致，认为数据新闻的本质是新闻。数据新闻生产团队的人员架构较为复杂，对数据新闻人才的要求强调学科交叉与融合，兼顾计算机语言与新闻采编能力者越来越成为行业需要的人才。各团队生产数据新闻的业务流程大体相似，略有差异，报道形式和呈现方式多元。对于数据新闻的未来发展，从业者普遍认为其宏观上具有潜力，但不能盲目乐观，要警惕对数据病态依赖的风险。

---

* 王琼，博士，武汉大学镝次元数据新闻研究中心主任，武汉大学媒体发展研究中心研究员，武汉大学新闻与传播学院副教授，研究方向为数据新闻、视听传播；金晶，武汉大学新闻与传播学院 2018 级硕士研究生。

关键词：　数据新闻　美国　数据共享　可视化　数据依赖风险

　　数据新闻是基于数据科学的知识和技术，通过或结合数据分析，对事实进行的新闻报道。① 这一新闻生产的量化思维和方法可以追溯到 20 世纪 50 年代的计算机辅助报道阶段，当时的代表性案例包括美国 CBS 广播公司利用大型计算机对美国总统大选进行数据分析报道。在 21 世纪的数据新闻浪潮中，2009 年初，英国《卫报》在网站上创建《数据博客》栏目，成为数据新闻实践的领跑者。《纽约时报》《华尔街日报》也相继开设数据新闻专栏。2009 年，奥巴马总统上任后签署了《开放政府条例》，建成数据门户网站（data. gov），美国数据新闻也随着数据的开放和相关政策的助力得到了快速发展。全球范围内，美国是新闻业、数据新闻业和数据新闻教育发展较为成熟的国家之一。

　　对美国的数据新闻发展进行研究，可以通过对数据新闻定义的重新审视，探寻数据新闻的本质和内核，通过分析总结数据新闻的生产流程，为中国数据新闻业的发展提供借鉴。本研究对美国七支具有发展优势的数据新闻团队进行了深度访谈，力图通过典型个案的分析呈现美国数据新闻发展现状，探寻中国数据新闻行业的发展战略与自我优化路径。

一　访谈对象的选取

　　本研究选取了包括《纽约时报》在内的七家媒体的数据新闻团队进行了深度访谈。访谈对象既有《纽约时报》《华盛顿邮报》这样的全国性的大型报业集团，也有以《坦帕湾报》（*Tampa Bay*）为代表的地方报纸。有包括《今日美国》在内的综合型报纸，也有《华尔街日报》这类专注财经新

---

① 王琼、刘真真、田青、王文超：《2015 中国数据新闻发展报告》，《中国媒体发展研究报告》2015 年第 0 期。

闻的专业型报纸。访谈对象不仅包含了上述报业集团，还有新英格兰调查报道中心（New England Center for Investigative Reporting）和美国国家公共广播电台（National Public Radio），二者在数据新闻和深度报道领域具有领先优势。总的来说，访谈对象的选取兼顾了全国和地方的机构，这些机构的报道既有综合类内容也有垂直类内容；媒介类型不仅包括传统纸媒，还有广播电台和新媒体。本研究，通过多元化的访谈对象的选取，力图全面覆盖美国数据新闻行业，借由这几家具有发展优势的数据新闻团队展示美国数据新闻整体的发展状况。

受访者的具体信息如表 1 所示。

表 1　访谈对象信息

姓名	机构	职业	机构介绍
Sarah Cohen	《纽约时报》	计算机辅助报道编辑	2014 年成立新栏目"The Upshot"主打数据新闻
Martin Pouch	《华尔街日报》	数据图像开发员	美国付费发行量最大的财经报纸
Steven Richie	《华盛顿邮报》	调查团队数据编辑	擅长报道美国国内政治动态
Jodi Upton	《今日美国》	高级数据编辑	美国唯一的彩色全国性英文对开日报
Brian Boyer	美国国家公共广播电台	视觉编辑	美国最大的公共广播电台，网站上也有大量内容丰赡的新闻和深度报道
Shawn Musgrave	新英格兰调查报道中心	数字制作人、调查记者	美国第一家以大学为基地的非营利调查报告编辑室
Adam Smith	《坦帕湾报》	编辑	佛罗里达州坦帕湾地区的一家地方性媒体

二　对数据新闻的界定和理解

学界对于数据新闻概念的界定有多种表述。中国学者方洁从新闻呈现形态、生产流程、行业发展的角度，将数据新闻从狭义上概括为："基于数据的抓取、挖掘、统计、分析和可视化呈现的新型新闻报道方式，核心是对数据的处理。"① 吴小坤认为，"数据新闻是基于数据分析和计算机技术的可视化新闻样式，在新闻叙事中使用数据呈现原本仅靠文字所难以呈现的内容；或者通过数据分析发现问题，并进而挖掘出新闻故事。这一定义旨在为数据新闻划分边界"。② 英国卫报数据博客（Data Blog）创始人西蒙·罗杰斯认为数据新闻不一定采用数据可视化的形式，但必须以"数据"和"统计"为基础。③ 斯塔里·乔纳森对数据新闻的定义是，"出于公共利益获取整理和发布数据的报道"。④ 笔者认为，数据新闻是基于数据科学的知识和技术，通过或结合数据分析，对事实进行的新闻报道。⑤

国内外学者对于数据新闻的界定尚未统一。相关从业者对数据新闻的界定又是什么样的呢？本研究对美国的7家数据新闻团队关于数据的界定和理解进行了深度访谈。访谈发现受访者在对数据新闻进行定义时，大多数无可避免地从"功能说"的角度对其进行阐释，从对数据新闻与传统新闻的比较上对其特点进行界定。但究其本质，受访者较为一致地认为数据和新闻的本质与核心是新闻。

问：如何定义数据新闻？

Shawn：数据新闻就是在你的报道的过程中利用数据。利用数据的过程如：从数据中找到稍后写报道所需要的材料线索，抑或把数据作为进行报道的链环；抑或数据就是你的发现。如果我围绕着数据做文章，数据就是新闻的主旨内容。

Brian：数据新闻的本质仍然是新闻，你不会称其为电话新闻或者说铅笔新闻。当我们说到可视化部分时，我们是在说另一种方式。可视化部分是

---

① 方洁、颜冬：《全球视野下的"数据新闻"：理念与实践》，《国际新闻界》2013年第6期。

② 吴小坤、纪晓玉、全凌辉：《数据新闻市场价值与商业模式侧描——基于国内7家数据新闻媒体负责人的访谈》，《当代传播》2019年第5期。

③ Simon Rogers, "Data Journalism is the New Punk", *British Journalism Review*, 2014, vol. 25 no. 2.

④ Stray Jonathan, "A Computational Journalism Reading List", 2011, January 31, http://jonathanstray.com/a - computational - journalism - reading - list.

⑤ 王琼、刘真真、田青、王文超：《2015中国数据新闻发展报告》，《中国媒体发展报告》2015年第0期。

关于呈现，而数据部分是关于报道，所以可视化在于编程、摄影和图表制作。你怎样展现一件事和你怎样报道一件事是不一样的。有很多人是很不错的记者，却是很糟糕的写手；有一些很优秀的记者，却在图表制作上一塌糊涂。我们需要配合报道整体的呈现，我们需要优秀的新闻报道。

Adam：利用技术来发现和改进那些不用技术就很难发现的好新闻。

Jodi：在我眼中数据新闻就是那些让人反复思考的新闻，它通过使用数据告诉我们一些我们的事情，我们可以详尽深入地了解一个事件。

Martin：数据新闻是一种精确的可数的新闻，它运用事实和数据，而不是简单地建立在毫无根据的传闻和主观感受上。

Steven：我认为任何新闻都会用到数据，数据可以呈现出很多形式，它只是用来呈现一堆数字的可视化形式，以及以数字为依托的故事。但是随着时间的推移，我越来越觉得数据新闻和调查新闻是相同的，它通过数据去挖掘深度信息，让报道背景更充分，提升整个新闻的质量，让读者能更好地理解新闻报道，这就是目前我所窥得的数据的性质。数据新闻仍然脱离不了新闻这一本质，你能做传统新闻报道，你自然也能够做数据新闻。我已经和很多人讨论过，"数据新闻"这个术语最为核心的部分仍然是"新闻"二字，但我们也要注意它是有很多数据的新闻。越来越多的记者正在学习如何在新闻中使用数据，尤其在日常新闻和长篇报道中数据让我们的新闻与众不同。

三　团队构成与协作机制

美国数据新闻生产团队人员构成除了记者编辑外还包括处理数据的相关技术人员，美国数据新闻生产团队人员架构较复杂，不同的媒体机构的协作机制也各不相同。有的团队内部有较为明确的分工，各司其职，有的团队内部具有较强的流动性。

问：您的团队结构是什么样的？

Shawn：我们的团队只有四位记者、一位执行编辑，还有一群实习生和自由撰稿人。他们和我们一起工作，其中，大多数至少具有基本的数据处理

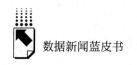

能力，但不一定掌握了前沿技术。我们只有一个队伍，我负责的主要是数据可视化工作，但也只是在我们需要做可视化的时候。

Brian：我们的视觉团队有 15 个人，我们会涉猎各种视觉新闻图片形式和视频形式。我们会做图表，做地图，我们有专门的数据记者，同时我们会写一些爬虫。我们的团队承包了所有这些工作，在过去两年时间里，我们保持着这样的状态。

Sarah：《纽约时报》有四个数据小组，我负责其中一个。我们有一个叫作"upshot"的数据新闻网站，它是可以展示包括意见、短视频、建模或类似的产品在内的可视化窗口。可视化小组和图形小组负责处理读者习惯看到的所有图形。交互式新闻小组，能做很多我称为"数据故事的重提"的工作，他们也帮助处理内部应用程序。我的团队是一个报告团队。我们不参与报纸的出版方面，只参与新闻的收集，所以我们通常只从事调查和长期的企业工作。一般我们做的是寻找我们想要做的选题的文档和数据。我们先确定选题，再去找数据，所以我们的团队更像一个报告团队。在大多数地方，这四个团队是组合的，所以我们的团队比大多数都小得多。我的团队只有六个人，但它是一个非常专业的团队，从调查到编辑到报道。

Adam：我们团队把一些工作结合在一起做，而这些工作在其他媒体可能会被分散在不同的部门。在一些纸媒上，网页设计师是与团队对应的，但我们不是这样，我们有设计编辑室，里面的每个人都是擅用技术做新闻的，我们将他们集中起来。

Martin：我们有不同的团队各司其职。我们有一个数据调查团队，报道那些需要呈现大量数据的新闻时，他们就会和我们合作，就像可检索的公共数据库。同时，我们的团队也需要为我们自己的图表做数据分析。在我们的母公司道琼斯也有一个数据科学团队，当我们碰到复杂的数据科学难题时，我们可以与他们合作。不过数据新闻的很多问题都比较简单，通常只会用到大家都懂的数据功能。

问：你们技术人员怎么和记者合作？团队作业有特定的模式吗？

Martin：有时候我们被指派做特定的新闻话题，从中再找有趣的数据新闻点，比方说我们要调查人口统计数据的变化，包括人口的迁移、人口老龄化、年轻化等。通常记者们会给我们一份巨大的电子表格，然后我们需要根据它完成制图，以此帮助记者进行报道。记者们总会和资料来源有密切联系，你就会有绝佳的资料群，我们与已经开拓出新闻源关系的记者们合作，他们能为我们提供数据。我们也会应记者和编辑们的要求，用我们的专业知识去搜集可用的数据，并以此来解释这个大千世界。有的时候从某种意义上来讲，我们的专业知识更有效，因为我们每个月都会追踪记录数据，所以我们密切关注一些经济指标的数据，比如说失业率和利率，另外还有政治数据和人口统计数据等。我们可以告诉记者，我们能用数据来充实你的新闻。

四　生产流程和产品把控

不同受访团队的数据新闻生产流程较为一致，主要包括了四个阶段：确定选题，数据挖掘，数据分析，可视化呈现。数据新闻选题的确定在数据新闻的制作过程中尤为重要。影响数据新闻选题最重要的因素是选题的新闻价值，而不是选题提供者在团队中的身份地位。受访的美国数据新闻团队在使用数据之前会采取多种方式对数据的可信度进行确认，包括和专家交流沟通、现场查验、编写程序进行测试、采取多方信源反复核查等方法。

数据新闻的呈现方式较为丰富，可以是表格、图形，甚至是交互式的图表或者视频的形式。数据新闻生产团队在确定数据新闻的呈现形式时要经过多方面因素的考量。呈现方式的选取要考虑作品是否能够清晰明确地传递信息，便于读者阅读。其他因素如颜色的选择、交互的形式、分享在社交平台上的元标签，也都是考虑的对象。同时还要实现便于读者浏览与后端更新之间的平衡。数据新闻由于制作流程的复杂性，相较于传统新闻拥有较长的制作周期。根据项目的大小，制作周期从一周到几个月时间不等。

问：数据新闻的生产流程是怎么样的？

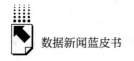

Shawn：通常记者会做初步的数据分析。我被吸纳进团队，来做可视化的内容供读者阅读。记者会向专家咨询，特别是流行病学的相关知识，以便去分析数据。所以我们越来越多的去找独立专家们，以便得到他们对数据的分析，然后用我们自己的相关分析来进行检验，以此判断分析的准确性。我们把所发现的数据做成可视化内容，来表现出我们如何得到结论，或者用来阐释数据。

Brian：我们没有一个特定的工作流程。有的记者会带着他们手上的报道来找我们帮忙，这个报道往往已经有了比较成熟的架构，然后我们去寻找与此相关的各种数据，接着完成数据的可视化。有时候会是我们的团队中某个人自己发掘了一个新闻，然后把它提供给整个团队，接下来的工作流程就会视情况而定了。对于身兼几个项目或者说对于一份长期工作而言，我喜欢把工作拆分为几个小组来共同进行。所有的工作都会在小组中完成，小组中有一位项目经理，通常会有一位设计师、一位程序开发员和一位图片编辑，我们在团队中吸纳拥有各种不同技能的人才，大家在几周内通力合作。我喜欢组建小的团队来共同工作。我认为这种形式的合作更高效、更迅速，同时会产生更多的乐趣，因为他们拥有自己的队友。这些团队都是临时的，所以小组、设计师、开发员、图片编辑都不固定，是一种随项目成立和解散的模式。现在我们已经聚集一群人，来进行我们全国范围的工作。他们从 12 月开始一直在做这个工作，包括一位交互设计师、一位信息设计师、两位程序开发员、一位项目经理，还有另一位交互设计师。团队中大约有一半的人是流动的成员，因为我们的工作并不是固定的，完成一件工作之后就会转战下一个。

Sarah：我们没有以数据新闻报道为开头的报道。我们想做的一些报道可能会需要数据的帮助，所以这是第一步。我和很多记者共进午餐，找出人们在想什么，然后决定哪些故事是我认为最有潜力被制作的，就像是谈论学校成绩的 ABCD 等级，也许是把 B 等级故事到 A 等级故事中提升出来的。我能把它从 B 带到 A 吗？如果我们做不到，我们可能会放弃它。选择这个故事以后，我们将开始与记者编辑们合作，分工寻找新闻来源，可能不是数据，可能是文件、电话，也可能是街头记者访谈。只要是给报告带来一致性和严谨性，我们就会去做。因此，在某种程度上，这更接近于精确的新闻报道，其次是更现代的数据报道。我们不局限于社会科学方法，我们也会使用语言方法或简单的数据方法，我们会使用各种各样的东西来记录、报道。同时，我们会与交互和图形团队合作，以决定最终向观众呈现什么样的作品，最终有多少作品会被出版。当你做数据新闻的时候，有时数据可以描述新闻大约三分之二的特效，它足够好但是不足以作为可视化发布。我们前期也许做了很多，但它最终不能作为数据库或进行可视化发布，我们会和可视化团队一起解决这个问题。

Jodi：谁都能提供点子，点子可以来自一位编辑，也可以来自一位调查记者，同样可以出自外人。当某个议题不断出现的时候，我们已经开始去弄清楚到底发生了什么，因为如果没有数据来支持分析，我们无法解答这个社会问题。一旦确定了选题，它一定会是一个数据新闻，而不仅仅是一份调查报告。一旦我们嗅到了数据的气味，我的团队就会介入。通常我们会自己做一个数据组，或者我们会搜集已有的数据。我们可以在已有的新闻中寻找一些数据，有很多组织会生产原创内容，对我们而言有些是有使用价值的。我们需要确认它是合法团体，在这种情况下我们才会尝试使用他们的数据。我们在拿到数据以后会先清理它，然后再进行分析，确保我们能够解答的目标问题。接下来，我们会利用新闻网络来进行协同。我们发现在北卡罗来纳有新闻，在内华达有新闻，在得克萨斯有新闻时，就会告诉那个地方的驻守记者，并询问他们能否用这个数据来分析这个新闻，所以他们需要知道怎样使用数据，同时他们也需要理解我们提供的新闻。然后我们会有通讯员或者数据记者来写全国性的报道，我们会收到来自地方分站的回馈，同时地方分站也会写他们自己的新闻，所以这是一个高协作的过程。

问：如何确定数据新闻的选题

Shawn：这得根据合作的数据来决定，我们的数据是做全国范围还是地方层级的，很大程度上取决于我们拥有的数据，或者是整合数据需要耗费的精力、数据的可用性和质量，记者编辑们会受到这些选择因素的制约。然后是话题本身，话题决定我们是否要用数据。接着还有报道的范围，如果是一个全国性的报道，我们需要得到相关数据，确定数据的准确性。最后你要写明将用以协助的数据，这是一个按项目计划的决定。越熟悉数据的人越会使用数据。我们只有一个队伍，对于特别的事件，我们也没有一手的资源，我需要去分析以获取庞大的数据组，并且通过阅读它们来确定里面是否有新闻可挖，这通常不是我们使用数据的方式。通常我们会有一个大致的报道范围来引导我们的工作，然后我们才会出动去搜集数据，所以我们没有专职的人去整合数据，去发现有趣的数据。我们会选择项目，然后分析清楚什么数据是可获取的，可能找一个人来帮助我们处理数据，以便找到合适数据来帮助报道。

Steven：数据新闻也只是一种新闻。如果我们想涉足数据新闻，我们就得搞定数据。我要做的就是确保一切向正确的方向发展。有时候记者们会来找我要他们需要的数据。有时我会通知他们我马上会有很不错的数据，你要用的话就给我发邮件。所以我们的工作很流畅，通常要弄清楚我们的新闻旨在传达什么信息，哪里使用数据比较好，我习惯假定每一部分都会对数据新闻的形成有用，然后我就会去研究是否有数据存在，判断有什么我能发掘的。这样做是因为经常会有某个主题，没有好的数据来支持报道。这种情况下我们也不想用低质量的数据滥竽充数，而得出一个坏结论，所以我的工作就是在第一时间判断出，是否有可用的数据，如果有的话对我们而言是否有价值。

问：是记者还是数据团队来决定关注的选题？

Brian：很多时候，某个人手上有他们自己的工作，我们会帮助他，比如说帮助他进行调查，帮忙写程序来扒取数据，获取数据并且分析它。在我们的团队中队员出去寻找一个报道主题，然后再把它传递给记者，这并不常见。我们的团队在这方面应该做一些改变，我们会去践行这件事，等到数据处理工作不像现在这样多的时候，我们需要靠自己来完成寻找报道主题这样的工作。

Adam：我们是不分彼此的，我们会让人们做自己的选择。我们在报纸上看见一些事情，这些正在发生的事情正是我们感兴趣的。人们带给我们新闻，我们尝试将它写成报道。

Jodi：实际上两者兼有，因为我们提倡多样性。作为数据团队，我们希望用一种综合的方式来关注那些之前没关注过的事情。我们关注的不是全国范围内数据的变化情况，我们希望能弄明白的是这种涨跌意味着什么，这就是我们使用指数的原因，它让我们能纵观全局。

问：你们如何确定数据的可信度？

Brian：在队伍里我们是记者，我们需要去和诸如专家之类的人交流，更多的是一种无缝的对接，如现场查验。我们会寻找负责这个地区的职员，然后由他在现场亲自做调查。当我们重组并呈现数据时，我们会在代码中写一些测试项进行测试驱动开发。测试驱动开发的意思是在写代码之前会先写个测试版，所以我们会写测试程序。当记者执行这个函数时，输入一些数据，将会输出另一些数据，技术人员编写函数来继续完成工作。测试程序通常在获得数据后编写。

Jodi：有时候会取决于你怎么使用它。如果你是要把它用在一篇速报中我们可能不需要担心什么，因为通常问题会出现在分析环节。如果我们要用它进行计算分析这类的事情，我们会一个个地反复核查，确保它在别的新闻报道中或者警察报告中或我们已有的材料中是已经被证实的东西。如果别人也同样收集了这一块的数据，你也可以对照参考。这是我们在进行警察枪击案时用的方法。当时我们得到的数据并不完全，因为在那个表单中没有出现的数据就是所有的问题数据。数据新闻记者需要检查和复查，并且利用所有的对比方式：它听起来是否正确，它听起来是否不正确。如果你不仔细一些，任何人都可能被数据误导。举个例子，去年的警察枪击案，很多人包括一些记者都惊讶地发现，像全国范围内有很多数据源他们是可获得的，但是其中的一些并不是特别优质，联邦调查局就是一个著名的例子。我们知道警察实际枪击的数目，但公民得知的是很大程度上少计的数据，所以在美国你需要留意的是：如果政府机构在实际工作中并没有使用那些数据，如果是因为这是国会让他们去收集的数据，那它很可能真的是很坏的数据。在别的案

例中，比如说交通部门高速公路事故减少的数目，他们使用了那份数据，所以那是很干净的数据。很多我们的记者会去统计实验室、美国科学院找数据，那些是很值得信赖的数据组。

Steven：我们追求真理，因此会咨询一些该领域的专家，他们能够判断比如某组数据是好是坏，或者整个数据是否具有价值。如果是和人有关的数据组，我们会试着找到这些人，通过和他们交谈来判断数据中关于他们的描述是否真实。通过进行当面的检测，我们能判断数据是否大致可靠。我认为这再一次回到了做新闻的话题上，涉及做新闻，涉及数据的挖掘，涉及在充分的论证之前不要轻易相信资源是可靠的。我倾向去认同我的工作就是找出，比如哪里出了错误，为什么报道的东西出了错，并不断努力去挖掘和探寻，永不放弃。在使用数据之前，我们会确保对它进行了充分的利用。

问：为什么你们致力于数据的动态呈现？

Shawn：向读者传达需要注意的要点不那么容易。我专注于动态内容是为了使文中的统计数据条项更加明确清晰，以帮助读者们理解，因为这些数据条项（terms）往往是技术性的，它涉及一些计算，没有相关训练的人可能会相互混淆。比如，人们在对他们的医保做出决定的时候，会先去获取他们需要的相关信息，去做出最优的选择。所以一方面我们去定义这些数据条项，并且标示出可能引起误会的地方，同时也是展示出这些不同的条项是怎么计算得出的。我们强调的一部分问题是：两个条项似乎看起来可以相互替换，但当你查阅它们是怎样被计算出来的时候，会发现它们实际上是截然不同的。

问：对你而言，哪些是好的图表所必备的？

Shawn：这视情况而定。总体而言就是实现"便于读者的浏览"和"直观上有利于我们在后端对我们的数据更新进行追踪"这两者之间的平衡。我们需要考虑许多因素，其中，用户或者说读者的体验是重中之重。可用性取决于界面对用户的友好程度。首要的是界面是否便于我们更新。很多东西对读者来说看起来很好操作，但其后端运营非常差，需要大量的手动维护，效率低下。所以我们引进新的工具来追求简约的形式，使得后端维护运营更加方便，这是长远目标之一。我们仍在努力探索一种简约的形式，能够方便实现数据结果的更新。我们需要监测每一次的更新，来确定数据的变化是否值得做一篇单独编辑的新报道。现在的问题是自动化的缺乏，这使得数据的更新很困难，特别是当我们手上兼顾其他项目的时候。这意味着我们需要尽力去实现一些有吸引力的元素。

Martin：我们会有一个详细的检查清单，以便于在图表发布之前确保它们准确无误。我们会复查颜色的选择、交互形式，那些在社交平台上可以分享的元标签，我们也需要确定它们是否正确。好的图表是可以嵌入文章里面的，因此我们力求设计出各部分独立的数据图，在此基础上做出图文一致的新闻。现在已经能够实现将文本融入图表里面，这是一种文字和图表"联袂演出"的观感体验。正是文字和图表的整合让我们的一些图表产品脱颖而出。我们已经有了这样的地图：会随着读者滑动屏幕而变化，会突出读者正在读的内容，让他们不至于串行，还包含交互设计、暂停浏览等以便把我们想传递的信息告知读者，从而为他们提供理解这个话题的新角度。我们提供了仪表式的数据图，这是专门为那些想看参差不齐的数据图并且知道怎么样理解这些图的读者设计的。但是这些读者和那些需要文字解释的读者不一样，所以我们尽量确保我们的仪表式数据图能够被分解为多个独立的部分，分别置入对应的新闻故事里并融入其中。

问：通常情况下你们的一个项目会持续多久？

Brian：我喜欢那种在两周内能够完成的工作，不会有超过六周的长期项目，除非是像选举这样的活动。应对以大选为主题的项目时，我们会在12月的时候就进行一些前期准备。起初建立的内容微不足道，到两周后会丰富一点，再过两周后又丰富一点，直到一个临界点，数据内容足够多的时候，我们就会任其自行发展。通常这个过程会持续一个月，然后我们着手处理大约需要两周。

Adam：这完全视情况而定，为了应对不同的数据分析阶段，我们会做一些短期工作。我们会有两到三个数据团队的人支持短期工作。我们会做这

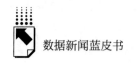

些更长期的项目和一些宏大的项目，有的超长项目会持续 18 个月。大多数项目会有 8 个月到 1 年的时间。我们也会做一些 3 个月长的项目或者短至一个星期的项目。一些长项目已经做完了，我们会想去做一些更短期的项目，这都是视情况而决定的。

Jodi：这完全取决于数据集。有一些数据集，我们可以快速无阻地打开，另一部分会是一些很深奥的数据统计集，需要几个月的时间来开发和完善，再进行测试。可视化的过程也会花费大量的时间。要和可视化团队沟通，告诉他们我们想传达的是什么，我们要如何把它呈现出来，这将耗费许多时间。报道你掌握了的东西和那些你知道很棒并且已经证实了的东西往往是更好的选择。不完整总比什么也没有要好，我们不能够面面俱到，停滞往往会造成问题，为了不确定的资料而等待并且延误新闻的报道是不值得的。

五　对数据共享的态度

受访团队大多数倡导互联网的共享精神，认为数据的开放和共享有利于行业的发展。有的团队鼓励其他媒体使用自己的资料，有的团队则在网站上公开数据的处理过程，有的团队会在数据新闻作品后附上数据源链接。

问：对于数据共享你们是什么态度？

Brian：我们鼓励大家尽可能地使用我们的资料。我们是一家全国性的公共电台，我们是公共资源，是为公众服务的，所以它应该是公众的一部分。没有人要求我去这样做，没人说过你要尽你所能的给予。但是这是我们该做的事。如果我们害怕去向大家展示我们是如何得到某个结论的话，我们更应该害怕去告诉公众我们的结论。从我从事新闻工作开始，我就坚信我们为了新闻事业是同心同力的。

Jodi：你当然可以下载我们的地图，或者是扒我们的网站，我们对此是开放的。我们是怎样处理数据的，以及所有的相关信息都在网站中，这是对任何想再生产的人开放的。我们对此是鼓励的，能让我们的数据实现最大化的多样性，就是开始一个对话和交流。数据多样化的好处是你能够用它做任何事，你可以拿它去研究学校，可以拿它研究所有和地理相关的事情。我们所拥有的众多数据集已经完全或部分开放了。比如，我们对大学生运动员做了大量研究，如大学运动员的薪金情况、橄榄球或者篮球教练的薪金情况，所有这些你都可以在网上获取。我们会定期更新数据集，我们会尝试做一张表单列举出公开可获取的东西。

Steven：因为交互式的数据库，每个人都有我们获取数据的数据源，所以如果你想阅读原文，你可以去读。我们没有时间做到面面俱到的报道，当本地新闻做出了好的新闻时，我们会附上链接，让那些想要了解更多内容的人可以去阅读相关的报道。分享数据并不是常态，但我从未向任何人索取使用数据的费用，我们也从未有偿化我们的数据。但是这毕竟是一门竞争激烈的生意，所以很多新闻编辑室观点仍然停留在"我的数据只能我独享，我们要用这些数据做出独家报道，这些数据不能对外开放"的生产模式上。但我思考过数据新闻的未来，我希望将来数据对任何人是可获取的，因此大家都能做出自己的新闻。特别是在全国知名的媒体工作（比如《华盛顿邮报》），我们的许多新闻中使用的那些数据，对那些小地方的人来说，有很多好的本地新闻点可挖，我们乐意看到他们向我们学习，因为我们也想了解人们如何使用我们的数据。虽然没有规定，但是尤其像我们搜集的"警察枪击案"这一类的数据，你能使用它，同时你也有义务写明这是来源于《华盛顿邮报》的数据。

Sarah：举个例子来说，我们多年来一直在关注在阿富汗和伊拉克战争中被杀的人。我们与他人分享了这些数据。我们一直在关注关塔那摩湾的囚犯，我们也与人们分享了这些数据。有时我们不分享，只是因为我们认为没有人在乎。有时你知道，有时这还不够好到去分享。有时候，我们在写一个关于大规模枪击的故事，我们可以对它进行广泛的描述，但我们没有。我们会查看我们写的任何个案，但我们有 150 个案例。我们可能无法检查所有这些，所以我们可能不会将所有的数据公开。

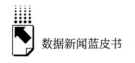

六　行业的未来发展

受访者表示，随着时间的推移、技术的发展，未来数据新闻技术的使用会越来越深入和普遍，数据新闻也会逐渐丧失其新起时产生的热度。未来数据新闻不再需要一个特定的标签，它不再是一种追逐新技术的产物，而是新闻业中的常态。

问：数据新闻的未来如何？

Shawn：我认为在短期内数据新闻的未来还不明朗，它需要受到质疑然后去打破质疑。如今判断一个好的新闻的标准在于对数据的"病态依赖"，不加考虑地塞入数据，把它放到一个看起来很炫的图表中，却没有思考数据是否与图表的核心思想一致，数据本身是否对现实生活有意义和实践价值，或者数据自身的质量是否过硬。我希望在未来，从业者应该对数据产生更多的质疑，像我们其他的新闻资源一样，这样我们将不只是机械地下载数据，然后进行处理制成图表，这会促成一种更有说服力的检验方法。

Brian：应该说我希望未来是什么样。未来应该是不再有数据新闻这样的东西，我们甚至不需要给它一个特定的标签，在未来它很自然地就是我们每天工作的一部分，这当然可能太过乐观。数据新闻将是聚光灯下的宠儿。我不认为数据新闻只是另一种叙事的方式，它是一种新晋的技能，来完成我们的使命。广播正在衰亡，但是音频和口头语言、口头播报永远不会衰亡。音频的未来会有令人难以置信的坚实基础，这也是我对这份工作感兴趣的原因。这就是声音的能量。作为一个讲故事的媒介，它是非同凡响的，它将会带来很多改变，作为一种媒介，它的传递方式也将会有很多改变。

Adam：我不能很肯定，但是对我而言，数据新闻的未来在于我们如何平衡，让拥有不同技能的人去学习保证我们始终处在时代最前沿的新技术，并掌握传统的新闻技能。比如这是一个好新闻，为什么它是好新闻？还有一些传统新闻人已经学习过的事情，好的记者理应知道。如何将前沿技术和前沿要素结合起来，这是我们为建立体系正在做的。

Jodi：讨论数据新闻的未来很重要，我们需要理解怎样更好地做数据新闻，怎样更明智地做数据新闻，让它成为新闻学院学生成绩评定的一个完全强制的部分，所有那些事情都非常重要，因为我们在不断前进。我们在社交媒体和这一类的机构里已经拥有了一群训练有素的记者，但数据新闻要更加紧要，它学习起来相对要难一点，需要更多的精力，但是这绝对是必要的。

Martin：数据新闻的未来就是将数据新闻运用到整个新闻业。有人可能会说，比如作为电视记者，他们需要的是有人出镜而不是图表。但数据新闻并非一定要与图表有关，它也可以是运用数据思维生产新闻的一套方法。它帮助人们通过精确的数据看待新闻。新闻通过人们传播，但我们深知这些新闻都有坚实的计量基础。

Steven：数据新闻的未来就是，制造一个机器人帮我完成我的工作，当然这是玩笑。但是数据新闻的未来仍然很大程度上与信息有关，能做到需要很大工作量的大型数据群的对比，需要创造出一些工具，你可以把数据放到这些工具中，它能自动帮你实现可视化，找到好的表现形式，或者你可以有多种选择。数据新闻的未来就是拓展我们正在做的事情，并且追求比现在更高效简洁的工作方式。

七　对从业者的建议

受访者对想涉足数据新闻的传统记者和相关技术人员给出了建议。技术人员与传统记者应互相学习以形成良好的沟通机制，简化工作流程，提高生产效率。一专多才的记者成为数据新闻行业急需的人才。

问：对想涉足数据新闻的工程师和传统记者的建议？

Shawn：加强和别人的交流，向那些技能高手学习。相关从业者应学习一些别人拥有的技能。对记者而言，去学习一些高级的数据技能。当你知道数据专家在谈论什么时，你就能够在他们的工作出现错误时，及时地发现和察觉。然后对于计算机科学、数据科学和程序工程类型的工作人员而言，他们需要掌握如何去写新闻，至少要清楚怎样生动地去叙述一个事件，所以他

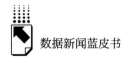

们需要向别人学习一些这方面的东西。

Brian：如果我想去为人们设计一个交互，我可能会从弄清楚如何使用计算机的命令行开始，然后我会教授一些东西，比如说我的朋友克里斯会教一些数据分析工具的简单操作。我能给的最好的建议就是来参加 NECIR 会议，然后投身计算机辅助报道的事业。（对计算机专业背景的人而言）仍然是参加会议，这是一个很好的社群。对我而言，攻读一个硕士学位是很有帮助的，因为我需要时间去适应职业的转换，让自己真正爱上新闻，真正理解人们是如何思考工作的。新闻业只是一种行动而不是一个职业。当记者和做医生一样吗？我不这样认为。它是你追求的东西。积极正面的新闻界值得任何赞誉，所以去找出并打开数据，或者你可以去攻读一个有需要的硕士学位。我一直在招募人才，我见过很多人，他们从各个领域来到新闻的世界。我比较特别，因为我有计算机科学和新闻学的双学位，每个人都想拥有另一个学位。

Sarah：我先从工程师和计算机科学家开始。工程师和计算机科学家之间有一种广泛的认知。一名记者所需要做的就是拿起电话，提出一些想法而已。他们经常低估记者对新闻的了解程度。我收到了很多来自计算机科学家和工程师关于未来新闻编辑室的发展建议，但是他们完全不知道今天的新闻编辑室是怎样的，所以这有点自负。我认为他们的工作很辛苦，我们的工作很轻松，他们可以在没有培训和经验的情况下从他们的工作转换到我们的工作，但我们不能走另一条路。因此，对于计算机科学家和工程师来说，他们应该花一些时间收集新闻和制作新闻，然后再来谈新闻是怎么回事。我知道这听起来很刺耳，但我觉得他们真的低估了这种体验。对于那些想更多地从事编码工作和数据新闻工作的记者来说，我真的觉得你只需要说"做就行"。开始并不难，学习 Excel 电子表格，在 Excel 电子表格中键入一些记录，了解要做什么，尝试一些更难的东西。但我们不需要做非常复杂的编码来收集新闻、文档和数据。有时我们会得到非常大的数据集，它们很难处理，但你不必从这开始。你可以拿着布兰特·休斯顿（Brant Houston）的书或者其他一些书，来好好学习你需要的东西，有很多可以自学的东西。我告诉记者的一件事是，他们应该比他们原来做得更好。

Adam：那些想更多涉足数据领域的记者，我想说有很多你可以做的事情。我们讨论了很多和项目有关的事情，比如一些很艰难的事情，但是有很多不是那么困难的事情你可以去做。一些我最喜欢的新闻是在Excel中输入数字并进行计数，如果你把正确的事情计算在内，那会成为一个美妙的数据新闻。如果你就此认为你能使用Excel了，你可能错了，我是说这并不是那么难，这是一个比大多数记者的日常工作，比如说阅读合同和采访那些做过坏事的人，容易很多的方法。对那些工程师，我想说花一些时间到新闻记者的工作环境中去工作会很有用。尽你所能去努力尝试，试试怎样去接近新闻的源头。对我来说，我不断地抗争，来确定我正确地和自己的竞争对手合作，判断它是不是一个好的新闻，我不断地学习这个，所以如何在没有新闻记者背景的情况下去学习这个，我认为可以去和那些有新闻背景的人组成团队并紧密合作。

Jodi：首先在新闻记者这一方，不要因为对数学一窍不通，或者因为电脑似乎很难，而对数据处理望而却步，完全不必担心这个，因为如今的工具很方便。要做好的数据新闻不一定要是一名程序员。程序知识会有帮助，但并非必需，所以不要畏惧它。不断尝试一些和数据有关的东西，不要畏首畏尾。对计算机专家和那些专注于数组矩阵的人而言（实际上是数组或者资源都研究的人），我认为你们有很多方法可以去获得新闻经验。

Martin：我愿意鼓励所有人参与这场数据盛宴。我觉得工程师们和计算机科学家们还有统计学家、生物统计学家、从事社会科学研究的学者们都会对数据新闻的发展有很大的帮助。就那些正应用于他们的领域但还没被引入数据新闻领域的新工具而言，他们能开拓新工具和新思维。我认为一些人对数据新闻记者们理解世界的方式感兴趣，记者们欢迎这些新成员的加入，也会让他们自己获益匪浅，毕竟每个人都想更好地去理解这个世界。

Steven：我想说成为调查记者的一员，他们掌握了所有的内部情报，你可以去阅读这些很不错的资料。找那些从业记者们然后向他们取经，然后去粗取精。但是我觉得我最好的建议是：如果你真心想做数据新闻，那

么亲手去实践，找到我们要求你做的新闻，然后慢慢学习方法技巧。我自学了扒取数据，我预见到自己在做新闻时会需要数据的扒取，因此我自学了这项技能。如果缺乏相关知识技能，入门会更费劲，或者说如果你知道怎么做，你会很快跨入数据新闻的大门。如果学习哪怕只是初级的代码编写和怎样运用工具，会是很有用的方法。所以如你所知，找到什么是你做新闻时需要去做的，并且放手去做，我觉得这是学习如何做数据新闻最好的方式。

问：关于记者使用网页扒取数据的建议。

Martin：对我而言，扒数据可以说是难以抗拒的，你可以尝试使用一个复杂的指向性点击工具，也可以尝试一种需要大量配置的复杂的架构，或者你可以试着从数据擦除入手，自己编写所需的所有代码，但是我发现开始最好着手的方法也许是找到那些别人已经写好的扒取工具，然后修改他们来达到我的目的。网上会有一些发布过的代码，它们的作者甚至不是记者。如果你想要获取一个信息，有很多理由去扒一个有名的网站。如果正试着找到一个扒取工具，你可以直接访问像这样的社交编程和代码托管网站，然后开始搜索你想要查看的那个网站的域名，看看有没有和你志同道合的人。新闻记者肯定是要写明数据来源的，而且没有必要担心说明数据是扒取来的，听起来像是你攻入了某个网站偷取了他们的数据，不过这当然不能算偷，你只是复刻了一份公开的数据而已。写明你在网上抓取了这些数据，然后你把它们下载下来，我认为这是正确的做法。写明你抓取的步骤是明智的选择，你完全不用担心写上"爬虫"这些行话。

八　总结

关于数据新闻的定义，学界有诸多表述。本研究的受访者对数据新闻具有较为一致的理解，大多数从数据新闻的功能上来强调其具有的特点，从对数据新闻与传统新闻的比较上对其特点进行界定。但受访者较为一致地认为数据和新闻的本质与核心是新闻。"互联网之父"蒂姆·伯纳思·李说过：

"新闻的未来是数据新闻。"① 受访者则表示数据新闻的未来是新闻，这是一个去标签化的过程，未来数据新闻将成为一种人们普遍接受的常态。

中国数据新闻的生产流程与美国的较为一致，都大致分为，确定选题、数据挖掘、数据分析、可视化呈现这四个步骤，在数据分析和可视化呈现上有很多国内可以借鉴的地方。

大数据不等于全数据、真数据。记者既要保证从不同信息源拿到足够多的数据，也要对这些数据的客观性进行考察。② 在中国，从媒体的层面来说，"原始数据"已成为国内记者进入数据新闻领域的最大障碍，数据的获取不足，以及缺乏数据处理与分析能力，导致通过整合数据而挖掘新闻的方向模糊不清。③ 受访的美国数据新闻团队在使用数据之前会采取多种方式对数据的可信度进行确认。这类似于一个深度报道的调查过程，记者会与相关专家交流沟通来确认数据的准确性，某些新闻事件的报道记者会到现场进行查验，技术人员可以通过编写程序的方式进行测试，采取多方信源反复核查也是确认数据可信度的方法之一。

美国数据新闻的呈现方式较为丰富，包括表格、图形、交互式的图表或者视频等多种呈现形式。作品的呈现方式同时也努力实现了便于读者阅读和后端更新的平衡。

中国相关部门与企业掌握着大量的数据，但这些数据开放和共享程度有限。④ 受访团队大多数倡导互联网的共享精神，认为数据的开放和共享有利于行业的发展，会通过各种方式共享自己的数据源，或者公开自己的数据处理分析过程。中国媒体在数据开放与共享上可以向美国学习。

作为在大数据时代兴起的一种跨学科、跨领域的新闻生产方式，数据新

① 沈浩、谈和、文蕾:《"数据新闻"发展与"数据新闻"教育》，《现代传播》2014 年第 11 期。
② 陈力丹、李熠祺、娜佳:《大数据与新闻报道》，《新闻记者》2015 年第 2 期。
③ 苏宏元、陈娟:《从计算到数据新闻：计算机辅助报道的起源、发展、现状》，《新闻与传播研究》2014 年第 10 期。
④ 肖卓明、罗琪元、吴娟:《大数据时代数据新闻可视化的发展探讨》，《中国传媒科技》2017 年第 8 期。

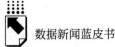

闻的出现对新闻从业者提出了更高的要求。它不仅需要新闻敏感和文字能力，还需要数据搜索、数据挖掘和数据分析以及在各类平台上发布数据新闻的能力，更需要传统媒体的记者在大数据时代能转变新闻观念。① 受访者对从事或者欲从事数据新闻行业的记者和技术人员都给出了建议，记者与技术人员相互学习，兼具计算机技术与新闻理论和实践的全能型记者越来越成为数据新闻行业急需的人才。

---

① 刘义昆：《大数据时代的数据新闻生产：现状、影响与反思》，《现代传播》（中国传媒大学学报）2014 年第 11 期。

B.14

西方数据新闻在突发事件中的
内容偏向与生产特征

——基于"Fivethirtyeight"网站150篇报道的内容分析

芦何秋　谭心[*]

摘　要： 本报告以"Fivethirtyeight"网站为典型案例，通过对其两年内150篇突发议题数据新闻的内容进行分析，从报道内容、呈现形式、作品时效、数据来源等方面考察了西方数据新闻在突发事件中的应用。研究发现，"Fivethirtyeight"网站的突发事件报道聚焦于社会安全类议题，可视化简洁而单一，谨慎追求事件时效，强调权威数据来源。其生产特征包括：以积累性数据源为报道选题；以受众接受效率选择可视化形式；以数据获取条件决定生产周期。

关键词： 突发事件　西方数据新闻　内容偏向　Fivethirtyeight网站

过去十年，数据新闻作为全球传媒行业新的增长点，发展势头方兴未艾。数据新闻的早期实践侧重于常规选题，青睐严肃新闻，如政治与大选、政策与公共利益、社会与公共服务、战争与犯罪等。随着媒介技术的继续发展，以及越来越多优质数据分析平台的融入，全球数据新闻的生产向更多元

---

* 芦何秋，新闻学博士，湖北大学新闻传播学院副教授，主要研究方向为网络传播。谭心，华中师范大学厦门海沧附属中学，教师；湖北大学新闻传播学院2016级研究生。

和专业的方向发展。其中，突发事件中的数据分析与应用是近三年来数据新闻行业发展的显著趋势。2015 年，数据新闻领域的权威奖项"全球数据新闻奖"（Data Journalism Awards）新增"年度最佳突发数据新闻使用奖"；2018 年，"凯度信息之美奖"（Kantar Information is Beautiful Awards）新增突发新闻类奖项。

本报告以"Fivethirtyeight"网站为典型案例，通过对该平台两年内制作的 150 篇突发数据新闻报道的内容进行分析，试图呈现数据新闻在突发事件中的内容偏向及生产特征。

一　数据新闻研究现状

国内外关于数据新闻的研究成果在 2013 年后迅速增长，主要研究热点如下。

第一，数据新闻的概念梳理。国内许多学者沿用的是《数据新闻手册》中的定义：数据驱动的新闻。文卫华和李冰认为"数据新闻是在大数据时代兴起的一种跨学科、跨领域的新闻生产方式"。[1] 方洁和颜冬从新闻的呈现形态、生产和发展等方面厘清"计算机辅助新闻报道"、"精确新闻"与"数据新闻"的概念。[2] 网易新媒体实验室主管许秋里认为："数据新闻是基于数据的获取、挖掘、分析、叙事并进行可视化呈现的新闻报道方式。"[3] 也有媒体人认为，数据新闻只是提升用户阅读体验的途径之一，主要作用是辅助报道，让新闻报道更易被人接受。[4] 多数研究者认为，数据新闻是基于

---

① 文卫华、李冰：《从美国总统大选看大数据时代的数据新闻报道》，《中国记者》2013 年第6 期，第 80 ~ 81 页。
② 方洁、颜冬：《全球视野下的"数据新闻"：理念与实践》，《国际新闻界》2013 年第 6 期，第 73 ~ 83 页。
③ 许秋里、王丹宁：《网易新媒体实验室：数据的准确和叙事的严谨是数据新闻的生命》，《中国传媒科技》2015 年第 4 期，第 64 ~ 67 页。
④ 方洁、胡杨、范迪：《媒体人眼中的数据新闻实践：价值、路径与前景——一项基于七位媒体人的深度访谈的研究》，《新闻大学》2016 年第 2 期，第 13 ~ 19 页。

对数据的挖掘、分析，用可视化形式进行新闻叙事的报道方式，认为数据新闻是在传统数据新闻、计算机辅导报道、精确新闻等基础上发展起来的结果。①

第二，数据新闻的实践应用。数据新闻实践的比较研究，如有研究者对国内外数据新闻平台或作品案例进行比较分析，分析国内外数据新闻实践在主创媒体、信源渠道和呈现形式上的差异。② 数据新闻生产过程研究，如有研究者讨论在开源运动背景下数据新闻的实践形式③，如何从数据中理解和获取有价值的信息，并将文本构建与可视化相结合。④ 有研究发现，一部分数据新闻的范围和格式十分有限，很多数据来源较为肤浅，有着很强的视觉吸引力，但信息量和价值不大。⑤ 数据新闻的实践问题与优化策略研究，问题主要集中在信息安全和信息开放两方面，优化策略普遍强调制度建设⑥，如从制度设计上要求完善规范或明确相关法规⑦等。

第三，数据新闻的人才培养。近年来，高校与媒体展开合作，开始设置数据新闻相关课程，关注数据新闻教育的研究也逐步增多。⑧ 国内研究关注数据新闻教育面临的困境和对策⑨等。国外研究重点在对数据记者的职业素养要求上，数据记者应提升在社交媒体中获得数据、发现趋势和故事来源

---

① 王勇、王冠男、戴爱红：《国内数据新闻本体发生发展研究述评》，《昆明理工大学学报》（社会科学版）2015 年第 6 期。

② 刘义昆、卢志坤：《数据新闻的中国实践与中外差异》，《中国出版》2014 年第 20 期。

③ Mark Coddington, "ClariFying Journalism's Quantitative Turn", *Digital Journalism*, 2015, 3 (3).

④ Seth, C. Lewis, "Journalism in An Era of Big Data", *Digital Journalism*, 2015, 3 (3).

⑤ Knight, "Data Journalism in the UK: A preliminary Analysis of Form and Content", *Journal of Media Practice*, 2015, 16 (1).

⑥ 杨雅：《大数据分析与可视化技术：新闻传播的新范式——"大数据与新闻传播创新"研讨会综述》，《国际新闻界》2014 年第 3 期，第 161～168 页。

⑦ David Erdos, "Statutory Regulation of Professional Journalism Under European Data Protection: Down But Not Out?", *Journal of Medla Law*, 2016, Vol. 8, no. 2, 229－265.

⑧ 方洁、胡文嘉：《全球数据新闻教育：发展特征与未来趋势》，《国际新闻界》2017 年第 9 期，第 134～151 页。

⑨ 金梅珍、丁迈：《我国数据新闻教育的困境与对策》，《现代传播》（中国传媒大学学报）2016 年第 3 期，第 157～158 页。

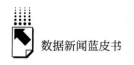
的能力①，对数据算法具备基本的处理、分析和评估能力，保证信息的可解释性。②

第四，突发事件中的数据应用。相关研究主要集中在两个方面。一是如何利用大数据方法来报道突发事件。有研究者认为大数据时代的突发事件新闻报道应从报道理念、运作方式和文本呈现进行突破。③ 为了适应大数据时代的发展要求，我国突发事件的舆论引导工作、灾害预警④工作如何完善也是研究者们常常探讨的问题。二是突发事件数据新闻报道的可视化研究，如分析灾难新闻数据可视化的现状、存在的问题以及优化策略等内容。⑤

近年来，数据新闻的相关研究呈现出从注重理论梳理到强调实践应用的发展趋势，其中，数据可视化一直是讨论的热点，但研究重点单一，其他方面研究相对分散和宽泛。当前，突发议题数据新闻已逐步成为一种实践趋势，但学界的理论研究还不充分，有进一步提升的空间。

二 数据新闻在突发事件中的应用实践

（一）研究设计

1. 样本选择

本研究以平台影响力、新闻更新率和样本可获得性为标准，选取美国Fivethirtyeight 网站为研究对象，通过典型案例的内容分析考察数据新闻在突发事件报道中的应用情况。

2008 年，"Fivethirtyeight 网"创建于美国，是一家专注民意调查、政

① Ester Appelgren, "Data Journalists Using Facebook", *Nordicom Review*, 2016, 37, 1, 1.
② Nicholas Diakopoulos, "Algorithmic Accountability, Journalistic Investigation of Computational Power Structures", *Digital Journalism*, 2015, 3, 3, 398–415.
③ 周均、赵志刚：《大数据时代突发事件报道研究》，《传媒评论》2015 年第1 期，第17~19 页。
④ 周利敏、龙智光：《大数据时代的灾害预警创新——以阳江市突发事件预警信息发布中心为案例》，《武汉大学学报》（哲学社会科学版）2017 年第3 期，第121~132 页。
⑤ 郑慧：《灾难新闻可视化研究》，武汉大学硕士学位论文，2017。

经议题、体育新闻的数据新闻网站。在平台影响力和获奖情况方面，"Fivethirtyeight 网"多次获得全球数据新闻奖，如 2016 年年度最佳数据新闻应用奖（大型新闻编辑室）、2016 年度最佳数据新闻网站奖等。"Fivethirtyeight 网"获奖时间集中在 2016 年至 2018 年，一定程度上反映出该平台在这一时期发展较为成熟，在数据新闻同类平台中具有典型性。同时，该网站也屡次入围全球数据新闻奖的突发事件类奖，其突发事件报道较为出色。在新闻更新频率和样本可获得性方面，"Fivethirtyeight 网"日均发布新闻数量较多，关于突发事件报道的样本量充足，且历史作品便于查询和浏览。本研究选取 2016 年 1 月 1 日至 2018 年 12 月 31 日作为样本获取时间段，共获得突发事件报道样本 150 个。

2. 类目建构

（1）议题类型

突发事件在不同国家有不同的界定，例如《中华人民共和国突发事件应对法》中定义："指突然发生，造成或者可能造成严重社会危害，需要采取应急处置措施予以应对的自然灾害、事故灾难、公共卫生事件和社会安全事件。"[1] 国外更多的将突发事件定义为"危机"或"危机事件"。例如《英国突发事件法》中定义为："严重威胁到联合王国内某一地方的人民福利、威胁到联合王国内某一地方的环境、威胁到联合王国或联合王国某一地方的安全的事件或情境。"[2] 美国各州虽有不同的应对突发事件的相关法律，但对于突发事件的定义基本一致，例如《密歇根州突发事件处理法》中定义为"广泛的或者严重的有自然或人为原因引起的财产损失或人员伤亡，或者有发生这种情况的危险"。[3] 本研究所指的突发事件指突然发生的、自然或人为原因引起的、造成或可能造成严重社会危害，需要采取应急处置措施的事件。

在对 150 个样本进行细读的基础上，本研究共区分出 4 类突发事件议

---

① 《中华人民共和国突发事件应对法》，http：//www.gov.cn/ziliao/flfg/2007 - 08/30/content_ 732593.htm，最后访问日期：2019 年 11 月。

② 万鹏飞：《美国、加拿大和英国突发事件应急管理法选编》，北京大学出版社，2006。

③ 吴兴南、林善炜：《全球化与未来中国》，中国社会科学出版社，2002。

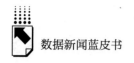

题：自然灾害类，包括山火、极端天气、地震、飓风等损害人类生存环境的自然现象；公共卫生类，包括传染病、食品或饮用水污染等危害公共健康的突发事件；社会安全类，包括恐怖袭击、大规模或重大刑事案件、种族或宗教冲突、规模较大的群体性事件等；事故灾难类，包括基础设施事故、危化品事故等意外造成人员伤亡、经济损失或环境污染的突发事件。

（2）可视化呈现

可视化丰富程度与运用熟练度是衡量数据新闻质量的重要标准，可视化呈现形式主要分为：表格、散点图、折线图、柱状图、比例图、热力图、流量图、气泡图、地图、交互、无可视化（纯文本形式展示的数据）以及少量无法归类的，融入了可视化元素的变形图。由于一篇数据新闻不局限于一种表现形式，本类目的统计以实际出现的次数为准。

（3）数据来源

数据来源的分析可以考量媒体机构数据新闻的生产能力，数据来源可分为：政府机构、研究机构、NGO（非政府组织）、媒体转载和自主数据。由于一篇数据新闻作品的数据来源通常较多，本研究统计了每一类数据来源出现的篇数，以此来分析Fivethirtyeight网的数据新闻作品的数据来源类型情况。

（4）发布时间

发布时间距离突发事件发生时间的长短可以考察数据新闻在突发事件报道中迅速反应的能力。时间分为事发当天、事发后1天至一周（具体细分精确至天）、事发后1周至1个月、事发后1个月以上。发布时间距离事发时间越短则代表反应能力越强，数据新闻作品的时效性越强。

（二）研究发现

1. 内容聚焦社会安全

Fivethirtyeight网的突发事件数据新闻作品议题内容主要分布在社会安全类（48.67%）和自然灾害类（34.67%）。公共卫生类相对较少（14%），事故灾难类的相关内容最少，仅占2.67%。详细数据如表1所示。

表1 议题内容分布

单位：篇，%

议题类型	篇数	比例
自然灾害类	52	34.67
公共卫生类	21	14
社会安全类	73	48.67
事故灾难类	4	2.67
合计	150	100

由表1可知，社会安全类议题篇数最多（48.67%），其中，枪击暴力相关内容有19篇，占社会安全类议题的26%，占全部样本的12.67%。枪击案件的报道频率较高，是由于枪击案属于美国社会关注的热点与敏感问题，例如，警察暴力、校园枪案与恐怖袭击等新闻通常伴有枪击行为。这类事件往往引起社会各界对枪支管控的广泛关注。以往的枪击报道以电视直播为主，强调新闻现场和感官冲击，数据新闻的加入使报道更具全局性和理性分析价值。例如，大型项目"Gun Deaths In America"收集了3000件枪击死亡案件，反思数据背后存在的社会问题。另外，抗议游行相关报道也较多（7篇，占社会安全类议题的9.6%），主要涉及国会丑闻、政策变化、政府合法性等议题，属于Fivethirtyeight网比较关注的政治类题材。例如，特朗普总统就职典礼后第二天出现的女子游行成为美国历史上规模较大的群众抗议活动之一，作品分析了游行人群的来源，以及抗议活动背后的政治意义。

其次是自然灾害类议题（34.67%），主要涉及飓风和山火，美国的地理环境条件比较容易形成这类灾害，频发的灾害影响民众生活因而受到普遍关注。突发事件中的数据预测是Fivethirtyeight网的一个报道特色，如何提高数据新闻预测准确性是Fivethirtyeight网一直关注的问题。Fivethirtyeight网对于气候变化预测模型建构、自然地理信息系统搭建等方面较为重视，能够在同类报道中获取独特视角和观点。例如"Why We're Stuck With An Inadequate Hurricane Rating System"中，除了预测飓风路径以外，还认为飓风评级系统不一定总能预测飓风的损害。

公共卫生类议题（14%）聚焦于流行感冒、寨卡疫情等传染病问题，以及少量环境污染内容，Fivethirtyeight 网发布这一类题材的数据新闻作品时效性较弱，内容主要是跟进最新的病毒研究成果、新感染的人数等。

事故灾难类议题数量最少（2.67%），主要涉及基础设施类突发事故。这类事故灾难的规模和社会影响相对不大，关注范围有限。Fivethirtyeight 网在事故灾难类议题的作品主要是对同类型事件进行归并量化分析，呈现事件成因，或者对事件的解决方案提出建议。

整体来看，社会安全类和自然灾害类议题由于社会影响较大、容易引起人们关注而报道篇数较多，其呈现内容更加丰富，更有层次性。公共卫生类议题虽然时效性相对较弱，但保障了充足时间以获取大量数据和收集相关人员的观点，从而形成较全面的分析。事故灾难类议题以收集同类型事件进行量化分析为主，从普遍规律中寻找解决方案。

2. 呈现形式简洁单一

Fivethirtyeight 网突发事件数据新闻作品呈现形式主要以地图、表格、折线图、柱状图、散点图等可视化形式为主。但有相当部分作品（51 篇，34%）并未采用可视化形式，而是使用传统文字报道进行数据分析。这些作品会在文本中添加外部链接来表现数据，通过链接可转到相关研究网站或详细数据源等。交互类作品以及其他可视化形式的作品数量较少（见表 2）。

表 2　呈现形式

单位：次，%

呈现形式	出现次数	比例
地图	36	24.83
折线图	25	17.24
表格	23	15.86
柱状图	21	14.48
散点图	17	11.72
流量图	8	5.52

续表

呈现形式	出现次数	比例
条形图	8	5.52
气泡图	3	2.07
交互	3	2.07
变形	1	0.69
合计	145	100

数据显示，地图是使用频率最高的一种呈现形式（24.83%），其次是折线图（25%）、表格（23%）、柱状图（21%）、散点图（17%）等基础图表，其他类型的呈现形式使用频率相对较小。基础图表能够直观表现出关键数据，受众对基础图表的熟悉程度较高，能够迅速从中获得关键数据信息。

地图在数据新闻作品中可以较好地体现一个地区突发事件的影响范围和发展路径，尤其在自然灾害类和公共卫生类议题的作品中被多次使用，例如采用数据地图直观地展示飓风路径、流感影响范围、灾区范围等。在"Will Miami's Skyscrapers Withstand Irma?"中，气泡图被用来展示不同高度的大楼，气泡越大代表建筑物的楼层越多，地图中气泡的密集程度及大小可直观展示海岸线高层建筑的分布情况，作品借此探讨了飓风对这些高层建筑的潜在影响。地图在社会安全类、事故灾难类议题中主要展示事件相关的民意调查，或是基于数据分析寻找事故频发地点。折线图、表格、柱状图、散点图等基础图表的受众接受度较高，其中，表格（15.86%）和柱状图（14.48%）适用范围较广，在各类型议题中均有呈现。

交互式作品的可视化形式较丰富，制作要求更高，受众可以自主选择查看自己需要的数据内容。由于制作交互式作品时间成本较高，因而在突发事件中使用频率较低，这类作品往往是在事件发生一段时间后，在收集大量同类型事件数据基础上进行整体分析，内容更有深度，包含的信息量也更大。例如"Gun Deaths In America"采用交互图形式从10个不同角度分析美国枪击死亡案件，全面深刻地反思美国当前的枪击案问题。

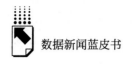

此外，一篇作品可视化形式的丰富度也是衡量数据新闻作品质量的维度之一。除去无可视化的 51 篇作品，在有可视化呈现形式的 99 篇作品中，出现多种类可视化形式的具体数据如表 3 所示。

表 3　每篇出现的可视化形式种类

可视化形式种类（种）	篇数（篇）	比例（%）
1	64	64.65
2	27	27.27
3	6	6.06
4	1	1.01
5	1	1.01
合计	99	100

与一般数据新闻给人们的印象不同，Fivethirtyeight 网的突发事件数据新闻作品的可视化形式较单一，大多数只出现一种（64.65%）或两种类型（27.27%）的可视化形式，同时出现 3 至 5 种可视化形式的数据新闻作品较少，使用 3 种以上可视化形式的作品基本上是在突发事件发生 3 天甚至更长时间后发布的。

整体看，Fivethirtyeight 网在突发事件中的可视化形式比较简洁单一，以基础图表和文字分析为主。一篇数据新闻中出现的可视化形式越多，生产作品所耗费的时间越长，信息量也越大。由于每一种可视化形式适合表达的数据类型不同，多种可视化形式意味着数据量更庞大，处理起来更加复杂和费时。在突发事件中，为了达到对时效性的追求，可视化形式更倾向于采用简洁图表。

3. 谨慎追求时效性

在突发事件中，Fivethirtyeight 网并不片面强调时效性。数据显示，当天发布的有 32 篇（21.33%），事发后 1 天至 1 周发布的有 57 篇（38%），其余的作品主要在 1 周至 1 个月内发布（37.33%），有部分作品甚至是在事发 1 个月以后才发布的（3.3%）（见表 4）。

表4 发布时间情况

单位：篇，%

	篇数	比例	具体时间（事发后）	篇数	比例
事发当天	32	21.33	0 天	32	21.33
事发后1天至1周	58	38.00	1 天	20	13.33
			2 天	15	10.00
			3 天	9	6.00
			4 天	8	5.33
			5 天	5	3.33
			6 天	1	0.67
事发后1周至1个月	44	37.33	1 周至2周	20	13.33
			2 周至3周	11	7.33
			3 周至1个月	13	8.67
事发后1个月以上	5	3.33	1 个月以上	16	10.67
合计	151	100	合计	150	100

"Fivethirtyeight网"对于数据新闻作品时效性的追求较为谨慎，60%的作品是在1周内发布。事发当天发布的数据新闻作品大多数是自然灾害类议题，并且作品中可视化形式都没有超过3种。由于自然灾害类突发事件通常会得到各界关注，数据来源充足稳定，可视化形式较为固定，一般使用成熟的地图形式呈现，节省了额外处理数据的时间，提升了生产效率。事发3天内（包括当天）发布的作品占比约50.7%，社会安全类议题最多，其中主要涉及一些规模较大的群体性事件，如抗议游行、社会冲突等。"Fivethirtyeight网"对于政治类信息比较敏感，对政策变化引起的抗议游行、社会冲突等事件关注度较高，相关数据储备丰富，因此能够快速作出反应。

但是，仍有不少作品是在突发事件发生后1个月，甚至更久的时间发布的。这类作品主要集中在社会安全类和公共卫生类议题。由于公共卫生事件影响时间较长，因此，这类议题数据新闻作品主要侧重展现事件全貌以及后续影响。例如，弗林特水危机事件发生的半年后，记者们重新走访了弗林特，对弗林特水危机过后的水质和人们的生活现状进行了较全面的调查分析。时效性由于不是这一类作品的首要目标，我们也就有了更充足的时间进行数据分析，因此，这类作品往往通过大量数据作出宏观解读，更侧重关注突发事件的社会影响。

虽然数据新闻的生产流程相对传统报道更加复杂和费时，但"Fivethirtyeight网"在突发事件中仍然保有一定的时效性要求，事发当天发布的作品有32篇（21.33%），三天内发布的作品提升到76篇（50.7%），确保在有限时间内迅速将有价值的信息传达给受众。但"Fivethirtyeight网"的这种时效性追求是谨慎的，另有40%的作品1周以后才发布，这与议题类别、数据积累和受众关切等因素相关。在有限追求时效性的条件下，"Fivethirtyeight网"有足够的时间对事实及数据进行调查、核实和分析，一般还会配以调查访谈等传统新闻制作方式来获取更多内容，提升了作品的深度和全面性。

4. 数据来源强调权威

政府机构的数据源最多（47.18%），其次是研究机构（23.08%）和媒体转载（18.46%），少量数据来源是 NGO（8.21%），自主数据最少（3.08%）（见表5）。

表5　数据来源情况

单位：篇，%

来源	篇数	比例
政府机构	92	47.18
研究机构	45	23.08
媒体转载	36	18.46
NGO	16	8.21
自主数据	6	3.08
合计	195	100

Fivethirtyeight 网在突发事件信源使用中呈现两个特点。一是重视权威数据来源。政府机构与研究机构占比超过70%。这类数据权威性较高，数据库的维护和管理较完善，数据量充足，并且大多数数据库一直处于保持更新

的状态。例如，社会安全类议题中经常采用联邦调查局、美国疾病预防与控制中心等稳定可靠的数据源。二是有一定的建立自主数据库的能力。Fivethirtyeight 网自主数据作品虽然不多，但都有较好的质量保证，自主数据源意味着独家报道，可增强媒体的竞争力。Fivethirtyeight 网由于专注于对政治经济和体育的报道，因此数据库大多是民调数据，以及长期采访收集积累的数据。除了自己建立的数据库，Fivethirtyeight 网还有相应的独家数据处理模型，例如，美国大选预测模型等。在突发事件中，使用较多的自主数据是民调数据，主要用于展示政府应急处理能力与民众支持率、态度的变化。

整体来看，数据新闻在突发事件中引用的数据大多来自专业的组织和机构。一方面，专业和权威性较高的组织机构的数据具有较强公信力，另一方面，这些数据库通常会保持及时的更新，便于数据记者们迅速定位所需，提升制作效率。

三 数据新闻在突发事件中的生产特征

（一）新闻议题偏向：以积累性数据源为选题

数据来源在很大程度上影响了数据新闻在突发事件中的议题分布倾向。从 Fivethirtyeight 网在突发事件中的数据来源情况看，同类型议题数据新闻使用相同数据来源的情况并不少见。在以数据为核心的叙事模式下，缺乏与突发事件相关的数据，将会使报道价值降低，失去数据新闻的核心意义。数据积累与储备越充足，我们应对同类型的突发事件也就越有经验，反应也更加迅速和专业，最后形成标签和品牌效应。

充足的数据储备和稳定的数据来源使媒体在面对突发事件时，能够迅速在庞杂的信息中识别和抓住关键的部分。因此，媒体拥有自己的数据库非常重要，Fivethirtyeight 网建立了与政治人物、事件、民意调查相关的数据库，以便在遇到同类型事件时及时调取数据，也便于从新的角度对同类事件进行报道。Fivethirtyeight 网在实践中对同类数据清洗和分析模型经过持续性调整

和优化，能够提升报道效率和数据分析的针对性。同时，在积累一定量同类型议题的报道经验与数据后，通过对数据的深度挖掘，我们可以深入解读事件的本质。例如"Gun Deaths in America"由10个角度的分析作品组合而成，由一系列的数据汇总最终呈现出枪支暴力案件的深层次社会意义。

（二）可视化呈现：以受众接受效率为导向

随着制图工具和技术的发展，数据新闻的可视化形态有了更多的发展可能。早期的数据新闻实践比较强调可视化的丰富度和吸引度，而近几年越来越多的数据新闻平台更侧重于数据可视化与议题的匹配度，即可视化方案能否恰当展现目标议题的核心信息与编辑观点。在突发事件中，运用恰当的可视化技术能够给受众直观地带来突发事件的相关信息，更加高效地让用户了解到突发事件的全过程及其影响和后果。

Fivethirtyeight网突发事件数据新闻作品的可视化特点为：以数据分析为核心，用简洁的图表来呈现关键数据。直观的图表往往通俗易懂，受众可以很好地理解图表背后所展示的社会问题。相比复杂的可视化形式，受众会对在生活中较常见的图表形式更加敏感，也更加容易从中获取关键信息，提升了接受效率。

当下的数据新闻实践中，部分数据新闻作品采用的可视化形式并不利于受众接收，如直接将包含大量数据的表格放在报道中，虽然提供了查询具体数据的工具，但受众很难直接从表格中获取最具有价值的信息；或是过于重视设计元素，反而忽视了数据原本想表达的意义。数据新闻作品能否有效地展示数据信息，一方面是准确把握最有价值的信息，另一方面是恰当的可视化表达。因此，数据新闻作品在突发事件中并不是单纯追求可视化的丰富度，而是在有限的时间内抓住核心数据信息，并用通俗易懂的可视化方案进行展现。

（三）生产周期：以数据获取条件为基础

Fivethirtyeight网的150个突发事件样本主要可分为时效性作品和非时效

性作品两类。其中，前者生产周期较短，大多在突发事件发生后的当天至 1
周内发布，并且内容与突发事件本身高度相关，作品时效性较强。其可视化
形式一般为无可视化或仅使用 1 至 2 种可视化形式，采用较少种类的可视化
形式能够在保证时效的同时将数据完整地展现出来。

　　非时效性作品生产周期较长，并且报道中融入了更多的传统调查访谈方
式，这类作品中的数据依赖于时间积累，需要逐步挖掘报道价值，内容上更
倾向于对突发事件做全局性的反思总结。由于降低了时效性要求，在收集大
量不同类型、来源的数据进行整合分析后，非时效性作品能够从更宏观、深
入的角度进行报道。同时，我们也有充足的时间对多种数据类型进行可视化
设计，这类作品中使用多种可视化形式的概率也明显高于时效性作品。

B.15
美国数据新闻教育概览

查尔斯·贝雷特（Charles Berret）　谢丽尔·菲利普斯（Cheryl Phillips）著 *
李泽华　朱天泽** 编译

摘　要： 本报告分析了全美113个新闻学教学项目，并对50多名新闻
从业者、教育者和新闻专业的学生进行了访谈，速览了美国
数据新闻教育的现状，梳理总结了5种数据新闻的教学模式。
研究发现，美国新闻教学项目很少提供数据新闻课程，且课
程多为入门型，专业的教科书和教职人员都较为缺乏，而拥
有相关数据技能的学生更具有竞争力。研究建议，新闻学院
应与其他院系开展合作，整合其他教学方法，并向学生教授
计算机辅助报道课程，不断探索公众阅读兴趣，改善与受众
的交流方式。

关键词： 数据新闻　计算新闻　新闻教学　美国

【导读】本报告收录的《美国数据新闻教育概览》（*Teaching Data and
Communicational Journalism*）一文，是由查尔斯·贝雷特（Charles Berret）

---

* 查尔斯·贝雷特（Charles Berret），加拿大不列颠哥伦比亚大学新闻学院助理教授，教学与研
究方向包括媒体历史与理论、计算新闻学、数字安全和新兴技术等。谢丽尔·菲利普斯
（Cheryl Phillips），斯坦福大学传播系访问教授，自2014年起在斯坦福大学教授新闻学，斯坦
福计算新闻实验室的建立者之一；于《西雅图时报》工作12年，并担任该报创新数据编辑，
数据新闻作品曾两次获得普利策新闻奖以及两次该奖项的提名。
** 李泽华，武汉大学新闻与传播学院硕士生，研究方向为数据新闻；朱天泽，复旦大学新闻学
院博士生，研究方向为计算传播。

和谢丽尔·菲利普斯（Cheryl Phillips）在奈特基金会的资助下合作完成的。这篇报告分析了全美 113 所新闻学院涉及数据（采集、清洗、分析、可视化）、计算（统计、编程）与前沿技术（人工智能、VR、无人机新闻）等方面的课程项目信息，并对 50 多名新闻从业者、教育者和新闻专业的学生进行访谈，用权威而翔实的数据速览了美国数据新闻教育的现状。该报告根据美国数据新闻教育的开展情况，提出了五种具体的数据新闻教学模式。此外，该报告也提出了关于将数据与计算科学引入新闻学院的方法和建议。这篇报告关注了美国新闻教学，尤其是数据新闻教学的开展情况。我们希望通过编译这篇报告，能对我国新闻教学有所启发和借鉴。

本文为作者查尔斯·贝雷特和谢丽尔·菲利普斯授权翻译。

一　概要

一个多世纪以来，新闻学院为传统新闻报道的教学打下了厚实的基础。数以百计的大学教学生如何去采访、拓展新闻源、做专项记者，以及如何写一条突发性新闻、一个专题、一场比赛或深度报道。但是数据新闻的实践很大程度上被主流新闻教育所回避，尽管该领域数量不多的实践者已将其磨砺成为一个强大而充满活力的实践领域。

我们认为，所有新闻学院都必须扩大课程范围，强调以数据和计算实践为基础的技能。把数据新闻作为新闻教育的核心，将标志着新闻学院在为学生提供教学服务方面取得重大突破。在世界越来越依赖复杂信息和数据流动的时代背景下，具有数据素养的新闻记者可以更有效地完成他们的工作。

这份报告速览了美国数据新闻教育的现状，并梳理总结了一些数据新闻的教学模式。这些模式既整合了现有的数据新闻教学项目，又设立了新的关于数据驱动新闻和计算报道的学位。尽管我们只关注了一个国家的新闻教学现状，但我们希望这项研究结果也可以对全球新闻教学有所帮助。

本研究采访了 50 多名新闻从业者、教育者和新闻专业的学生，评估了

全美 100 多个新闻教学项目。这份报告的一个章节详细阐述了本报告量化研究的发现，例如，美国新闻教学项目提供数据、计算等相关技术课程的数量。报告另外一个章节涵盖了质化调查的发现，我们进行了访谈和课堂观察，描绘了美国数据新闻教育现状及未来的图景。

（一）我们的发现

（1）许多新闻教学项目很少提供数据新闻课程，其中近一半项目根本不提供此类课程。

（2）目前所提供的课程基本上是入门性的，关于基础知识的需求仍然很大，比如了解如何使用电子表格程序（spreadsheet），理解描述统计（descriptive statistics）的数据，如何获取和处理数据从而呈现一个故事。

（3）数据新闻领域有一些基础性的教科书，但除此之外，该领域缺乏强有力的专题文献集，从而为讲授数据新闻的历史和实践提供帮助。

（4）许多新闻教学项目没有专门从事数据新闻工作的教职员工。聘请专业记者兼职可能会带来许多挑战，其中之一是合格的数据新闻教育工作者供不应求。

（5）我们的访谈显示，具有数据新闻技能的毕业生更有能力取得成功。相较于没有数据技能或不知道如何使用电子表格程序或数据库的入门记者，数据技能是一个核心的优势。

（二）我们的建议

（1）新闻学院可以在全校范围内开展合作，以满足数据和计算机教学迅速增长的需要，但应注意不要试图包含过多的教学内容，尽管数学、统计学或计算机编程是重要的组成部分，但数据新闻远不止如此。

（2）新闻学课程可以整合其他学科，以弥补自身师资的不足。例如，大学不同院系之间进行合作教学、在线课程和独立的辅导资料集。

（3）新闻学教学项目可以在几种教学模式中进行选择，所有这些教学模式都至少从一个分析数据的新闻报道必修课开始，这在过去一直被称为计算机辅助报道。

（4）既涵盖教学又研究数据新闻报道方法的新闻学院，要时刻准备从根本上改善未来新闻工作者探索公众兴趣和与受众交流的方式。

二　引言

长久以来，新闻学院一直回避把统计学方面的技能引入新闻教学。1 个多世纪以前，约瑟夫·普利策（Joseph Pulitzer）就在一篇文章中强调记者学习统计学的重要性：

> 每个人都说应该教授统计学。但如何教呢？统计不只是数字而已。有人说，除了事实，没有什么比数字更重要。你要从统计数字中获取真相。如果你知道如何获得它们的话，你不仅可以接近真相，你也可以获取一些奇闻逸事、人情趣味和迷人启示。作为记者必须知道如何达到这些目标，当然，真相是第一位的。

20 世纪新闻学院建立的浪潮中，统计教学在很大程度上被抛弃。其中，包括以普利策名字命名的哥伦比亚大学新闻学院。通过传统的新闻采访和写作训练，教学生收集、分析并呈现信息是这些新闻学院课程的核心。

此外，数据新闻和量化的新闻报道方式在业界有了巨大发展。新闻从业者最先发现了数据在分析与呈现中的潜力，他们也发现，使用电子表格和数据库等工具来进行新闻报道和可视化具有可能性。这些技能的指导主要通过专业的研讨班来进行，而不是课堂。新闻和大众传播教育认证委员会（Accrediting Council on Education in Journalism and Mass Communication, ACEJMC）负责全美大约四分之一的新闻教学项目的认证，该委员会把"运用基本的数学和统计概念"（apply basic numerical and statistical concept）的能力，列为新闻从业者的核心竞争力，希望其所认证的学校能够教授。

新闻专业学生所需的统计学和数学课程本质上是理论性的，而非新闻性

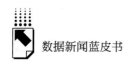
的。我们的分析表明，尽管新闻传播学院包含了基本的统计学课程，但将数据和计算机技术应用于新闻业仍是一种小众实践，通常在新闻教学计划中被忽略。

为了更好地了解新闻教学现状，我们收集了包括波多黎各在内的全美113个新闻教学项目的课程信息。在113个教学项目中，有93个提供了多媒体教学的指导，这些指导包括如何设计网页、创建博客或拍摄网络视频等。其中，多媒体教学中平均开设的课程数量是3门。极少的项目提供数据分析和可视化的教程。113个教学项目中，有一半多，即59个项目定期安排一门或多门数据新闻课程。

我们把数据新闻教学定义为，专注于进行数据与新闻的学科交叉，并使用电子表格、统计软件或数据库来达到这一目的的课程。我们不把一般的数学、研究方法和统计课程涵盖在内，除非它们明确包含数据新闻学方面的知识。

在我们所定义的59个数据新闻教学项目中，包含了各式各样的课程。这些教学项目，都至少包含了一些课程，教学生使用电子程序表格来分析数据，以达到新闻报道的目的。此外，也有一些学校不仅提供基本的数据新闻的指导，还教授多种编程技能，例如网络抓取、构建新闻应用程序或制作高阶的可视化数据。但是那些高阶的课程并不多见，59个教学项目中的27个仅提供了一门与数据新闻相关的课程，且通常是基础课程，14个项目提供2门相关课程，只有18个项目提供了3门或以上的数据新闻课程。

本报告将深入研究数据新闻教学的现状，并从数据新闻教育者、研究者和从业者身上汲取教学经验，由此，来探讨哪些教学是无效的，应当抛弃；哪些教学是起作用的，应当推广。

为了向数据新闻教育界提供实用的指导，我们结合数据新闻界领军者的经验，提出了数据新闻教学的几种模式，来适配不同的教学机构。整篇报告的目标是帮助新闻学教育朝着更有凝聚力和思想性的方向发展，这将有助于培养新闻记者，使数据思维和数据使用深入其心，从而产出新的新闻产品，优化新闻叙事，使新闻更具权威性。

将数据新闻纳入新闻教学主流的愿景，还有一个任务：从科研的角度改善新闻学教育的未来。数据新闻的教学实践（从分析、筛选的数据中讲故事）将增加新闻学院对大学校园中以数据为中心的教学领域的贡献。

本报告作者，以及由教授和数据新闻记者组成的委员会一致认为，如果新闻从业者和教育者想要去改变，那么最具决定性的部分是，让我们的学生拥有实用的数据技能（data skills），以及更重要的数据思维框架。

三　定义研究领域

在我们看来，数据新闻作为一个领域，其包含一套用于收集、分析、可视化数据和发布新闻的实践。这个定义可能会有争议，因为数据新闻的历史充满了关于它应该被称为什么，以及包含什么的争论。

事实上，自从哥伦比亚广播公司（CBS）使用计算机成功预测 1952 年总统大选的结果以来，数据新闻一直在发展。随着技术的进步，记者利用该技术并将其用于讲重要故事的能力也在不断提高。

2014 年，亚历山大·霍华德（Alexander Howard）为 Tow 数字新闻中心和奈特基金会提供的报告中可以找到数据新闻的一个关键定义。霍华德写道，数据新闻是"收集、清理、组织、分析、可视化和发布数据，以支持新闻实践的创新"。"更简洁的定义可能只是将数据科学应用于新闻业，其中数据科学被定义为从数据中提取知识的研究。"

但是，新闻游戏、无人机新闻和虚拟现实——有些在今天可能不被认为是主流数据新闻的实践——在未来可能会占据主导地位。数据新闻也可能会朝着另一个方向发展，也许是更多的对机器学习和算法的应用。数据记者已经开始使用非结构化信息（文本、视频、音频），而不仅仅是数据新闻的传统要素（电子表格和数据库中充满行和列的数据）。

不断发展的数据新闻实践体现了记者最擅长的工作方式——推动人们的期望边界。编辑曾经认为读者不会理解报纸上发表的散点图。今天，《纽约时报》的 Upshot 以及 Fivethirtyeight. com 和其他一些媒体都会定期提供信息丰富的数据图形和可视化作品。

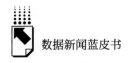

与此同时，每一代数据记者都为下一代提供了信息，并平衡了尝试新方法的渴望与基本道德和工作透明度之间的关系。

本报告研究了多种形式的数据新闻，并尽可能地确定它们以确保清晰的沟通。

（一）数据新闻学的四个关键领域

我们将数据新闻分为四类，不过要承认的是，在具体的实践中，各类之间有重合是不可避免的。

1. 数据报告

定义：获取、清理和分析用于讲述新闻故事的数据。

包括：

编写计算机辅助报道或分析以撰写新闻报道；

制作精确新闻，由菲利普·迈耶（Philip Meyer）引进，包括在新闻生产中使用社会科学研究方法；

可视化数据——地图和图表——用于探索和分析；

编程以获取和分析用于撰写新闻故事的数据。

需要的技术：

调用公共记录法来获得数据；

使用网页抓取工具和技术（包括从工具到 Python 编程语言知识）；

使用关系数据库软件（可以包括从 Microsoft Access 到 MySQL）；

了解统计概念和软件或具有统计软件包的编程语言（SPSS 或 R 等）；

使用地图和可视化工具和软件（Tableau，Esri 地图软件，QGIS，Google Fusion）。

2. 数据可视化和交互作品

定义：使用数字出版代码（HTML/CSS/JavaScript/jQuery）以及编程和数据库管理来构建交互式新闻作品。这与设计工作重叠，而不属于传统的数据新闻定义。但是，可视化和应用程序也可以成为叙事过程中不可或缺的一部分。

包括：

可视化开发和用于演示的交互式图表图形设计，包括对于代码的使用；

交互式应用程序，包括可搜索的数据库和游戏，帮助读者探索和理解新闻故事；这些应用可以是数据新闻项目中最实用的关键部分。

技术：

代码的使用，HTML 和 CSS，也可以包含 JavaScript；

使用可视化软件或程序，从 Tableau 可视化到 D3 JavaScript 库；

数据库管理和编程，包括 Python，以及 Django，Flask 和 Rubyon on Rails 等 Web 框架；

地图应用，包括 QGIS，CartoDB，Esri，TileMill，GeoDjango 等；

服务器知识和 GitHub 的使用，版本控制和敏捷（Agile）开发技术。

3. 新媒体技术

定义：使用数据和技术的新发展。

无人机技术：

无人机技术可以包括由配置的机身（例如固定翼或多旋翼）；具有不同功能的自动驾驶仪（全自动化，轻微稳定性辅助，故障后安全返回功能）；控制系统（通过无线电信号手动控制，通过软件自动飞行和蓝牙无线连接）和传感器（相机、摄像机、多光谱相机以及其他物理传感器）。

传感器技术：

传感器技术包括各种软件和硬件，用于测量空气质量、运动或噪声水平等物理条件；这些传感器可用于通过小型便携式计算机或微控制器收集数据；一些大学已经开始使用特定的、基于项目的课程来教授传感器新闻，例如，测试空气和水质等环境条件。

虚拟现实（VR）和增强现实（AR）技术：

长期以来被视为新兴数字技术的虚拟现实终于有望进入广阔的消费市场；三星、Oculus 和谷歌已经开发出消费者级的 VR 头戴式设备以及控制器，以利用您的手脚来促进交互性。然而，即使《纽约时报》、《洛杉矶时报》和公共电视网（PBS）的"Frontline"已经启动了使用 VR 的探索性试验，这些技术也尚未解决叙事、受众互动和新闻价值等问题。新闻学校不仅

需要提供这种新兴技术的曝光和指导，还需要探索应用这些技术的价值观和最佳实践。

4. 计算新闻学

定义：使用算法、机器学习和其他新方法来实现新闻目标。该领域与数据报告和新媒体技术存在重叠。

包括：

帮助记者以新方式挖掘非结构化数据的算法；

新的数字平台，以更好地管理文档和数据。

技术：

Python、Ruby 和 R 等编程语言；

像 Jupyter 这样的框架和应用程序使记者能够在执行分析时，展示代码和文本，并体现他们工作中的步骤；

像 Overview 这样的平台有助于应用复杂的计算过程，如自然语言处理和主题建模。

（二）即将来临的任务：令人关切的起因与希望的缘由

在如此众多的学校中，由于关于数据科学课程的缺乏，学术界对数据新闻的关注大多是从社会学和传播学方面对新闻编辑室进行研究。他们的工作旨在记录和阐释在媒介、技术、信息和社会学术对话中的数据实践。

一些大学专门建立了致力于数据、计算机和人文科学学科交叉的研究中心。在建筑学、地理学和经济学中，数据和计算机的使用反映了这些学科在最近几十年中的新趋势。在新闻界，我们的发展历程没什么不同。像数据新闻一样，人文科学和社会科学领域的量化工作也在增长。

总体而言，我们看到数据科学和量化方法已被引入跨学科的领域中，就像新闻学一样，这些学科过去并不是以量化手段为主。涉及数据和量化方法的实践可以捆绑到全新的院系、中心、研究所和学位课程（例如数据科学和计算机媒体）中。设立数据新闻专业的目的，不是与其他学科竞争，而是开发一门本质上是新闻学的课程，这门课程以符合公共利益的新闻为使命，并建立与其他学科的合作关系。

2013 年，吉恩·福克茨（Jean Folkerts）、约翰·麦克斯韦·汉密尔顿（John Maxwell Hamilton）和尼古拉斯·莱曼（Nicholas Lemann）（均为新闻学院院长，其中两位曾长期作为记者）发表了《培育新闻记者：传统大学的新诉求》（Educating Journalists：A New Plea for the University Tradition）。该文的重点是"大学"在新闻事业中的作用，但同时也讨论了新闻业的革新，可以为培养记者的新闻学院带来福音。作者写道：

> 新闻业正在发生深刻的变化。实际上，它并没有减弱反而增强了新闻学院在大学整体规划中的重要性。如果做得正确，那么在关键时刻将为该行业带来很多好处。新闻学院应该面向行业的现状与未来，并且不应仅仅满足于培训学生入门级的新闻编辑能力。

他们的建议中的关键是："我们把早期新闻学教育中的三个导向，即实践导向、学科导向和研究导向，看得至关重要。所有这些都应应用于数字革命，从而产生丰富的可能性。新闻学校应该拥抱这三者，而不是选择一个而拒绝另外的。"

哥伦比亚新闻学院研究生院院长史蒂夫·柯尔（Steve Coll）认为，数据驱动的新闻报道实践和教学的出现，意味着人们认识到，数据新闻不仅仅要通过数字媒体发布新闻，还要探索出一种适合当今复杂世界的报道方式。

我们的研究重点是新闻学院，可能不会考虑其他学院或整个大学以数据分析为中心的课程。特别是对于本科生来说，其几乎没有理由开设学院内部的课程，因为学生可以自由支配自己到另一个系学习的课程。然而，这样的混合学位建设需要学生有很大的自由度和主动性。跨科系的教学项目，有时可以更好地为新闻专业的学生提供服务，这些举措可以使教师与团队教学结对，并将新闻专业的学生与数据和计算机学科等联系起来。美国西北大学、斯坦福大学、波士顿大学、哥伦比亚大学、佐治亚理工学院、锡拉丘兹大学和其他机构都在努力建立这些跨学科的项目。

然而，设立数据新闻学课程的任务也面临自身的挑战。数字工具、平台和编程语言的快速变化意味着有更多的课程要设立，而且课程本身必须快速更新。我们很难确定哪些新技术是将要过时的，哪些有可能是长久的。因此，重要的是课程设置，应将数据和计算机作为基本的技能来教授。学生可以对技术背后的概念有足够的了解，从而可以更轻松地学习并应对这项技术的革新，而不必关注不断过时的旧工具。

四 美国数据新闻教学现状：量化数据发现

（一）我们的研究范围

在这份报告中，我们收集并分析了 113 个新闻学院的信息，数量大约占全美新闻学院的四分之一，还收集了 63 份教学大纲，这些课程大纲涵盖了数据驱动新闻、计算新闻、数据可视化等主题。同时，我们对 50 多位教授和专业记者（其中许多是兼职）进行了深度访谈，也和 10 名学生或刚刚毕业的学生进行了交流。我们还参加了 9 门相关课程和 3 场大规模的在线公开课程（也称"慕课"，MOOC），课程大纲提及的数据新闻相关概念见图 1。

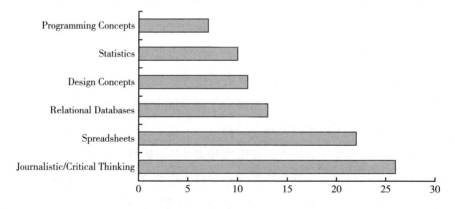

图 1 课程大纲提及的数据新闻相关概念

注：纵轴自上而下依次是编程概念、统计、设计概念、关系数据库、电子表格程序、新闻/批判性思维。

（二）我们的发现

在本研究的样本中，略多于一半的学院（113 所中的 59 所）提供一门或多门数据新闻课程。我们将数据新闻学课程定义为专注于数据和新闻学的融合，并讲授电子表格程序、统计软件、关系数据库或编程等技能的课程。而在这 59 所新闻学院中，有 27 所新闻学院仅提供一门课程，且通常是基础课，14 所提供两门课程，只有 18 所开设了三门或以上课程。

（三）基础数据教学：以表格为主

数据新闻专家表示，基础数据课程是最重要的，因为它奠定了关键的思维模式和技能，这是进行高阶学习的先决条件。通过对教学大纲的分析和访谈，我们发现大多数计算机辅助报道的课程致力于全面培养学生具有批判性思维和通过数据发现故事和讲故事的基础理念。类似批判性思考和建构一种"数据思维"，这样的理念出现在不同院校的课程中。换句话说，能够以规范的方式向数据提问，理解差异，并找到对数据分析重要的潜在模块和异常值。大多数课程包含了某些类型的实践教学，其中很多首先将关注点放在电子表格上，其次是结构化查询语言，再次是绘制和统计的有关概念，最后是一些课程包括基础数据可视化，并将可视化工具 Tableau 或者谷歌 Fusion 等软件作为深入学习的途径。

本研究的这 63 份教学大纲还呈现出另外一个主要特点，即通过实践练习如何通过申请和协商从政府部门获得数据。无论是遵循指导理念，还是运用实际技能，当今的新闻学生必须高度重视数据和用数据来讲新闻的这些工具。

（四）高阶数据技能教学：可视化与编程

如今，数据新闻学的高阶课程是有限的。在接受这项研究的 113 个教学项目中，只有 14 个向新闻专业学生讲授了 HTML/CSS 之外的程序设计课程，有 11 个提供了数据新闻新兴领域的课程，例如，无人机、虚拟现实和计算机分析等。实际上，基于对教学大纲和新闻教学项目的分析，某些被描

述为高阶的课程主要讲授电子表格使用的基本原则。

许多新闻教学项目设有设计课程，但这些课程通常侧重于基本设计原则、网页设计或静态信息图表。这些课程很少向学生教授以交互方式呈现的可视化数据，或构建 Web 应用程序所需的概念和技能。

我们的研究样本中，只有 14 家新闻学院根据课程描述来讲授 HTML 和 CSS 以外的编程。目前，在数据新闻课程中最常使用的编程语言是 SQL、Python 和 R。专注于数据分析的讲师通常会结合 SQL，有些人会介绍 R。一些讲师讲授 web 框架，例如 Django 和 Ruby on Rails。还有一些可视化专家讲授 JavaScript 和其他技能，但介绍前《纽约时报》图像编辑迈克·博斯托克（Mike Bostock）开发的 D3 知识的讲师很少。

（五）可供选择的数据新闻教学：网络课程现状

针对数据新闻教学中普遍缺乏指导且师资力量不足的情况，邀请受尊敬的教师参加大规模的开放在线课程或慕课是解决办法之一。我们的研究参与了 3 个慕课课程，以帮助我们了解网络平台如何传授数据新闻课程。我们发现，慕课最擅长提供基础性的课程，但不能指望它传授更加深层次的知识。慕课有助于将一门学科的基础知识夯实，或强化一项渐渐弱化的能力，但是对于教授新闻报道技巧、批判性思维或创新能力而言，慕课尚有不足。

（六）教科书：共识不足

对于数据新闻相关领域的概念和技能的描述贯穿我们的采访和教学大纲的始终，且高度一致。但是在核心参考书的问题上，数据新闻的讲师们莫衷一是。事实上，大多数课程不使用教材，而是仅仅提供一系列的选读材料。在对教学大纲的分析中，我们发现共有 70 多本参考书被提及，但是不同院校对教科书的选择尚缺乏共识。其中，有 14% 的课程提及了布兰特·休斯顿的《计算机辅助报道：一个实践指南》（*Computer – Assisted Reporting：A Practical Guide*）。有 8 个项目课程提及了《数据新闻手册》（*The Data Journalism Handbook*），此外还有《调查记者手册：文件、数据及技巧指南》

(*The Investigative Reporter's Handbook*: *A Guide to Docu – ments*, *Databases*, *and Techniques*)、《新闻室中的数字：如何在新闻中应用数学与统计》（*Numbers in the Newsroom*: *Using Math and Statistics in News*）和《精确新闻学》（*Precision Journalism*）。

研究发现，有 17 门课程没有要求配教材。这也许说明在线阅读最适合这些课程。但是这也意味着，尽管已经有了长足发展，数据新闻对于新闻学院来说仍是新鲜事物。除了少数几本被广泛使用的教科书，其他有效的教科书仍然缺乏。

五 美国数据新闻教学现状：质化调查发现

（一）确定教学内容

> 定义和教授数据新闻并非易事。因为它在不断地变化，报道典型也在不断革新。一个人也需要从这项实践中不断学习。
>
> ——《芝加哥记者》乔纳·纽曼（Jonah Newman）

我们的访谈回应了很多量化研究中的发现，因此本章节着重呈现教授如何将相关概念付诸课堂实践，而不是重复上述发现。本章旨在为当前数据新闻的教学工作提供路线图，并对一些共同的挑战做更加深刻的理解。

我们采访了近 50 位新闻教师和从业者。他们尽管理念多元，但在数据新闻基础课程上也达成了共识：要使学生具有批判性思维、掌握关键的数据技能和编程概念，以使他们能够根据需要学习新的工具。

（二）代码的议题

关于数据新闻记者是否需要编程的争论一直十分激烈。当我们去探究这一议题时，我们首先要定义一些数据新闻中这些术语的含义。代码（Code）

指网络开发和设计，指向 HTML 和 CSS 概念；而编程（Programming）指编写程序使得高阶的数据挖掘和算法可以识别模块。

要旨是进行更高级的数据新闻报道，其从业人员至少需要了解编程的工作原理。这也可以被认为是计算思维的开始。

随着学生逐渐形成利用计算机解决问题的能力，其中一些人可能随后会学习如何编程。但是，即使那些不采用代码方法的人，也应当去理解像这样的解决方案如何成为新闻工作的一部分。与任何特定工具或编程语言相比，处理数据和计算思维是一项更广泛且更加必要的技能，重要的是，我们不能把两者混淆。

（三）机构的挑战：资源

一些学生需要依靠大学的技术设备支持。例如，有些学生仍然没有个人笔记本电脑，而依赖学校的计算机实验室进行实践操作。而另一些使用个人电脑的学生可能设备上没有安装制作数据新闻需要的软件。使用 iPad 这类平板电脑的学生将面临更多障碍。

新闻学院帮助学生，可以通过投资新的实验室设备，让学生轻松访问所需要的软件，并安装在自己的设备上等方式。新闻学院应更频繁地去听取和调查教授的意见来确定哪种软件对学生来说最有用。

（四）机构的挑战：专业教师

众所周知，新闻业界和学界存在很大的鸿沟。这一鸿沟在数据新闻的教学与实践中也存在。

当然，不同机构的数据新闻教师存在个人的偏向。那些专业记者起家的教师，或仍在编辑室工作的兼职教师认为，他们能够比有研究经验的学者更有效地传授批判性思维技能，以在新闻编辑室中取得成功。

此外，如马里兰大学的迪亚克普洛斯（Diakopoulos）认为教师应该有博士学位，虽然能够聘请具有 25 年数据新闻从业经验的人是一件好事，但在这一领域的现阶段，这是不切实际的期望。而亚利桑那州立大学的多伊格

（Doig）则认为无论理想的期望是从哪里找到教师，仅雇用新的教授来专门从事数据新闻教学工作是无法解决问题的。

专业领域和学术领域的教职员工一致认为，从目前看，仍需继续聘请专业记者担任兼职教师，但是仅仅依靠专业记者又是不够的。

（五）机构的挑战：学生参与度

新闻学课程需要更好地说服甚至要求学生参加数据新闻学课程。学生可能会回避，因为他们认为自己并不擅长数学。但问题不仅仅是说服学生可以学好数学而已。在大学里，即使整个课程都集中在讲授程序设计、数据新闻，甚至是数据可视化，一些学生反映说要找到这样的学习机会并不容易。其中的一些原因与院系的一些特定教学项目、理念和特定的新闻实践的偏向性有关。总之，数据新闻课程只是选修课，只有少数学生能够被录取进入新闻教学项目。一方面，这归咎于学生的能力问题；另一方面，这些课程缺乏关注。一些教授往往并不认为这些课程对新闻事业有至关重要的作用。

六　数据与计算新闻的教学课程模式

本章节分为五部分。第一部分是数据和计算学科的入门课程模式，我们建议作为所有新闻专业学生的必修课程。第二部分提供了将数据与计算课程引入核心课程和选修课程的具体做法。后三部分则介绍了具体的课程安排，以满足不同学位课程的需要。我们建议所有教学项目都配有数据新闻学的基础课程，教授学生如何进行数据分析，以从中发现新闻故事，同时培养学生对数据新闻的通用方法和潜力的意识。本课程的前提是，所有记者必须准备好在工作中使用数据，并识别何时需要这种方法。

（一）模式一：数据新闻基础课程：将数据作为核心课程进行整合

1. 课程说明
这项课程是记者们对结构化信息进行收集、分析、展示和评论的入门课程。

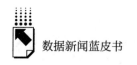

在一个学期的课程中，应培养学生建立这样一种思维框架，即在每一个故事里找寻数据的可能性。他们应该了解使用电子程序表格和关系数据库的基本方法，并对统计学的概念有初步的了解。学生应当学习如何为自己的报道找到数据和证实这些数据的人，并学习如何将数据分析转变为具有新闻价值的选题。

2. 课程技能、主题与结构

这项课程要求学生做好使用电子表格和数据库找寻和报道新闻的准备。

主要的技能包括：电子程序表格的使用、怎样挖掘并清理数据、找出数据规律和异常、质疑数据收集方式的偏差与遗漏。

课程主题包括：数据来源、数据导入、数据协商、数据准确性检验、数据清理、电子表格程序中的函数运用、查询数据库，在数据中找寻社会意义、写作数据新闻、数据新闻可视化。

课程结构：动手练习和课堂讲授相结合；主要使用电子程序表格工具和相关的数据库软件，初步接触一些通过数据可视化呈现的故事。

3. 作业安排

家庭作业：选择一篇数据新闻报道在课堂上进行评论；找一个数据集合，并解释为什么有趣，以及可能揭示什么。

课堂任务：学习基本的数据分析知识，动手进行数据清理。

电子表格程序作业：分析政府部门的工资单，或检查一个城市或国家的财政预算。

期末任务：通过三个步骤，即选题、初稿、最终定稿，来制作一则数据新闻。

（二）模式二：本科和研究生阶段的教学指导：将数据和计算融入现有课程和教学重点

我们对新闻院系的核心建议是将数据与计算技能视为所有学生的核心技能。数据新闻需被看作如下方式来进行讲授：它是新闻学入门课程的一个基础方法，媒介法律与伦理的一个独特议题，一种适用于于任何专业课程的报告方法，以及感兴趣的学生可以从事的高阶课程和专业领域。

此外，数据与算法在商业、政治、科技和健康报道等领域的广泛应用，对于数据与算法的理解日渐重要，所以在课程安排中需要为学生提供这些材料，以使学生能够持适当的质疑态度来对待这些信息源，并通过文字来阐明它们。

1. 入门及必修新闻学课程如何整合数据和计算

（1）图表基础、视频及多媒体课程：许多学院教授学生图形、视频和多媒体等视觉工具。如今，还需要向学生传授如下知识或技能，如图表制作、地图绘制和线性时间表等，以及关于新闻应用程序的概论。

（2）媒介法与伦理课程：法律问题是数据新闻记者主要的关注点之一，因为向其提出信息公开的要求后可以获得丰厚的报道资源，但通常这也会是令人沮丧的。同时，学生们也应当知道一些关于数据的误解，即数据是纯净的、客观的、与人类经验世界相隔离的。有些人选择搜集所有数据时，也会引起社会和道德层面的后果。

（3）新闻史课程：对历史的讲授可以让学生对当下技术对新闻业的影响有更深的认知，数据和计算新闻学在历史发展中早就有迹可循，新闻史应该对此有所涉及。

2. 高阶及选修课程如何整合数据与计算

（1）调查性报道课程：数据新闻的许多报道方法和工具源于调查性报道。使学生熟练掌握电子表格程序、数据库和计算机辅助报道的技能，可以让学生充分使用和支配好所掌握的资源来从事深度报道。

（2）叙述性报道与特稿写作课程：掌握使用数字来支持叙事的技巧。在报道课程中，尝试使用电子表格程序来组织主要人物的时空顺序。使用大型的文本分析工具来组织、索引和注释文档。

（3）社交媒体技巧课程：如果教导学生运行社交媒体，则应教他们理解对平台的用户分析。而挖掘社交网络以解释社会趋势和公众舆论的技能将成为新闻专业学生的优势。

（4）财经新闻报道课程：收集、分析和评价财经数据是财经新闻报道

的重要内容。许多课程已经包含一些关于数据采集和解读的导论。随着越来越多财经数据变得易于获取，同时其中的一些数据会更加复杂和难以解释，财经新闻课程需要适应并提供更为高阶的指导，如高阶的电子表格程序以及财务与预算分析训练。

（5）数字化设计与视觉传播课程：在新闻学院，数字化设计课程旨在向学生介绍排版设计、编辑图形和视觉批判原理。为了融入数据和计算机，此类课程应该引入数据可视化的材料以及至少加入一些对新闻 App 和网页开发的理念的介绍。

（6）国际新闻报道课程：当记者报道他国时，数字通常会帮助他们和他们的受众更加清晰地理解这些陌生而复杂的事件。国际新闻课程应当教学生查找、评估和准确播报国外的事实和数据。在更高层次上，这样的课程应教学生通过收集和检视全球的数据来寻找故事。

（7）科学与环境新闻报道课程：数据是科学报道中重要的组成部分。拥有阐释和检视论文数据和实验的能力，将使学生在这一报道领域成为出类拔萃的记者。

（三）模式三：数据与计算机专修

本节介绍了一些可以组成学位的系列课程。根据这些课程现有的师资与资源，以下课程构成了以数据和计算为核心的必修课程，或一系列选修课程。

1. 核心课程：以数据与计算为主的必修课程

（1）数据新闻基础：在模式一中已做介绍。

（2）新闻编程概论：本课程的目的是向学生介绍几种基本的计算机编程技能，他们将使用这些技能来叙事。

（3）应用于新闻的统计学：事实证明，统计学的方法和原理是新闻记者手中有力的工具。本课程旨在向学生介绍在新闻专业框架内所进行的严格统计工作，这意味着，精确新闻和计算机辅助报道的传统意义上，该课程以叙事报道为基础。

（4）限选课：课程内容包括三部分，分别是"展示与可视化"（数据可视化、数据与计算可视化新闻、高阶数据可视化、高阶新闻地图），"用于报道的分析"（数据写作、应用于新闻的统计分析、高阶计算机报道方法），"新闻编程"（新闻编程概论、收集数据和自动化报道方法、新闻应用开发、高阶计算新闻学）。

2. 选修课程：针对专修数据与计算学科的硕士学位

（1）资料收集与自动化新闻报道方法：本课程着重于发展专业知识，包括收集数据，清理数据，将其存储在数据库中以及轻松地进行检索。它还强调构建自动化工具以用作新闻报道中的数据源。

（2）数据与计算可视化新闻学：本课程涵盖了信息图形表示的各种方法、媒介和格式。

（3）高阶数据分析与新闻算法：本课程应建立在必修的核心课程基础上，从而将数据和计算结合在一起来叙事，并使用算法和计算机分析进行预测。

（4）高阶数据可视化：本课程将借鉴可视化新闻核心课程开发的数据可视化技能。数据可视化通过编程来实现，常用的工具是 JavaScript 和 D3。

（5）高阶新闻地图：本课程以原先的制图课程为基础，同时涵盖高阶的数据操作和设计技巧，也进行包含时效性、吸引力和原创性的新闻敏感性训练。这门课程也涉及 GIS 技术的使用，将该空间数据与其他信息结合在一起，使用密度和其他空间分析来组成故事，而不单单是言说。

（6）高阶新闻文本挖掘：文本即数据。设置该课程的目的是教记者使用大量的文本数据对新闻故事进行收集、分析和演示。这可以基于"收集数据和自动化报道方法"课程的材料。

（7）高阶计算新闻学：本课程着眼于计算机工具在新闻实践中的状况，同时面向新型的和未开发的新应用。到这门课程时，学生应具有牢固的编程基础和数据分析能力。在此基础上，鼓励学生开展以新闻报道为中心的深入独立的项目，或开发相关的软件。

（8）毕业设计或论文：理想情况下，数据新闻学的论文将源于与讲师和顾问的合作。它可以采用已报道的新闻、技术报告、软件或设计（例如

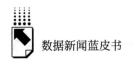

地图或数据可视化）的形式。专修学生的毕业设计可能需要一个班级的学生通过他们的课堂所学去完成一个项目。

（四）模式四：高阶研究生学位：面向在职学生的基于数据和计算的专业报道

由于有可以投入发展这一系列技能的时间和导师资源，数据与计算新闻学课程是在职学位的理想专业。因为这个学位是针对那些已经知道新闻工作原理的学生的，这个学位可以提供标准的新闻教学项目或全职工作难以达到的深度和聚焦度。

课程设计如下。

（1）数据驱动新闻基础：在模式一中已做介绍。

（2）关于数据的报告：这项课程的目的是让学生理解并批判性地评价基于数据技术的新闻报道、研究、学术著作和其他信息。

（3）论文：学生可以制定独立的项目报告，在课堂上分享进度，并定期与导师会面以制定硕士学位论文。

（4）选修课：在职的以业务为导向的新闻学学位的一个目标是，让学生们对他们所报告的领域有深入了解。为此，这个教学项目应向学生提供一些在其他院系进行的选修课程，以便对最后的课程论文有所帮助。

（五）模式五：高阶研究生学位：新兴新闻技能与技术

在许多方面，调查性报道是新闻研究和发展的羽翼，是一个人们用大量时间尝试新技术的地方。

计算机辅助报道、数据新闻和计算新闻是新技术在调查性报道中运用的清晰案例。这些实践已被记者们通过新的工具和平台发展起来。大学非常适合培养这种对新闻实践的态度，且不仅要传授该领域的知识，而且要根据与其他学科和未开发工具的碰撞来开发全新的方法。

1. 课程结构与主题

这项项目课程的一个目标是要帮助指导可应用于新闻的算法、机器学习和人工智能。许多新的技术正在尝试应用于新闻报道中，如无人机和虚拟现实技术是正被积极开发的两个平台，浸入式虚拟现实头盔准备进入热情欢迎它们的市场。

重点既不在于预测未来这些新技术的到来，也不在于为自身利益进行创新，而在于考虑新闻院校在开发和塑造新技术中所能扮演的角色。

2. 新兴技术实验室的装备

尽管许多编码和设计项目可能只需要一台笔记本电脑，但对于有兴趣尝试用于新闻项目的传感器和其他硬件的学生来说，实验室应准备各种硬件。

理想情况下，可以在信用系统上提供便宜的设备和组件，而更昂贵的设备则需要在机房仓库登记取出。这一模式的典型案例是纽约大学的交互式电信计划（Interactive Telecommunication Program）。该项目还指定了一些架子，用于捐赠有用的报废材料。

除了用于原型制作的小型计算机之外，还应配备更多功能强大的计算机来满足项目需要。如果可能的话，新兴技术实验室应该拥有如沉浸式 3D 摄像头、VR 头戴式耳机和无人机等的设备，以让学生获得关于使用新闻播报技术的第一手经验，而不是依赖二手的描述。这些技能和知识可能会带来无法预料的媒介技术创新。

七 对于机构的建议：将数据与计算科学引入新闻学院的举措

（一）师资建设与扩充

对于许多新闻学院而言，如何将数据和计算整合到专业课程中会带来一些"鸡与蛋"式的难题。业界对数据记者有需求是因为他们相对稀缺，所以学校希望毕业生对这个新兴的领域做好准备，不过在这一领域内，本身可能还没有足够的教师。

但是专业课程只能满足数据记者需要的部分技能，数据和计算也必须整

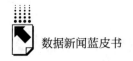

合到许多现在所忽视的课程中，包括训练营和论文。值得注意的是，编辑曾经拒绝将摄影用作新闻工具。新闻学院必须培养学生为任何需要的故事准备好数据和计算。

这可能需要培训许多新闻学专业教师使用数据和计算工具。即使学生必须去其他地方接受有针对性的指导，学院的教师也至少应该意识到学生的作品在什么时候可以从数据中受益。安排客座讲座也可以作为过渡解决方案。

（二）培训或课程建设

2014 年，国家计算机辅助报道协会（NICAR）为有兴趣教授数据新闻但需要一些帮助的学者引入了数据新闻培训。然而，NICAR 和其他新闻培训机构的价值远远超出了预期。新工具正在迅速发展，随着数据新闻领域的发展，教师继续成长，学习和改变也至关重要。

事实上，NICAR 也存在空白，因为许多学术机构没有设法解决新的工具或技能。与此同时，个人计算工具变得更加强大，数字信息源变得越来越普遍，新闻机构越来越依赖数字方式来收集和分发新闻。正如印刷报纸很难认识到数据驱动报道和互联网的力量一样，新闻学校也不愿意改变。对于学生和他们的专业，教学机构要么去适应，要么冒无法实现其目标和使命的风险。

（三）新技能、技术素养与训练营

许多新闻专业的研究生项目会招收那些几乎没有记者经验的学生。其隐含的假设是他们的本科学业会为他们开始学习像记者一样思考并在各种平台上制作故事提供基础。

但是，在数据和计算新闻方面，在数学技能和技术素养方面可能会存在更大的差距。通常，学生必须学会使用各种不熟悉的软件，甚至开始使用数据、统计和编程语言。就目前而言，教授新闻学专业的学生思考数据，在电子表格中查找故事，甚至批评性地思考这些数字，应该是相当简单的事情。记者总是需要看到内部复杂的问题并提出难题才能完成准确的故事。

数学和技术技能可能需要额外的时间。夏季设置的训练营可以改善这种技能差距，主要侧重于掌握技能、工具和技术素养，同时推迟对报道的指导，直到常规学期开始。这样，当学生进入他们的常规硕士课程时，他们将流畅地掌握一些作为核心技能的数据和计算工具。

（四）技术基础建设

许多学院和大学为课程提供计算机实验室和工作室。其主要优点是确保每个学生有一台安装了必要技术规格和软件的工作站，而其主要的缺点是学生可能没有练习他们所学课程所需的工具便已经毕业。

尽管他们的新闻编辑实验室可能配备了他们需要的工具，但如果这些学生中的任何一个成为自由撰稿人，如果他们离开课堂而没有携带他们在学校学到的工具，他们将很不幸运。

为学生提供服务器空间是开始教他们 Unix 命令行并为数据密集型项目提供资源的好方法。但是出现了一些制度问题，即法律要求学校保持学生数据的机密性，因此学生服务器的安全性可能成为一个问题。学生可能会首先使用诸如免费的跨平台 VirtualBox 之类的程序来处理虚拟机，以便熟悉从命令行运行计算机。

（五）远程学习或在线学习

来自亚利桑那州立大学的多伊格表示，将慕课与数据新闻课程互补地融合，可以帮助教授将新技能融入他们提供的内容中。

此外，远程学习和虚拟教室可以提供慕课所缺乏的支持。新闻学校可能会考虑协调合作与伙伴关系，让学生们在专业课程中交叉注册，并通过视频流上课。远程学习的学生将像其他学生一样参加课堂，提交作品，并获得学分。在难以找到教师的情况下，这种方法可以填补课程的空白。

ForJournalism. com 的创始人斯坦顿提出了一句警示性话语：维护在线课程对任何制作教程或截屏视频的机构都是一个问题。斯坦顿表示，如果不进行更新，在线课程的价值会迅速下降。例如，ForJournalism. com 就是基于旧

版本的开源软件使用 Django 构建 Web 框架的网站。

斯坦顿建议大学之间建立一个大学联盟，每个参与的大学都会拥有其专家教师的特定主题。它将创建实验室以进行技术指导，并提供有关基础知识的截屏教程。然后，每所学校都可以在其针对的课程项目中组织进行相应的学习。

（六）促进院系合作

新闻学院应与其他学院建立合作伙伴关系。许多专业的学院，包括新闻学院，往往在大学里作为孤岛运作，原因是他们通过实践领域而不是传统的学术话语来获得他们的文化和影响。这种立场必须转变，因为新闻本身正在发生变化。因此，我们应该认识到，新闻业需要的不是一套狭隘的、传统的新闻编辑室技能，而是包含了以某种方式制作新闻的任何工具和方法。通过工作中的跨学科应用，数据驱动新闻和计算新闻的实践正蓬勃发展。一些新闻学院已经开始与计算机学科院系建立联系，共同开设研究中心，合作教学，并开设交叉课程，甚至开展联合学位培养。这是一个很有希望的开端。新闻学院不仅可以从作为跨学科合作的领导者中受益，而且本来也适合作为许多其他学科交叉的领域。

（七）整合数据新闻课程

综合数据新闻课程提出了独特的挑战。在现在已经存在的课程中，数据新闻通常是由一位专业讲师教授的单一课程或是课程的一部分。通常情况下，教师是一名专业记者，更喜欢传播知识而不是获得金钱。为了实现完全整合的课程，新闻学课程的整体教师需要承诺改变，管理部门需要加大对教师的培训。变化需要广泛，不应该由单一的教师在数据和计算技能方面处理所有课程，也不应该从该教师的客座讲座中扩大课程以满足数据需求。新闻学校必须承诺，他们不能培养信息专业人员在日益复杂的信息世界中工作而不发展这些关键的文化。它必须全面整合。

附 录

Appendix

B.16
《中国数据新闻发展报告（2018～2019）》
访谈提纲

一 生产者

1. 数据新闻的作品一般由团队共同完成，您的团队结构是怎样的？

2. 数据新闻作为一个交叉领域，参与者一般也都有不同的学科背景，团队成员分别学什么专业的？学科背景的不同对该领域的工作有什么影响？

3. 在招聘从业人员时，您比较看重哪些方面的素质？

4. 您的团队是否有考核？工作的动力和压力是什么？数据新闻生产者的评价和管理与其他类型新闻生产者有何差异？是否存在什么问题？

二 生产过程

1. 一篇数据新闻的制作需要几个人参与，具体如何分工？从策划到产

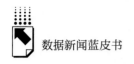

出，整个的生产流程是怎样的？生产周期是怎样的？

2. 在您负责的数据新闻项目中，引入采访的比例大概是多少？您认为采访在数据新闻生产中可以扮演什么样的角色？有何意义？

3. 从经济资本的角度来说，您的团队在数据新闻生产的过程中，是否会受到经济因素的影响？具体是哪些呢？

4. 从政治环境的角度来说，您的团队在数据新闻生产的过程中，是否会受到政治因素的影响？具体是哪些呢？

5. 从技术层面来说，您的团队在数据新闻生产的过程中，是否会受到媒介技术因素的影响？具体是哪些呢？

6. 作品一般采用什么样的表现形式？为什么？

7. 您是否了解受众的情况，以及他们喜欢的选题和呈现形式？是否会因为这些因素而采取相关改进措施？

三　数据源

1. 团队在生产数据新闻时，通常是如何来找数据的？何种类型的数据源使用会比较多？为什么？

2. 获取数据时，除了自己搜索查找外，有无跟外部合作？何种合作形式，或者主动跟官方机构发出数据请求？

3. 哪些选题所对应的领域的数据质量比较好？为什么？

4. 我们如何保证这些数据的可信度和尽可能地提高数据质量？是否会采用多方的数据源？如果发现问题，会采取什么措施？

5. 是否有自建数据库？数据质量如何？

6. 数据获取之后，团队会针对数据来做哪些分析？用到的数据分析工具有哪些？

7. 您觉得目前国内数据开放方面还存在什么样的问题？开放数据是否有助于数据新闻的生产？使用中还存在什么问题？

四 商业模式

1. 请您介绍一下贵机构所提供的数据新闻产品和服务，相对于同行有什么特色？

2. 您认为发展数据新闻可以有哪些商业模式？目前国内已经在尝试的有哪几种（特点、问题和风险）？未来的发展趋势如何？

3. 贵公司的数据新闻业务有哪些获取收入的方式？除了直接的营收，数据新闻业务有没有为贵公司带来其他的利益或价值？

4. 贵公司在数据新闻生产经营方面的主要成本有哪些？哪些核心资源花费最多？哪些关键活动花费最多？资金问题是怎么解决的？

5. 在数据新闻的生产经营过程中，贵公司需要和哪些机构或公司合作？一般是什么合作方式？

五 价值判断

1. 如何评价一篇数据新闻作品的质量？比如说，有哪些评价的维度？

2. 您在进行选题判断时，最主要考量的新闻价值要素有哪些？以下十一个要素中，哪些要素考虑的会比较多（时新性、重要性、显著性、接近性、趣味性、反常性、冲突性、知识性、公共性、服务性、教育性）？为什么？

3. 如何评价数据新闻相对于传统数据新闻的价值和意义？

4. 您觉得数据新闻的生产和传播中应遵循哪些伦理规则？？

5. 您如何看待数据新闻未来的发展？

Abstract

Based on a large number of empirical research and theoretical studies, this book summarizes the development of data journalism from 2018 to 2019 in China. The book consists of Five chapters.

Chapter 1 is an overview. It analyzes and summarizes the development of data journalism in China from the perspective of sociological journalism production, by interviewing practitioners from 13 data journalism organizations. Although the report agrees that data journalism practitioners are becoming more diverse, there is still lack of industry professionals, a mixture data sources are relatively complex, the quality of open data from the government is not friendly enough; the operation model of data journalism is not clear, while consulting, producing, and costuming have emerged. Overall, the differentiation and integration of data journalism industry in China coexist.

Chapter 2 states the industry development. From the future of data journalism to the current education in data journalism, scholars have extensively studied development of domestic data journalism from the current education to the future industry. For example, Scholar Su Tao and Peng Lan believe that big data has a transformative effect on the development of the journalism, which mainly reflects the three aspects of production mode, production subject and narrative method. Shen Qi, Qiu Yi and other scholars have studied development and ethical dilemmas in the process of data news reporting, and found that "authenticity" and "objectivity" are greatly reduced in data journalism by unclean data sources, "errors" in data analysis and algorithms, and unobjective visualization methods. Liu Jiankun and Fang Jie have conducted in-depth interviews with a number of data journalism practitioners and discovered that in addition to professional anxiety similar to traditional journalists, the data journalism industry also has chaos in employee training systems and news production models. Research done by Yu

Genfang and Wu Xiaokun reveals that the current education of data journalism in the situation of tense curriculum arrangements the difficulty to cultivate professionals, the lack of professional knowledge among students, the disconnection in interdisciplinary education and the scarcity of teacher resources and education funding.

Chapter 3 is about case study. Xinhuanet, Zhejiang Daily, Caixin, and China Business Network shared their development history, operation mode, and production experience. Xinhuanet takes the concept of "transmitting unique news value with data" to explore morphological innovation of convergence media in the Internet virtual world, strive to create high-quality data news. Zhejiang Daily Group has developed a "media cube" platform which integrates public opinion research, unified collection, central kitchen, multi-distribution and evaluation of communication effects, as well as data industries like "Fuchun Cloud" Internet Data Center. Caixin has always maintained news-producing "supply-side reforms" in the field of data journalism. From chart news to big data news, the team attaches more and more product features to news data and provides decision-making services for professional readers from chart news to big data news. Institute of New First-tier Cities established by China Business Network explores market interest through data journalism and develops data consulting business, seeking for a further business road from the huge-crowd strategy of analysts to more efficient product and service models.

Chapter 4 observes globally is a global vision. It gives a reference to China by exploring the development status of the Unite States data journalism and education industry. Wang Qiong and Jin Jing found understanding and defining consistency of data journalism among American practitioners. Business processes of data journalism production in institutions are generally similar while slightly different, however, the form and presentation of the reports are diversified. Practitioners generally believe that the future industry development has macroscopic potential. Instead of blind optimism, they should take precautions against morbid dependence on data. Lu Heqiu and Tan Xin took the "Fivethirtyeight" website as a typical case and analyzed contents of 150 breaking news, they found that these unexpected event reports focus on social security issues. And the visualization was

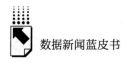
simple and concisely. it cautiously pursues timeliness and authoritatively emphasizes data sources as well. A Survey of American Data Journalism Education is a translated report, it provides quick overview of current data journalism education in the United States with detailed data and proposes five specific data journalism teaching models and suggest ways to bring data and computational science to the school of journalism.

Chapter 5 is the appendix, which contains the outline of the interview of *Report on the Development of Chinese Data Journalism* (*2018 – 2019*).

Keywords: Data Journalism; Media Convergence; Big Date; Visualization

Contents

I   General Report

B. 1   Differentiation, Integration and Responsibility:
Annual Report on the Development of Data Journalism
in China (2018 −2019)   *Wang Qiong, Zhu Tianze* / 001

Abstract: From the perspective of the sociology of news production, we analyze the current development of data journalism in China. The research finds that data journalism practitioners are becoming more diverse, but data journalism professionals are still lacking. The data sources used by data journalism are still relatively complex and the quality of open data from the government is still insufficient friendly. The production field of data journalism is affected by economic, political, technical and time factors. The business model of data journalism is not clear, but there have been attempts in consulting, products, and customization. In general, the differentiation of the Chinese data journalism industry format and the internal integration of the institution coexist. With the advent of the 5G era, data journalism will gain greater opportunities for development. It will also require the media to assume greater responsibilities, be a good journalist in the data era, and open a breakthrough in the transmission of ecological change.

Keywords: Data Journalism; News Production; Journalism Development; Data; 5G

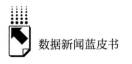
数据新闻蓝皮书

II Industry Research

B. 2 Research Report on the Development Status and Trend

of Journalism in the Era of Big Data   *Su Tao*, *Peng Lan* / 019

Abstract: At the dawn of the Big Data era, data is facilitating the growth of global economy and industry groups. In the field of journalism, data is a driving force in promoting news production methods and process changes, improving the value of news production, and changing user analysis and profit models. Data is creating a new level of productivity that promotes the development and transformation of contemporary journalism, which requires journalists to establish Data-driven Thinking by completely putting the ideas of data sensitivity, data narrative, data criticism and data value-added awareness into practice during news production. Data-driven Thinking serves as an effective way to generate productivity, innovation, transformation of journalism.

Keywords: Data; Journalism; Productivity; Data-driven Thinking

B. 3 A Report on the Trend of Visualization in Journalism and

Communication in China   *Wang Chaoyang*, *Zhao Jie* / 038

Abstract: This article studied the existing research of visualization on the journalism and communication discipline, found that at the application level the current research of visualization focused on exploring the advantages and disadvantages of visualization and future prospects. And the theoretical issues are mainly including: basic situation of concept of visualization, the relationship between visualization and the news, the impact of visualization applications in the field of news. The article also found that there were some problems in the present research, such as the lack of visualization communication effect of quantitative analysis, the lack of segmentation research applications in various fields, the lack of the theoretical height of research and missing related visualization technology. After sorting out the main issues and shortcomings of the current visualization research, this article suggested that the future research on visual should emphasize on empirical research, refining the new mode of production which was bought by the scope of visualization research and system visualization and pay more attention to visualization technology itself.

Keywords: Journalism and Communication; Visualization; Data Journalism; Big Data

B. 4　Research Report on Professional Identity of Data Journalism Practitioners in China　　　　　　　　*Liu Jiankun, Fang Jie* / 056

Abstract: This research starts with the individuals of data journalism practitioners, investigates their professional identity and relative influences, and tries to understand the field of data journalism. In addition, this study is a penetration to observe the whole media industry, to see what opportunities and challenges the media organizations as well as its practitioners are faced with in such a changing media environment. This research uses in-depth interview and questionnaire method to describe the current working situations of data journalism practitioners. With rich first-hand material, the analyses are performed in three aspects, individual practitioners, occupation space and industry environment of data journalism. The research shows that the professional ideals and concepts of data journalists are higher and more open, but they are under great pressure of work, poor salary and uncertain career development path. Data journalism as an innovative department in media organizations is still in exploratory stage with many uncertainties. The practice of data journalism in China is taking shape and finding its way, but more norms need to be established.

Keywords: Data Journalism; Data Journalism Practitioners; Professional Identity

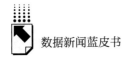
数据新闻蓝皮书

B. 5 "Reality" and "Objectiveness" in Data: The Ethical Dilemma and Way Out for Data News Report

Shen Qi, Zhang Shan and Qiu Yi / 081

Abstract: Data journalism, based on big data and visual representation, is constantly broadening the boundaries of news reporting, but there are also some difficulties in its development. The "unclean" data source, the error of data analysis, the bias of the algorithm and the inappropriate visual presentation will affect its authenticity and objectivity. At the same time, from the perspective of news ethics, data journalism will violate citizens' right of informed consent and personal privacy to a degree. Therefore, this paper discusses the development and ethical dilemma faced in the process of data journalism, and attempts to make corresponding suggestions from the aspects of strengthening data review, increasing data disclosure, establishing professional supervision platform and improving relevant management regulations.

Keywords: Data Journalism; Big Data; Informed Consent; Privacy

B. 6 Research on the Distribution and Change Trend of China's Data News Topics: 1495 Data News Articles from 4 Platforms as Research Objects

Lu Heqiu, Gong Peiwen / 091

Abstract: This paper analyzes the data and content of "People's Daily Illustrated news", "Beijing news data news", "Caixin digital theory" and "thepaper. cn digital course", and makes an overall investigation of the development status of domestic data news from three aspects: the number and distribution of topics, presentation mode and interactive effect. The study found that in 2017 - 2018, the output efficiency of the domestic data news industry decreased. Some works emphasize too much on visual beauty, and the news function of data news is weakened. There is less interaction between data news samples and audiences, so the communication effect needs to be improved. Solutions include: expanding robot writing; develop visual specifications; optimize interaction design, etc.

Keywords: Data Analysis; Data News Topics; Robot Writing

B. 7   An Empirical Analysis on the Communication Power of
       Financial Data Journalism

Wang Yubin, *Luo Shujun and Zhou Wenbiao* / 112

Abstract: Based on the characteristics of financial data news, this paper selects 377 financial and economic news works published by seven media outlets including People's Daily, Xinhuanet, Caixin. com and DT Finance in 2018 to discuss the capacity of current mainstream financial in China. The data shows that as an important component of media capacity, there is a significant positive correlation between the degree of user participation in media communication and the praise, comment and forwarding behaviors from shallow to deep. Combined with empirical data, we can enhance the dissemination of China's financial and economic data news from three aspects: firstly, producers should be close to the public interest and respond to public demands; secondly, they need to use data to tell financial stories and fully explore the value of news; thirdly, innovation production process to enrich the multi-dimensional user experience.

Keywords: Financial Data Journalism; Communication Power; User Participation

B. 8   Research Report on Data Journalism Education

Yu Genfang, *Wu Xiaokun* / 141

Abstract: As a new form of news reporting driven by social development and technological innovation, data journalism is gradually receiving attention from

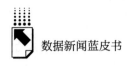

academics and industry. At the same time, data journalism education and talent training should be valued as the source and driving force for the continued development of data journalism. Based on this, this report attempts to interpret the development status, existing dilemmas and future development prospects of China's data journalism education from multiple dimensions by interviewing relevant teachers of colleges and universities, issuing questionnaires and consulting materials.

Keywords: Data Journalism; Education; Talent Training

Ⅲ   Case Study

B. 9   Using Cases to Convey Unique News Value

　　—Report on Sustainable Development of Xinhuanet Data News

Ma Yiqun, Yang Aiai / 164

Abstract: With the developing of big data and fusion media, media agencies, as the era's watch-keeper and recorder, have started self-reform, especially in transforming the news producing process and applying data on storytelling. As the first domestic media agency to explore data journalism, Xinhuanet consistently holds the principle of "delivering news values through data", making breakthrough innovations on data collecting, cleaning, visualizing and delivering. On the basis of identifying and following the emerging trends in media industry, Xinhuanet is dedicated to produce high-quality data news stories and meet users' needs for in-depth information.

Keywords: Data News; Sensor News; Data Open Source; Media Convergence

B. 10   Time Path Analysis of Big Data Fusion Innovation

　　—A Case Study on the Development of Zhejiang Daily Data News

Li Lu, Xu Yuan / 178

Abstract: Taking data as one of the core driving forces of journalism industrial innovation, Zhejiang Daily Press Group has made in-depth layout of big data infrastructure and solid construction of technology platforms; therefore, it has mutually promoted the content transformation as well as the business expansion, thus offering effective reference for mainstream media to improve their communication power and expand their influence under the scenario of media convergence.

Keywords: Big Data; Media Convergence; Data Operation; Zhejiang Daily Press Group

B. 11 "Supply Side Reform" of Data News Production

—*A Case Study on the Development of Caixin Data News*

Huang Chen, Liu Jiaxin, Wang Zhe and Sun Qian / 190

Abstract: Caixin media dedicates to introduce all the ideas about "data" into the journalism in China. Caixin keeps reforming it's producing modes to make the stories be more compelling. From the infographics to big data news, Caixin energizes the traditional reports with data and technique. Caixin is on its way of offering more professional data reports to the high-end subscribers.

Keywords: Data Journalism; Caixin Media; Computer-Assisted Reporting

B. 12 The Survival Challenges of China's Data News Team from
       the Perspective of the Development of the New First
       Tier City Research Institute

—*A Case Study on the Data News of YiMagazine*

Shen Congle / 211

Abstract: Benefit from noticing survival problem of data journalism at early

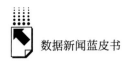

stages, The Rising Lab is not limiting itself into technical aspects of data analysis and visualization. From discovering market interest with data journalism, to development of data consulting business, from analyst tactics to more efficient product service models, The Rising Lab has been gradually exploring the road to an effective business model.

Keywords: Data Journalism; Business Model; *YiMagazine*

Ⅳ   Global View

B. 13   Research Report on American Data News

Wang Qiong, *Jin Jing* / 219

Abstract: This research focuses on the development of data journalism in the United States, and conducted in-depth interviews with seven US data journalism teams with development advantages. The interview found that relevant practitioners have more consistent definition and understanding of data journalism and believe that the nature of data journalism is journalism. The staff structure of the data journalism production team is relatively complex. The requirement for data journalism talents emphasizes the integration of disciplines. Those who are familiar with computer language and news processing are the talents the industry needs. The business processes of producing data news for each team are generally similar, with slight differences, and the forms of reporting and presentation are diversified. For the future development of data journalism, practitioners generally believe that it has macroscopic potential, but we cannot be blindly optimistic, and we must be alert to the risk of morbid dependence on data.

Keywords: Data Journalism; U. S. A; Data Sharing; Visualization; Data Dependence Risk

B. 14   Content Bias and Production Characteristics of Western Data

News in Emergencies

—Content Analysis on 150 Reports Based on

" Fivethirtyeight" Website   Lu Heqiu, Tan Xin / 241

Abstract: This article takes the "Fivethirtyeight" website as a typical case. Through the analysis of the contents of 150 reports within two years, it examines the data journalism in emergencies from the aspects of report content, presentation form, time limit of works and data source. The study found that the "Fivethirtyeight" network's emergency reports focused on social security issues, visual simplicity, cautious pursuit of event timeliness, emphasizing authoritative data sources. Its production characteristics include: selecting topics based on accumulated data sources; selecting visual forms for audience acceptance efficiency; and determining production cycles based on data acquisition conditions.

Keywords: Emergencies; Western Data Journalism; Content Bias; Fivethirtyeight

B. 15   An Overview of Data Journalism Education in U. S. A

Charles Berret, Cheryl Phillips / 256

Abstract: Journalism school has developed solid foundations for teaching shoe-leather reporting techniques. But the practice of data journalism has been largely left out of the data journalism education. This report evaluated 113 journalism programs, and interviewed more than 50 journalists, educators, and students across the America. They offer a snapshots of the state of data journalism education in the United States and outline 5 models for teaching data journalism. This research finds that many journalism programs offer few courses in data journalism which are largely introductory, there are lack of the foundational textbooks and data journalism teachers, and graduates with data journalism skills are

better equipped to succeed. This research suggests that journalism schools can collaborate with other schools, integrate alternative teaching methods, and offer computer-assisted reporting (CAR) class for students so as to improve the way future journalists will inquire into matters of public interest and communicate with their audiences.

Keywords: Data Journalism; Computational Journalism; Journalism Education; U. S. A

V   Appendix

B. 16   Interview Outline of *Annual Report on the Development of Chinese Data Journalism* (*2018 – 2019*)   / 281

皮 书

智库报告的主要形式
同一主题智库报告的聚合

❖ 皮书定义 ❖

皮书是对中国与世界发展状况和热点问题进行年度监测，以专业的角度、专家的视野和实证研究方法，针对某一领域或区域现状与发展态势展开分析和预测，具备前沿性、原创性、实证性、连续性、时效性等特点的公开出版物，由一系列权威研究报告组成。

❖ 皮书作者 ❖

皮书系列报告作者以国内外一流研究机构、知名高校等重点智库的研究人员为主，多为相关领域一流专家学者，他们的观点代表了当下学界对中国与世界的现实和未来最高水平的解读与分析。截至 2020 年，皮书研创机构有近千家，报告作者累计超过 7 万人。

❖ 皮书荣誉 ❖

皮书系列已成为社会科学文献出版社的著名图书品牌和中国社会科学院的知名学术品牌。2016 年皮书系列正式列入"十三五"国家重点出版规划项目；2013~2020 年，重点皮书列入中国社会科学院承担的国家哲学社会科学创新工程项目。

中国皮书网

（网址：www.pishu.cn）

发布皮书研创资讯，传播皮书精彩内容
引领皮书出版潮流，打造皮书服务平台

栏目设置

◆ 关于皮书

何谓皮书、皮书分类、皮书大事记、
皮书荣誉、皮书出版第一人、皮书编辑部

◆ 最新资讯

通知公告、新闻动态、媒体聚焦、
网站专题、视频直播、下载专区

◆ 皮书研创

皮书规范、皮书选题、皮书出版、
皮书研究、研创团队

◆ 皮书评奖评价

指标体系、皮书评价、皮书评奖

◆ 互动专区

皮书说、社科数托邦、皮书微博、留言板

所获荣誉

◆ 2008 年、2011 年、2014 年，中国皮书
网均在全国新闻出版业网站荣誉评选中
获得"最具商业价值网站"称号；
◆ 2012 年，获得"出版业网站百强"称号。

网库合一

2014年，中国皮书网与皮书数据库端口
合一，实现资源共享。

权威报告·一手数据·特色资源

皮书数据库
ANNUAL REPORT(YEARBOOK)
DATABASE

分析解读当下中国发展变迁的高端智库平台

所获荣誉

- 2019年，入围国家新闻出版署数字出版精品遴选推荐计划项目
- 2016年，入选"'十三五'国家重点电子出版物出版规划骨干工程"
- 2015年，荣获"搜索中国正能量 点赞2015""创新中国科技创新奖"
- 2013年，荣获"中国出版政府奖·网络出版物奖"提名奖
- 连续多年荣获中国数字出版博览会"数字出版·优秀品牌"奖

成为会员

　　通过网址www.pishu.com.cn访问皮书数据库网站或下载皮书数据库APP，进行手机号码验证或邮箱验证即可成为皮书数据库会员。

会员福利

- 已注册用户购书后可免费获赠100元皮书数据库充值卡。刮开充值卡涂层获取充值密码，登录并进入"会员中心"—"在线充值"—"充值卡充值"，充值成功即可购买和查看数据库内容。
- 会员福利最终解释权归社会科学文献出版社所有。

数据库服务热线：400-008-6695
数据库服务QQ：2475522410
数据库服务邮箱：database@ssap.cn
图书销售热线：010-59367070/7028
图书服务QQ：1265056568
图书服务邮箱：duzhe@ssap.cn

社会科学文献出版社　皮书系列
SOCIAL SCIENCES ACADEMIC PRESS (CHINA)

卡号：789923327631
密码：

S 基本子库
SUB DATABASE

中国社会发展数据库（下设 12 个子库）

整合国内外中国社会发展研究成果，汇聚独家统计数据、深度分析报告，涉及社会、人口、政治、教育、法律等 12 个领域，为了解中国社会发展动态、跟踪社会核心热点、分析社会发展趋势提供一站式资源搜索和数据服务。

中国经济发展数据库（下设 12 个子库）

围绕国内外中国经济发展主题研究报告、学术资讯、基础数据等资料构建，内容涵盖宏观经济、农业经济、工业经济、产业经济等 12 个重点经济领域，为实时掌控经济运行态势、把握经济发展规律、洞察经济形势、进行经济决策提供参考和依据。

中国行业发展数据库（下设 17 个子库）

以中国国民经济行业分类为依据，覆盖金融业、旅游、医疗卫生、交通运输、能源矿产等 100 多个行业，跟踪分析国民经济相关行业市场运行状况和政策导向，汇集行业发展前沿资讯，为投资、从业及各种经济决策提供理论基础和实践指导。

中国区域发展数据库（下设 6 个子库）

对中国特定区域内的经济、社会、文化等领域现状与发展情况进行深度分析和预测，研究层级至县及县以下行政区，涉及地区、区域经济体、城市、农村等不同维度，为地方经济社会宏观态势研究、发展经验研究、案例分析提供数据服务。

中国文化传媒数据库（下设 18 个子库）

汇聚文化传媒领域专家观点、热点资讯，梳理国内外中国文化发展相关学术研究成果、一手统计数据，涵盖文化产业、新闻传播、电影娱乐、文学艺术、群众文化等 18 个重点研究领域。为文化传媒研究提供相关数据、研究报告和综合分析服务。

世界经济与国际关系数据库（下设 6 个子库）

立足"皮书系列"世界经济、国际关系相关学术资源，整合世界经济、国际政治、世界文化与科技、全球性问题、国际组织与国际法、区域研究 6 大领域研究成果，为世界经济与国际关系研究提供全方位数据分析，为决策和形势研判提供参考。

法律声明

　　"皮书系列"（含蓝皮书、绿皮书、黄皮书）之品牌由社会科学文献出版社最早使用并持续至今，现已被中国图书市场所熟知。"皮书系列"的相关商标已在中华人民共和国国家工商行政管理总局商标局注册，如LOGO（ ）、皮书、Pishu、经济蓝皮书、社会蓝皮书等。"皮书系列"图书的注册商标专用权及封面设计、版式设计的著作权均为社会科学文献出版社所有。未经社会科学文献出版社书面授权许可，任何使用与"皮书系列"图书注册商标、封面设计、版式设计相同或者近似的文字、图形或其组合的行为均系侵权行为。

　　经作者授权，本书的专有出版权及信息网络传播权等为社会科学文献出版社享有。未经社会科学文献出版社书面授权许可，任何就本书内容的复制、发行或以数字形式进行网络传播的行为均系侵权行为。

　　社会科学文献出版社将通过法律途径追究上述侵权行为的法律责任，维护自身合法权益。

　　欢迎社会各界人士对侵犯社会科学文献出版社上述权利的侵权行为进行举报。电话：010-59367121，电子邮箱：fawubu@ssap.cn。

社会科学文献出版社